एव

एस्टेट प्लानिंग

रियल एस्टेट एवं एस्टेट प्लानिंग
क्यों और कैसे?

डॉ. योगेश शर्मा

प्रभात
पेपरबैक्स
www.prabhatbooks.com

प्रकाशक

प्रभात पेपरबैक्स

4/19 आसफ अली रोड, नई दिल्ली–110002
फोन : 23289777 • हेल्पलाइन नं. : 7827007777
इ–मेल : prabhatbooks@gmail.com ❖ वेब ठिकाना : www.prabhatbooks.com

संस्करण
प्रथम, 2017

सर्वाधिकार
सुरक्षित

अनुवाद
अमरनाथ श्रीवास्तव

अ.मा.पु.स. 978-93-5266-429-0

────────── ★ ──────────

REAL ESTATE EVAM ESTATE PLANNING
by Dr. Yogesh Sharma

Published by **PRABHAT PAPERBACKS**
4/19 Asaf Ali Road, New Delhi-110002

ISBN 978-93-5266-429-0

आभार

आ भार परम पिता परमपिता परमेश्वर एवं मेरे आदरणीय माता-पिता का जो मेरी प्रेरणा तथा मेरी शक्ति हैं।

आभार अपने बैंक के प्रति जिसने मुझे बैंकिंग एवं रियल एस्टेट से संबंधित विभिन्न पहलुओं के संबंध में अपने ज्ञान व समझ को विकसित करने का अवसर प्रदान किया। आभार बैंक के उन सभी वरिष्ठ अधिकारियों व सहकर्मियों के प्रति भी जिन्होंने पुस्तक लेखन के लिए मेरा उत्साह बढ़ाया।

आभार प्रभात प्रकाशन, दिल्ली व उनकी पूरी टीम का भी जिन्होंने इस पुस्तक को इतने सुंदर तरीके से आप तक पहुँचाया।

और सर्वोपरि आभार उन पाठकों के प्रति जो न केवल गुणग्राही हैं, वरन् हिंदी जिनके हृदय की भाषा है।

अनुक्रम

रियल एस्टेट में निवेश

रोटी, कपड़ा और मकान

अपना मकान किसी व्यक्ति की तीसरी आधारभूत जरूरत होती है। अपना मकान होने से एक ओर व्यक्ति में सुरक्षा की भावना आती है, वहीं दूसरी ओर यह व्यक्ति के सामाजिक स्तर को भी ऊँचा करता है। परंतु मकान में निवेश करने से पहले खरीददार को कई छोटे-बड़े झंझटों से दो-चार होना पड़ता है। अगर सावधानी न बरती जाए तो एक छोटी सी गलती भी आपको लंबी मुसीबत में डाल सकती है या उसके कारण आपका पैसा फँस सकता है।

जानकारी न होने पर निवेश के माध्यम के रूप में रियल एस्टेट ठगी का एक बड़ा सबब भी बन सकता है। रियल एस्टेट एक ओर जहाँ निवेश का एक प्रमुख जरिया है, और संभवत: हर वित्तीय पोर्टफोलियो का एक हिस्सा बन चुका है, वहीं दूसरी ओर यह स्वयं में बिल्कुल अद्वितीय भी है। कोई व्यक्ति अपने पूरे जीवन में जो कुछ वित्तीय निवेश करता है, उसमें रियल एस्टेट सबसे बड़ा और महत्त्वपूर्ण होता है। अचल संपत्ति की खरीद के साथ ढेर सारी जिम्मेदारियाँ और सीमाएँ भी आती हैं, जो सिर्फ संपत्ति की कीमत या होम लोन पर चुकाए जानेवाले ब्याज तक ही सीमित नहीं होती हैं।

वैवाहिक जीवन में प्रवेश करने के बाद हर व्यक्ति का सपना होता है कि उसका अपना घर हो और इस सपने को पूरा करने के लिए वह परिवार के भरण-पोषण के साथ-साथ थोड़ा-थोड़ा करके कुछ-न-कुछ जोड़ने लगता है। परंतु बढ़ती महँगाई के चलते एक मध्यमवर्गीय व्यक्ति के लिए यह सपना एक सपना ही बनकर रह जाता है। ऐसे में 'निवेश' इस समस्या का एक हल हो सकता है; और इस पुस्तक में यही बताया गया है कि किस प्रकार आप रियल एस्टेट में निवेश करके कामयाब हो सकते हैं।

भू-संपत्ति खरीदने के दो मुख्य उद्‌देश्य हो सकते हैं—

1. आवास (रहने) के लिए।
2. निवेश के लिए।

आवास या रहने के लिए घर

यह उद्‌देश्य व्यक्ति की तीसरी आधारभूत जरूरत को पूरा करने के लिए होता है, क्योंकि हर व्यक्ति अपने परिवार के लिए अपनी स्वयं की छत चाहता है। समय बीतने के साथ-साथ जमीन की कीमतें भी तेजी से बढ़ती जाती हैं। अपनी स्वयं की छत का सपना देखनेवाला व्यक्ति जब कोई व्यवसाय या नौकरी शुरू करता है, तभी से वह परिवार के भरण-पोषण के साथ-साथ कुछ-न-कुछ नियमित रूप से जोड़ना भी शुरू कर देता है, ताकि भविष्य में अपना घर खरीदने के लिए उसके पास अपना पैसा हो।

घर कहाँ खरीदें?

अलग-अलग तरह के पेशे या व्यवसाय से जुड़े व्यक्तियों के लिए रिहायश के उद्‌देश्य से मकान या फ्लैट खरीदने के लिए अलग-अलग तरह के स्थान उपयुक्त हो सकते हैं—

व्यवसायी के लिए—एक व्यवसायी को उसी शहर में मकान खरीदना चाहिए, जहाँ उसका व्यवसाय चल रहा है और जहाँ उसकी कंपनी का मुख्यालय स्थित है।

वेतनभोगी व्यक्ति के लिए—वेतनभोगी लोगों की तीन श्रेणियाँ होती हैं—

1. राज्य सरकार के कर्मचारी : इस श्रेणी के लोगों को उसी शहर में घर खरीदना चाहिए, जहाँ उनका पैतृक घर हो या संबंधित राज्य की राजधानी में भी खरीदा जा सकता है; या फिर पैतृक घर जिस कस्बे में स्थित है, उसके पास के शहर में भी घर खरीदा जा सकता है।

2. केंद्र सरकार के कर्मचारी : केंद्र सरकार के कर्मचारियों को उस स्थान पर घर खरीदना चाहिए, जहाँ उनकी स्थायी तैनाती हो या फिर जहाँ के वे मूल निवासी हों।

3. प्राइवेट सेक्टर के कर्मचारी : आजकल विभिन्न क्षेत्रों से जुड़े युवाओं के लिए जल्दी-जल्दी स्थान बदलना काफी आसान हो गया है; इसलिए ऐसे लोग कहीं भी घर खरीद सकते हैं। इस श्रेणी के लोग प्राय: रिहायशी मकसद से मकान

खरीदते हैं, लेकिन नौकरी में तबादला होते ही वे संपत्ति पर ठीक-ठाक मुनाफा देखकर उसे बेच देते हैं। लेकिन ऐसे लोगों को या तो अपनी पसंद के शहर में घर खरीदना चाहिए या फिर उस शहर में, जहाँ उनका पैतृक घर स्थित हो।

निवेश के लिए

जब आप आवासीय उद्देश्य के अलावा किसी अन्य उद्देश्य, जैसे किराए पर देना या कीमत में मुनाफा कमाना, से संपत्ति खरीदते हैं, तो उसे रियल एस्टेट में निवेश करना कहा जाता है। बढ़ती जनसंख्या और मध्यमवर्गीय परिवारों की बढ़ती संख्या के चलते रियल एस्टेट में दीर्घकालिक निवेश अच्छा-खासा मुनाफा दे सकता है। सोना, म्युचुअल फंड और इक्विटी की तरह ही रियल एस्टेट भी एक प्रकार की परिसंपत्ति है। लेकिन निवेश की बात करें तो रियल एस्टेट सबसे अनोखा विकल्प है। इसमें निवेश करके बहुत कम समय में अच्छा-खासा मुनाफा कमाया जा सकता है। दूसरी परिसंपत्तियों की तरह ही इसकी कीमतों में भी समय के साथ-साथ बढ़ोतरी होती रहती है, इससे व्यापक उतार-चढ़ाव की संभावना लगातार बनी रहती है। इससे किराए के रूप में भी एक नियमित आय अर्जित की जा सकती है। इसलिए यदि घर खरीदने के बाद आप उसमें नहीं भी रहना चाहते हैं, तो उसे किराए पर देकर उससे होनेवाली आय से आप अपने काफी खर्च निपटा सकते हैं। इसके अतिरिक्त होम लोन पर चुकाए गए ब्याज और मूलधन की अदायगी दिखाकर आयकर में भी छूट का हकदार बना जा सकता है। और सबसे महत्त्वपूर्ण बात, इससे आपके दस्तावेज में विविधता आती है। लेकिन ध्यान रहे कि निवेश के उद्देश्य से या व्यक्तिगत उपयोग के उद्देश्य से रियल एस्टेट की खरीद के साथ कई छोटे-बड़े मसले जुड़े होते हैं, एक, परिसंपत्ति के रूप में रियल एस्टेट कोई बुरा नहीं है, लेकिन अगर आप सिर्फ निवेश के रूप में रियल एस्टेट खरीद रहे हैं, तो कभी-कभी यह जोखिम में भी डाल सकता है।

कहाँ निवेश किया जाए?

इसके लिए आप विकास प्राधिकरणों और हाउसिंग बोर्डों की विभिन्न योजनाओं में आवेदन कर सकते हैं। हर राज्य के अपने विकास प्राधिकरण और हाउसिंग बोर्ड होते हैं। डी.डी.ए. (देलही डेवलपमेंट ऑथोरिटी), हुडा, महाड़ा आदि। सरकारी संस्थाएँ समय-समय पर अपनी योजनाओं की घोषणा करती रहती हैं; घोषणा के दौरान ही आवेदन कर दें। लेकिन ध्यान रहे कि इन योजनाओं के अंतर्गत मकान

या फ्लैट का अलॉटमेंट लॉटरी पद्धति से होता है इसलिए आपको अलॉटमेंट मिल भी सकता है, और नहीं भी। इसके अलावा आप बिल्डरों की आवासीय योजनाओं में भी निवेश कर सकते हैं।

अचल संपत्ति में निवेश के चार तरीके हैं—

1. विकासोन्मुखी क्षेत्र में जमीन खरीदना।
2. किसी बिल्डर की मल्टी स्टोरी बिल्डिंग परियोजना में मकान/फ्लैट खरीदना।
3. रेडी टू मूव इन हाउस खरीदना।
4. वाणिज्यिक उद्देश्य से बनाए गए किसी भवन या भूखंड में निवेश करना।

विकासोन्मुखी क्षेत्र में भूखंड खरीदना

जमीन एक ऐसा संसाधन है, जिसे बढ़ाया नहीं जा सकता है। हम नई जमीन नहीं बना सकते हैं, इसलिए भारतीयों के साथ-साथ अनिवासी भारतीयों के लिए भी यह निवेश का सबसे अच्छा जरिया है। इसका कारण यह है कि खाली भूखंड के स्वामी को कुछ विशेष स्थितियों में धन-कर में छूट का लाभ मिल जाता है। विकसित या विकासशील ग्रामीण क्षेत्र में भूखंड पर निवेश किया जा सकता है; क्योंकि उस पर अपना मकान बनाकर आप रह भी सकते हैं और बाद में मुनाफा कमाकर उसे बेच भी सकते हैं। उद्देश्य जो भी हो, निवेशक को आयकर और संपत्ति कर से जुड़े कुछ महत्त्वपूर्ण पहलुओं को ध्यान में रखना जरूरी होता है।

कहाँ खरीदें? भूखंड खरीदने के लिए ऐसे शहरी या ग्रामीण क्षेत्र को चुना जाना चाहिए, जहाँ राज्य या केंद्र सरकार की कोई ढाँचागत परियोजना प्रगति पर हो, जैसे—रिंग रोड, रेलवे फ्लाईओवर, एयरपोर्ट, मेट्रो, अंडरपास, रेलवे स्टेशन, स्टेडियम, विश्वविद्यालय, मल्टी स्पेशलटी हॉस्पिटल, सेज, रिफाइनरी आदि।

किसी क्षेत्र में जब इस तरह की नई परियोजना शुरू होती है, तो दलालों/ प्रोपर्टी डीलरों की गतिविधियाँ तेज हो जाती हैं। इसे रियल एस्टेट का माइक्रो मार्केट या लघु बाजार कहा जाता है। भूखंड खरीदने के बाद अगर जमीन की कीमत में बढ़ोतरी होने लगती है, तो समझें कि आपने सही जगह पर निवेश किया है। अगर आप शहरी क्षेत्र से ताल्लुक रखनेवाले हैं, तो भूखंड खरीदने के लिए आप ऐसे ग्राम

क्षेत्र को चुन सकते हैं, जहाँ निकट भविष्य में सरकार द्वारा कोई विकास परियोजना शुरू किए जाने की संभावना हो।

लाभ

अगर कोई निवेशक भूखंड पर निवेश करता है, तो उसे किराए पर दिए जाने तक वह कर से मुक्त रहता है। इस प्रकार, निवेशक इसे अपने दीर्घकालिक निवेश के रूप में प्रदर्शित करते हुए बाद में (कीमतें बढ़ने पर) बेचकर अच्छा मुनाफा कमा सकता है, परंतु ध्यान रहे कि भूखंड को दो वर्ष से ज्यादा समय के लिए अपने पास रखना जरूरी है, ताकि दीर्घकालिक पूँजी से होनेवाली कुल आय पर आयकर की दर, छूट युक्त दर, यानी 20% पर पहुँच जाए।

संपत्ति कर अधिनियम, 1957 के सेक्शन 5 (vi) के अंतर्गत मूल्यांकन वर्ष 1999-2000 से सभी व्यक्तियों और एचयूएफ को निजी आवास के लिए एक घर के साथ-साथ 500 वर्गमीटर क्षेत्रफल तक का खाली भूखंड रखने की भी पूरी-पूरी छूट का प्रावधान किया गया है।

हानियाँ

अगर किसी व्यक्ति के पास पर्याप्त पैसे नहीं हैं और वह निवेश करना चाहता है, तो वह किसी बैंक, पंजीकृत वित्तीय संस्था या किसी मित्र, रिश्तेदार से कर्ज ले सकता है, लेकिन ध्यान रहे कि आपको खरीदे गए भूखंड से तब तक कोई आय प्राप्त नहीं होगी, जब तक आप उसे किराए पर या लीज पर नहीं देते हैं, लेकिन हाँ, लिये गए ऋण पर आप जो ब्याज अदा कर रहे हैं, उसका लाभ आपको कर योग्य पूँजी लाभ की गणना में मिल सकता है।

सावधानियाँ

संपत्ति किसी प्रकार के झगड़े या विवाद में नहीं होनी चाहिए और यह जरूर सुनिश्चित करें कि संपत्ति बेचनेवाला व्यक्ति उसका कानूनन स्वामी है। यह भी सुनिश्चित कर लेना जरूरी होता है कि जो भूखंड या संपत्ति आप खरीद रहे हैं, वह निकट भविष्य में किसी स्थानीय प्राधिकरण द्वारा अधिग्रहीत नहीं की जाएगी। वह भूखंड किसी सरकारी परियोजना, जैसे—रेलमार्ग या राजमार्ग आदि के क्षेत्र में नहीं आना चाहिए।

किसी बिल्डर की मल्टी स्टोरी परियोजना में फ्लैट बुक कराना

फ्लैट हमेशा स्कीम लॉन्च होने से पहले बुक कराएँ। इस प्रकार की नई स्कीम में फ्लैट बुक कराने के लिए अपेक्षाकृत कम पैसों की जरूरत पड़ती है, क्योंकि ऐसी ज्यादातर परियोजनाएँ निर्माण-आधारित स्कीम अपनाकर चलाई जाती हैं। इनमें आप अच्छा लाभ अर्जित कर सकते हैं। अगर आप बैंक से लोन लेते हैं, तो आपको बिल्डिंग की निर्माण-प्रक्रिया पूर्ण होने तक ही किस्त चुकानी पड़ेगी। निर्माण कार्य पूर्ण होने के बाद कीमत बढ़ते ही आप उसे बेचकर मुनाफा कमा सकते हैं।

हानियाँ–

1. पैसों की कमी या इस तरह के किसी अन्य कारण से प्रोजेक्ट पूरा होने में विलंब भी हो सकता है।

2. कभी-कभी ऐसा होता है कि किसी क्षेत्रविशेष में कोई सरकारी परियोजना शुरू हो जाती है, जिससे वहाँ बिल्डरों और अन्य व्यवसायियों की गतिविधियाँ तेज हो जाती हैं और उस क्षेत्र का विकास तेजी से होने लगता है। लेकिन बाद में नई सरकार के आ जाने से वह परियोजना या तो स्थगित हो जाती है या फिर बंद कर दी जाती है और परिणामस्वरूप संबंधित क्षेत्र में विकास की गति धीमी पड़ जाती है। ऐसे में बिल्डर के लिए बिल्डिंग की निर्माण परियोजना को पूर्ण करना मुश्किल हो जाता है।

3. कभी-कभी हड़ताल या मजदूरी बढ़ जाने के कारण भी परियोजना विलंबित हो जाती है।

4. कई बार निर्माण कार्य पूरा होने पर बिल्डर धोखाधड़ी करके कॉरपेट एरिया में बदलाव कर देता है।

5. कभी-कभी संबंधित क्षेत्र में देखते-ही-देखते भू-संपत्ति (प्रॉपर्टी) की ओवर सप्लाई शुरू हो जाती है।

6. भूखंड, निर्मित मकान और वाणिज्यिक परिसर की अपेक्षा फ्लैट की कीमत कम बढ़ती है।

पूर्णतः निर्मित मकान (रेडी टू मूव इन हाउस) खरीदना

लाभ–अपना स्वयं का मकान हो जाने से व्यक्ति को मकान-मालिक के दबंगतापूर्ण व्यवहार का सामना नहीं करना पड़ता और साथ ही आए दिन मकान-मालिक द्वारा किराया बढ़ा दिए जाने की चिंता भी नहीं रह जाती। एक और बात,

अपना स्वयं का मकान प्रायः हर व्यक्ति के जीवन का एक बड़ा सपना होता है, जो मकान का स्वामित्व मिलने के साथ ही पूरा हो जाता है। उससे आप किराए के रूप में कुल लागत की 3 से 5 प्रतिशत तक आय अर्जित कर सकते हैं।

हानियाँ—मकान से आप कुल लागत पर 3 से 5 प्रतिशत तक की वार्षिक आय किराए के रूप में अर्जित कर रहे हैं, जिस पर आपको आयकर का भुगतान भी करना होता है। साथ ही यह भी कुछ निश्चित नहीं होता है कि मकान से पूरे साल भर किराया आता ही रहेगा। यदि मकान की लागत 40 लाख रुपए है तो उससे किराए के रूप में प्राप्त होनेवाली वार्षिक आय 1.20 लाख रुपए से 2 लाख रुपए तक होगी।

अच्छा किराएदार बहुत मुश्किल से मिलता है, लेकिन अपना स्वयं का मकान होने की खुशी अपने साथ कई नई-नई चिंताएँ भी लेकर आती है। उदाहरण के लिए एक तरह से आप एक ही स्थान से बँधकर रह जाते हैं और इच्छानुसार स्थान परिवर्तन नहीं कर पाते; साथ ही नियमित रूप से लोन की किस्त भरने की चिंता भी बनी रहती है। इसके अलावा, अचानक पैसों की जरूरत आ पड़ने की स्थिति में मकान को वाजिब कीमत पर बेचना भी इतना आसान नहीं होता है। दूसरी ओर किराए के मकान में रहने के लिए जो किराया आप चुकाते हैं, वह एक तरह से पानी में जरूर जाता है, लेकिन ऐसा करके आप कई चिंताओं से मुक्त भी रहते हैं।

नया या रीसेल?

रीसेल मार्केट में मकान या फ्लैट खरीदने का सबसे बड़ा फायदा यह होता है कि निर्माण कार्य लगभग पूरा हो चुका रहता है। आजकल निर्माण परियोजना में विलंब होने की समस्या ज्यादातर बिल्डरों के साथ देखने को मिलती है। इसके अलावा, रीसेलवाली प्रॉपर्टी आवश्यक रूप से पुरानी हो, ऐसा नहीं है; इसमें कई बार ऐसा मकान या फ्लैट मिल जाता है, जिसमें कोई रहा ही नहीं होता है। कुछ मामलों में ऐसा भी होता है कि प्री-लॉन्च स्टेज में निवेशक प्रॉपर्टी पर एकदम टूट पड़ते हैं, लेकिन बाद में उसकी कीमत बिल्डर के प्राइस टैग से कम हो जाती है। दूसरी ओर, रीसेल मार्केट में डाउन पेमेंट ज्यादा जरूर हो सकती है; जरूरतमंद विक्रेता आपसे कुछ भुगतान नकद भी माँग सकता है; ऐसी स्थिति में आप उसे अपेक्षाकृत कम कीमत पर प्रॉपर्टी बेचने के लिए तैयार कर सकते हैं और उसकी माँग के अनुसार नकद भुगतान के लिए बैंक से होम लोन ले सकते हैं। रीसेल प्रॉपर्टी में कागजी काररवाई भी ज्यादा होती है।

वाणिज्यिक संपत्ति में निवेश

ऑफिस, शोरूम या दुकान आदि में निवेश करना अपेक्षाकृत ज्यादा अच्छा होता है। ऐसी संपत्ति में एक ओर किराए से होनेवाली आय भी ज्यादा होती है और दूसरी ओर प्रॉपर्टी की कीमत में भी ज्यादा वृद्धि होती है, लेकिन प्राय: पूँजीपति निवेशक ही ऐसी प्रॉपर्टी में निवेश करते हैं।

निवेश तीन तरह का हो सकता है—

1. बिल्डर से सीधे खरीदकर।
2. रियल एस्टेट कंपनियों के शेयर खरीदकर।
3. रियल एस्टेट कंपनियों के म्युचुअल फंड में पैसे लगाकर।

प्रॉपर्टी के रूप में वाणिज्यिक (कॉमर्शियल) परिसर खरीदना ज्यादा अच्छा होता है, क्योंकि उसे खरीदकर आप किराए पर दे सकते हैं। इसके लिए ऐसे स्थान का चुनाव करें, जहाँ व्यावसायिक गतिविधियाँ तेजी पर हों या निकट भविष्य में तेजी पर होनेवाली हों। छोटी या कम क्षेत्रफल की संपत्ति यदि प्राइम लोकेशन में हो तो ज्यादा मुनाफा देती है, क्योंकि प्राइम लोकेशन में प्रॉपर्टी को किराए पर भी देना आसान होता है और जरूरत पड़ने पर आप उसे अपने स्वयं के व्यावसायिक स्थल के रूप में भी प्रयोग में ला सकते हैं। डॉक्टर, वकील, सीए (चार्टर्ड एकाउंटेंट) और व्यवसायी वगैरह के लिए ऐसी प्रॉपर्टी ज्यादा उपयुक्त होती है, लेकिन इसके लिए निवेशक को यह देखकर निवेश करना होता है कि संबंधित क्षेत्र में अर्थव्यवस्था, जॉब मार्केट, जनसंख्या वृद्धि और अन्य कारकीय स्थितियाँ अनुकूल हैं।

प्रॉपर्टी ऐसी खरीदनी चाहिए, जो या तो तैयार स्थिति में हो या फिर 5-6 महीने में तैयार होनेवाली हो। आजकल लोग मानने लगे हैं कि कॉमर्शियल रियल एस्टेट प्रॉपर्टी की सप्लाई बहुत बढ़ गई है, इसलिए उसमें निवेश करना बहुत अच्छा विकल्प नहीं है।

कुछ लोग केवल रियल एस्टेट में ही अपनी सारी पूँजी लगा देते हैं; यह एक जोखिम भरा कदम है। कभी-कभी हम अपनी दृष्टि इतनी संकुचित कर लेते हैं कि निवेश के अन्य विकल्पों की ओर देख ही नहीं पाते, जबकि निवेश करने से पहले हमें निवेश के सारे विकल्पों को सामने रखकर चलना चाहिए।

लाभ—

ऑफिस या दुकान जैसी रियल एस्टेट प्रॉपर्टी में निवेश करने का सबसे बड़ा फायदा यह होता है कि इससे किराए के रूप में होनेवाली आय आवासीय प्रॉपर्टी की अपेक्षा कहीं ज्यादा होती है। आवासीय प्रॉपर्टी से किराए के रूप में 1.5 से 2.5

प्रतिशत तक आय अर्जित की जा सकती है, जबकि ऑफिस आदि कॉमर्शियल प्रॉपर्टी से आप किराए के रूप में 7 से 8 प्रतिशत तक कमा सकते हैं। यदि आप 30 प्रतिशत के स्टैंडर्ड डिडक्शन की श्रेणी में आते हैं, तो आपका लाभ प्रतिशत या रिटर्न और भी बढ़ जाता है। किराए से होनेवाली आय 5 से 7 प्रतिशत वार्षिक तक बढ़ जाती है और समय के साथ-साथ प्रॉपर्टी की कीमत भी बढ़ती रहती है; इतना जरूर है कि कीमत बढ़ने की दर आवासीय प्रॉपर्टी की अपेक्षा कम होती है। मंदी और बेरोजगारी के इस दौर में आय के वैकल्पिक स्रोतों की ओर रुख करना जरूरी हो गया है। कॉमर्शियल प्रॉपर्टी खरीदने का एक और फायदा यह है कि कॅरियर के किसी दौर में यदि आप अपना स्वयं का व्यवसाय या उद्यम शुरू करना चाहते हैं, तो कम-से-कम आपको ऑफिस या शोरूम किराए पर लेने की जरूरत नहीं पड़ेगी।

जोखिम और हानियाँ

1. ऑफिस स्पेस में निवेश करने का सबसे पहला जोखिम यह होता है कि कई बार उपयुक्त किराएदार नहीं मिलता, यानी आप इस दौरान उससे कोई आय अर्जित नहीं कर पाते, जबकि उसके रख-रखाव पर आपको उस दौरान भी खर्च करना पड़ता है। ऑफिस या कॉमर्शियल कॉम्पलेक्स से किराए के रूप में होनेवाली आय (रेंटल इनकम) अर्थव्यवस्था में आनेवाली मंदी-तेजी (अर्थ-चक्र) पर निर्भर होती है। मान लीजिए, सूचना प्रौद्योगिकी (आईटी) से जुड़े व्यवसायों को लक्ष्य करके कोई बिल्डिंग तैयार की जाती है और इस दौरान किसी कारण से सूचना प्रौद्योगिकी में मंदी आ जाती है या विकास की गति धीमी पड़ जाती है, तो ऐसे में तैयार प्रॉपर्टी के लिए खरीददार या किराएदार भी कम मिलेंगे। तब स्वाभाविक रूप से आपको किराए की दर घटानी पड़ेगी।

2. ज्यादातर आवासीय प्रॉपर्टी बैंक लोन की मदद से खरीदी जाती है, लेकिन अगर आप ऑफिस प्रॉपर्टी खरीदना चाहते हैं, तो उसके लिए बैंक से लोन लेना मुश्किल हो जाता है; क्योंकि बैंक प्राय: उसी प्रॉपर्टी पर लोने देते हैं जो किराए पर चढ़ी होती है या फिर आपके पास कोई और प्रॉपर्टी गिरवी रखने के लिए हो।

अपने जोखिम स्तर को ध्यान में रखकर ही निवेश करें

आप निम्नलिखित में से किसी भी स्टेज में ऑफिस प्रॉपर्टी में निवेश कर सकते हैं—

जब बिल्डिंग का निर्माण कार्य चल रहा हो, जब निर्माण कार्य पूर्ण हो चुका हो, लेकिन प्रॉपर्टी खाली हो; या फिर तब, जब बिल्डिंग बनकर तैयार हो और उसमें गतिविधियाँ शुरू हो चुकी हों।

निर्माणाधीन बिल्डिंग में प्रॉपर्टी खरीदने का एक फायदा यह होता है कि उस स्टेज में आपको प्रॉपर्टी कम कीमत में मिल सकती है। बाद में कीमत में बढ़ोतरी का फायदा मिल जाता है, लेकिन इस स्टेज में प्रॉपर्टी खरीदने में जोखिम भी होता है, क्योंकि कई बार बिल्डर की लापरवाही या अन्य कारण से प्रोजेक्ट विलंबित हो जाता है और इस प्रकार उससे होनेवाली प्रत्याशित आय भी विलंबित हो जाती है। साथ ही, इस आशंका से भी इनकार नहीं किया जा सकता कि बिल्डर प्रॉपर्टी पर आनेवाले खर्च में कटौती कर दे और उसकी गुणवत्ता का स्तर गिर जाए। इस तरह के जोखिम से बचने के लिए प्रतिष्ठित डेवलपर से ही प्रॉपर्टी खरीदें। यदि आप उस स्टेज में प्रॉपर्टी में निवेश करते हैं, जब बिल्डिंग बनकर तैयार हो, लेकिन खाली हो, तो उस स्थिति में किराएदार समय से न मिलने का जोखिम रहता है। यदि किराएदार मिल भी जाता है, तो जरूरी नहीं कि वह प्रत्याशित किराया अदा करने के लिए तैयार हो जाएगा। यदि आप बिल्डिंग भर जाने के स्टेज में निवेश करते हैं, तो आप इन सब जोखिमों से तो बच जाते हैं, लेकिन प्रॉपर्टी में होनेवाली मूल्य-वृद्धि का आपको ज्यादा फायदा नहीं मिल पाता।

अतः अपने जोखिम लेने की क्षमता को ध्यान में रखकर पहले, दूसरे या तीसरे विकल्प का चुनाव किया जाना चाहिए। अगर आप किराए के रूप में आय अर्जित करने के लिए निवेश करना चाहते हैं तो चहल-पहलवाली बिल्डिंग में प्रॉपर्टी खरीदें; अगर पूँजी बढ़ाने के लिए निवेश करना चाहते हैं, तो किसी ग्रीनफील्ड प्रोजेक्ट में प्रॉपर्टी खरीदें।

निवेश करने से पहले प्रॉपर्टी की स्थिति पर भली-भाँति नजर डाल लें

सबसे पहले यह देखें कि जो प्रॉपर्टी आप खरीद रहे हैं, वह कहाँ स्थित है? वहाँ आर्थिक गतिविधियाँ कैसी हैं? जब आप तैयार बिल्डिंग खरीद रहे हों, तो यह जरूर देखें कि वहाँ भवन या प्रॉपर्टी की उपलब्धता कैसी है? क्योंकि प्रॉपर्टी की ओवर-सप्लाई की स्थिति में एक तो किराएदार कम मिलेंगे और दूसरा, किराए की दर भी कम होगी।

किसी उपनगरीय इलाके में प्रॉपर्टी खरीद रहे हों, तो ऐसे दूर-दराज के स्थान पर न खरीदें, जो किसी बड़े सड़क मार्ग या राजमार्ग से न जुड़ा हो; साथ ही, उस

स्थान की आंतरिक ढाँचागत स्थिति को भी ध्यान में रखें, जैसे—गलियाँ और संपर्क मार्ग बने हैं या नहीं।

उसके बाद बिल्डिंग की गुणवत्ता देखें। हो सकता है कि उस क्षेत्र में इक्के-दुक्के प्रतिष्ठित डेवलपर ही हों, जो ऑफिस प्रॉपर्टी तैयार करके बेच रहे हों।

आस-पास के लोगों और दुकानदारों या व्यवसायियों से बात करें और पता लगाएँ कि जो प्रॉपर्टी आप खरीद रहे हैं, उससे कितनी रेंटल इनकम अर्जित की जा सकती है। अगर एक किराएदार प्रॉपर्टी खाली कर देता है तो दूसरा किराएदार आसानी से मिल जाता है या नहीं। यदि प्रॉपर्टी में पहले से कोई किराएदार है, तो यह सुनिश्चित कर लें कि किराएदार अच्छे मुनाफेवाला व्यवसाय कर रहा हो। इससे उसके जल्दी खाली करके जाने के जोखिम से बचा जा सकता है। किराएदार से रेंट या लीज एग्रीमेंट करा लें; जरूरी समझें तो किसी वकील की मदद से एग्रीमेंट के कागजात तैयार करवाएँ।

रियल एस्टेट में निवेश से जुड़े जोखिम और नुकसान

तरलता का अभाव—रियल एस्टेट में पैसा निवेश करने का सबसे प्रमुख नुकसान यह होता है कि अचानक नकदी की जरूरत पड़ने पर यदि आप उसे बेचना चाहें तो उसमें काफी समय लग जाता है; इस प्रकार इसमें तरलता का अभाव रहता है और कई बार जल्दबाजी में बहुत कम कीमत पर उसे बेचना पड़ जाता है।

धोखाधड़ी—प्रॉपर्टी की खरीद-फरोख्त में धोखाधड़ी की आशंका हमेशा बनी रहती है। कोई व्यक्ति प्रॉपर्टी के फर्जी कागजात तैयार कराकर कई खरीददारों के हाथ बेच सकता है। खुला भूखंड होने की स्थिति में प्राय: कब्जे का कोई निश्चित चिह्नांकन नहीं होता है। कई बार एजेंट या बिल्डर स्वयं एडवांस की रकम लेकर भाग जाता है। इसके अलावा कई बार कोई अज्ञात दबंग व्यक्ति आकर प्रॉपर्टी पर कब्जा कर लेता है। कभी-कभी विक्रेता ऐसी प्रॉपर्टी को भी चेप देता है, जिस पर कोर्ट द्वारा स्टे ऑर्डर जारी किया गया होता है। इसके अलावा भुगतान के समय भी धोखाधड़ी की आशंका बनी रहती है।

प्रोजेक्ट में विलंब—कभी-कभी बिल्डर दिए गए समय पर प्रोजेक्ट पूरा नहीं कर पाता है; उस स्थिति में खरीददार को एक साथ दो तरफ नुकसान झेलना पड़ता है, एक तरफ प्रॉपटी के लिए चुकाई गई रकम का ब्याज और दूसरी ओर किराया।

अपेक्षाकृत अधिक रकम की जरूरत—निवेश के अन्य विकल्पों की अपेक्षा इसमें ज्यादा रकम लगाने की जरूरत पड़ती है।

प्रॉपर्टी की कीमत गिर भी सकती है—दीर्घकालिक निवेश हमेशा फायदेमंद ही हो, यह जरूरी नहीं है। पच्चीस से तीस वर्ष की अवधि तक प्रॉपर्टी शेयर की तरह अच्छा रिटर्न देती है, लेकिन अन्य परिसंपत्तियों की तरह रियल एस्टेट में भी उतार-चढ़ाव की स्थिति आती है। अंतर बस इतना ही होता है कि इसमें सोना और शेयर जितनी तरलता नहीं होती। डीमोनेटाइजेशन के पश्चात संपूर्ण भारतवर्ष में कीमतों में गिरावट भी देखी गई है।

साथ ही, यह भी ध्यान में रखें कि किसी दूर-दराज के इलाके में आपको मकान तो सस्ता मिल सकता है, लेकिन वहाँ आपको ऑफिस आने-जाने, बच्चों के स्कूल जाने-आने, वीकेंड शॉपिंग और सामाजिक समारोहों आदि में जाने-आने पर ज्यादा खर्चा करना पड़ सकता है। किराए पर मकान लेना हो तो ऐसे स्थान पर लें जहाँ से आपको ऑफिस और बच्चों को स्कूल जाने-आने में दिक्कत न आए।

॰

रियल एस्टेट इन्वेस्टमेंट ट्रस्ट (रीट)

भारत में रियल एस्टेट का मार्केट नियमित आय के एक साधन के रूप में तेजी से उभर रहा है और 'रियल एस्टेट इन्वेस्टमेंट ट्रस्ट' (रीट) इसमें महत्त्वपूर्ण भूमिका निभा रहा है, क्योंकि इसमें निवेशक को रियल एस्टेट सेक्टर में सीधे आए बिना भी उससे लाभ उठाने का मौका मिल जाता है।

भारतीयों को आर्थिक निवेश के जितने मामलों पर निर्णय लेने होते हैं, उनमें से रियल एस्टेट एक सबसे बड़ा मामला बन चुका है। लेकिन दुर्भाग्य से अब तक इससे संबंधित कोई नियंत्रक (रेगुलेटर) नहीं स्थापित किया गया है। ऐसे में रीट उन सभी निवेशकों के लिए एक व्यावहारिक रास्ता तैयार करेगा, जो कॉमर्शियल रियल एस्टेट कंपनियों में निवेश करके नियमित आय अर्जित करना चाहते हैं।

वैश्विक स्तर पर रीट 30 देशों में अपनी उपस्थिति दर्ज करा चुका है और 10 खरब डॉलर की परिसंपत्ति के साथ यह कुल प्रॉपर्टी मार्केट में पाँचवें हिस्से की भागीदारी निभा रहा है। इससे पोर्टफोलियो विविधता के साथ-साथ आय का एक ठोस और नियमित माध्यम भी तैयार हो रहा है। विकसित देशों में, जहाँ रीट पिछले दस वर्षों से काम कर रहा है, वहाँ लोगों को दीर्घकालिक जोखिम के आधार पर अपने निवेश का अच्छा-खासा फायदा मिला है। पिछले पाँच वर्षों में रीट ने 10 प्रतिशत वार्षिक रिटर्न दिया है। भारतीयों के लिए यह एक अच्छा विकल्प हो सकता है।

रीट एक कंपनी है, जो प्रमुख रूप से आय सृजित करनेवाली रियल एस्टेट प्रॉपर्टी, जैसे शोरूम, शॉपिंग सेंटर, ऑफिस, होटल और वेयर हाउस का स्वामित्व रखती है और उनका क्रय-विक्रय कराती है।

'भारतीय प्रतिभूति एवं विनिमय बोर्ड' (सेबी) इसकी नियामक संस्था है, इसलिए निवेशकों को इसकी विश्वसनीयता को लेकर चिंतित होने की जरूरत नहीं है। सेबी के अनुसार, रीट की स्थापना एक ट्रस्ट के रूप में होगी, जिसमें एक

ट्रस्टी के साथ-साथ अलग-अलग जिम्मेदारियाँ निभानेवाले पदाधिकारी होंगे—स्पॉन्सर मैनेजर और प्रिंसिपल वैल्यूअर। ट्रस्टी को सेबी में नामांकन कराना होगा और नामांकन के बाद वह निवेशकों को अपने ऑफर देकर उनसे धन जुटाएगी। आरंभिक ऑफर की न्यूनतम वैल्यू 250 करोड़ रुपए निर्धारित की गई है और सेबी के मानदंडों के अनुसार रीट के अधीन आनेवाली परिसंपत्ति की वैल्यू 500 करोड़ रुपए से कम नहीं होनी चाहिए।

रीट को कॉमर्शियल रियल एस्टेट परिसंपत्तियों में सीधे या एस.पी.वी. (स्पेशल परपज व्हीकल) के माध्यम से निवेश करने की अनुमति होगी। शुरुआत में जो स्कीमें चलाई जाएँगी, वे क्लोज-एंडेड म्युचुअल फंड की तरह क्लोज-एंडेड रियल एस्टेट इन्वेस्टमेंट स्कीमें होंगी, जो शेयरधारकों को मुनाफा देने के उद्देश्य से प्रॉपर्टी में निवेश करेंगी। शेयरधारकों या निवेशकों को मिलनेवाला यह लाभ रेंटल इनकम (किराए के रूप में होनेवाली आय) या कुल पूँजी पर मिलनेवाले लाभ से निकाला जाएगा।

रीट देशी और विदेशी—दोनों तरह के निवेशकों का निवेश स्वीकार कर सकती है, लेकिन शुरुआत में इसकी यूनिट केवल एचएनआई या संस्थाओं को ही ऑफर किए जा सकते हैं, इसलिए न्यूनतम सब्सक्रिपशन साइज 2 लाख रुपए और यूनिट साइज 1 लाख रुपए प्रस्तावित है। बाजार विकसित होने पर इसे सबके लिए उपलब्ध कराया जाएगा।

45-50 वर्ष के आयु वर्ग के निवेशकों के लिए यह एक अच्छा विकल्प साबित हो सकता है, क्योंकि इससे एक ओर उन्हें कर में राहत मिलेगी और दूसरी ओर सेवा-निवृत्ति के बाद एक नियमित आय का स्रोत भी तैयार रहेगा।

निवेश के रूप में थोड़ी-बहुत रियल एस्टेट प्रॉपर्टी रखकर हर कोई उससे लाभ अर्जित कर सकता है। रीट के दरवाजे ऐसे लोगों के लिए खुले हैं, जिनके पास भूखंड या अन्य किसी तरह की रियल एस्टेट प्रॉपर्टी नहीं है।

निश्चिंतता की बात यह है कि इसके प्रोजेक्ट सेबी द्वारा विनियमित होंगे, लेकिन रिटर्न क्या मिलेगा? मानदंड क्या होगा? तरलता कितनी होगी? इसका जवाब यह है कि भूखंड आवासीय या कॉमर्शियल प्रॉपर्टी का स्वामित्व रखने की बजाय रीट विभिन्न प्रकार की होल्डिंग रखेगी और यह सुनिश्चित करेगी कि तैयार प्रॉपर्टी से नियमित आय प्राप्त हो; इस प्रकार, निवेशकों को कम-से-कम जोखिम का सामना करना पड़ेगा, क्योंकि इसमें रिटर्न भी कम होगा। लेकिन इसका मतलब यह नहीं हुआ कि एन.ए.वी. में तरलता नहीं होगी।

रीट स्वयं कोई कर अदा नहीं करती है, लेकिन जिन फर्मों या कंपनियों से यह फंड जुटाती है, उन्हें कर चुकाना होगा। इसी तरह निवेशक को रीट की विभिन्न स्कीमों में अपने निवेश से होनेवाले लाभ या आय पर कर चुकाना होगा। इस प्रकार रीट एक ओर परंपरागत रियल एस्टेट के समांतर काम करेगी और दूसरी ओर, पी.पी.एफ. और डैट फंड जैसी सुरक्षित निवेश स्कीमों के समानांतर भी काम करेगी। रीट विभिन्न आवासीय या कॉमर्शियल प्रॉपर्टी की बजाय तरल निवेश को ज्यादा प्राथमिकता देता है। यदि छमाही एन.ए.वी. मिल जाते हैं, तो उनसे एक ओर मूल्य-अन्वेषण का अच्छा आधार मिल जाता है और दूसरी ओर उनमें अपेक्षाकृत ज्यादा तरलता भी होती है। अगर आप नौकरी या व्यवसाय के शुरुआती चरण में हैं और रियल एस्टेट में थोड़ा-बहुत पैसा ही लगा सकते हैं, तो आप यहाँ से अच्छी शुरुआत कर सकते हैं; बाद में ठीक-ठाक रकम जुटा लेने के बाद आप अपनी पसंद या जरूरत के अनुसार प्रॉपर्टी में निवेश कर सकते हैं, ठीक वैसे ही जैसे गोल्ड फंड और इक्विटी ट्रेडेड फंड में थोड़ा-थोड़ा निवेश करके बाद में अपने स्वयं के परिवार के उपयोग के लिए सोना जुटाया जा सकता है।

□

नाबालिग बच्चों के लिए
रियल एस्टेट में निवेश

भारतीय समाज में परंपरा के अनुसार, जब बच्चे का जन्म होता है, तो रिश्तेदार वगैरह उसे उपहार के रूप में पैसे या अन्य चीजें देते हैं। इस प्रकार, कई बार बच्चे के माता-पिता के पास अच्छी-खासी नकदी आ जाती है तो इस नकदी का वे क्या करते हैं ?

कुछ लोग तो बच्चे के नाम का खाता खुलवा देते हैं और स्वयं संरक्षक बनकर उस पैसे को फिक्स डिपॉजिट कर देते हैं। कुछ दादा-दादी ऐसे हैं, जो अपने नाबालिग पोतों के नाम का खाता खुलवाकर उसमें हर साल कुछ रकम फिक्स डिपॉजिट के रूप में जमा कराते रहते हैं और बाद में उसे अपने पोते को दे देते हैं। दस वर्षों की अपनी बैंकिंग सेवा में मेरा संपर्क ऐसे कई लोगों से हुआ है, जो प्राय: अपने पोतों-पोतियों के नाम फिक्स डिपॉजिट कराने के लिए ही बैंक में आते हैं। इसके पीछे दो कारण होते हैं, पहला कारण भावनात्मक जुड़ाव होता है, जबकि दूसरा कारण बच्चे के भविष्य के लिए निवेश की योजना होता है।

आजकल माता-पिता अपने बच्चों के भविष्य को लेकर काफी जागरूकता दिखा रहे हैं। छोटे बच्चों को प्रारंभिक शिक्षा दिलाने के लिए धन की आवश्यकता होती है; धीरे-धीरे जब वे बड़े होते हैं, तो उनके लिए उच्च शिक्षा का प्रबंध करने में धन खर्च होता है। इसके अलावा, लड़के-लड़कियाँ जब 21 से 25 वर्ष की उम्र में पहुँच जाते हैं, तो उनके विवाह के लिए अलग से धन जुटाने की जरूरत पड़ती है।

कहने का तात्पर्य यह है कि बच्चों के 18 वर्ष की आयु में पहुँचने पर माता-पिता को उनकी शिक्षा के साथ-साथ विवाह के लिए भी धन की जरूरत पड़ती है। ऐसे में माता-पिता के लिए यह जरूरी हो जाता है कि वे अपने बच्चों के भविष्य

के लिए इस प्रकार की योजना बनाकर चलें कि बालिग होने पर वे स्वयं अपना भविष्य सँवारने में सक्षम हो सकें।

बच्चों के लिए आर्थिक योजना बनाने के दौरान कभी-कभी बीमावाले भी बीच में आ टपकते हैं। बीमा सलाहकार माता-पिता को सलाह देता है कि बच्चे के नाम एक बीमा पॉलिसी खरीद लीजिए और बच्चे के बालिग होने तक हर साल प्रीमियम जमा करते रहिए। वह आगे बताता है कि जब तक आपका बच्चा बालिग होगा, तब तक उसकी उच्च शिक्षा और शादी के लिए पर्याप्त धनराशि जुड़ जाएगी।

साथ ही, वह एक और बात इसमें जोड़कर बताता है कि माता-पिता की मृत्यु की स्थिति में बीमित राशि का भुगतान उनके उत्तराधिकारी को कर दिया जाएगा और पॉलिसी की शेष किस्तें बीमा कंपनी स्वयं भरेगी, और जब बच्चा बालिग हो जाएगा तो उसे इस निवेश का रिटर्न मिलेगा। लेकिन, मेरे मित्रो, बीमा निवेश के लिए नहीं होता है। इस तरह का बीमा प्लान खरीदने से बेहतर होगा कि आप अपने स्वयं के नाम का टर्म प्लान लें।

अब मैं बैंकिंग और रियल एस्टेट में अपने लंबे अनुभव के आधार पर आपको बताने जा रहा हूँ कि आपके पास अपने नाबालिग बच्चे के लिए सबसे अच्छा निवेश क्या हो सकता है! अपने नाबालिग बच्चे के नाम एक भूखंड खरीदकर डाल देने से अच्छा कोई और निवेश का विकल्प दुनिया में नहीं है। यह भूखंड किसी भी तरह का हो सकता है—रेजीडेंशियल या एग्रीकल्चरल। यह निवेश आपके सामर्थ्य के अनुसार, 1 लाख से 10 लाख रुपए तक हो सकता है।

जैसा कि हम आपसे आयकर अधिनियम के सेक्शन 64 के बारे में पहले चर्चा कर चुके हैं; चूँकि खाली भूखंड से कोई आय अर्जित नहीं होगी, इसलिए बच्चे के नाबालिग रहने तक आपको उसके लिए कोई कर नहीं चुकाना पड़ेगा।

यहाँ ध्यान रखना होगा कि जो भूखंड आप खरीदते हैं, उसकी स्थिति महत्त्वपूर्ण होती है। इसके लिए ऐसे इलाके का चुनाव करें, जहाँ मौके पर विकास गतिविधियाँ न हों, लेकिन भविष्य में विकास की अच्छी संभावनाएँ हों। तो, आज ही अपने नाबालिग बच्चे के नाम से स्वर्णिम निवेश की शुरुआत करके निवेश की सुंदर दुनिया में अपनी यात्रा शुरू करें।

❑

क्या पत्नी के नाम निवेश करना चाहिए?

एक दिन मेरे एक मित्र, श्री अतुल मेरे ऑफिस में आए और कहने लगे कि मुझे होम लोन लेना है। मैंने उन्हें नए फ़्लैट के लिए बधाई दी। थोड़ी देर औपचारिक बातचीत के बाद मैंने उनसे फ्लैट का सेल एग्रीमेंट देखने के लिए माँगा, जो उनकी पत्नी श्रीमती दीपिका के नाम था। उन्होंने मुझे बताया कि मैं अपने नाम से पहले ही एक मकान खरीद चुका हूँ और पत्नी दीपिका नौकरी करती है, इसलिए होम लोन लेकर कर बचाने के लिए हमने यह फ्लैट खरीदा है। अतुल की तरह कई अन्य विवेकशील करदाता पत्नी के नाम से प्रॉपर्टी में निवेश करते हैं। महिला सदस्य के नाम से प्रॉपर्टी खरीदने के कुछ फायदे होते हैं—

1. कई राज्यों में ऐसा कानून है कि महिला के नाम से खरीदी जानेवाली प्रॉपर्टी पर कम स्टांप ड्यूटी लगाई जाए। उदाहरण के लिए, राजस्थान में महिलाओं को प्रॉपर्टी की खरीद पर पुरुषों की अपेक्षा कम स्टांप ड्यूटी चुकानी पड़ती है।

2. यदि कोई महिला होम लोन लेकर घर खरीदती है, तो उसे आयकर अधिनियम के सेक्शन 80 सी और 24 के अंतर्गत कर में छूट मिल जाती है।

3. महिला के नाम प्रॉपर्टी खरीदकर उसे किराए पर देने पर अलग से कर में छूट का लाभ मिल जाता है।

5. यदि आप पत्नी के नाम प्रॉपर्टी खरीदते हैं, तो इससे उनके मन में सुरक्षा और आत्मसम्मान की भावना बढ़ेगी और वह खुश होगी।

बात करते हैं, आयकर अधिनियम के सेक्शन 64 की। इसके अनुसार, पत्नी को पति द्वारा उपहारस्वरूप मिली संपत्ति से होनेवाली आय पति की आय मानी जाएगी और उसे पति की उस वर्ष की आय के साथ जोड़कर, उसके अनुसार

आयकर लगाया जाएगा। अब यह बात स्पष्ट हो गई है कि इस प्रकार के मामले में आय के दोहरे समायोजन से बचने के लिए शादी-शुदा महिला को अपने पति या सास-ससुर से कोई उपहार नहीं लेना चाहिए और न ही इस श्रेणी में आनेवाले पुरुष सदस्य को प्रॉपर्टी के रूप में महिला सदस्य को उपहार देना चाहिए।

उदाहरण के लिए, यदि आप पत्नी के नाम कोई मकान खरीदते हैं, लेकिन वह स्वयं कोई पैसा नहीं लगाती है, तो उस स्थिति में मकान से होनेवाली रेंटल इनकम आपकी इनकम मानी जाएगी और उसके अनुसार ही आपसे कर वसूला जाएगा। इसलिए यदि आप अपनी पत्नी के नाम से निवेश करना चाहते हैं, तो उसे वाजिब ब्याजदर पर लोन दे दीजिए; लोन पर ब्याज चुकाए जाने से आयकर अधिनियम का सेक्शन 64 भी आप पर लागू नहीं होगा। यदि इन सब बिंदुओं को ध्यान में रखकर चला जाए, तो पत्नी के नाम से प्रॉपर्टी खरीदने में कोई दिक्कत नहीं होगी।

मकान किराया भत्ता (एच.आर.ए.)

मकान भत्ता नौकरी करनेवाले कर्मचारी के वेतन का एक हिस्सा होता है। इसका निर्धारण सेवा-शर्तों के आधार पर किया जाता है। सरकारी क्षेत्र में यह सामान्यतया बेसिक सैलरी का 20% होता है। नियोजक अपने कर्मचारी को यह भत्ता इसलिए देता है, ताकि मकान का किराया चुकाने में कर्मचारी को मदद मिल सके।

यह भत्ता उन कर्मचारियों को नहीं दिया जाता है—

1. जो नियोजक द्वारा उपलब्ध कराए गए मकान में रहते हैं।
2. जो हाउस लीज सुविधाओं के लाभार्थी हैं।

चूँकि मकान भत्ता कर्मचारी को मकान का किराया चुकाने के लिए दिया जाता है, इसलिए इसे कुछ हद तक आयकर की परिधि से बाहर रखा जाता है। जो कर्मचारी अपने स्वयं के मकान में रहता है, उसे मकान भत्ता पर आयकर में छूट नहीं मिलती।

मकान भत्ता पर कर छूट की गणना

किराए के मकान में रहनेवाले कर्मचारी को छूट मिल सकती है; इसमें 4 मुख्य बातों को ध्यान में रखा जाना चाहिए—

1. कर्मचारी की बेसिक सैलरी कितनी है?
2. कर्मचारी को प्राप्त भत्ता कितना है?
3. कर्मचारी किस शहर में रहता है?
4. कर्मचारी मकान के किराए के रूप में कितना खर्च करता है?

उदाहरण (अ) : श्री नवीन शर्मा मुंबई शहर में किराए के मकान में रहते हैं और वे एक कंसल्टेंसी फर्म में नौकरी करते हैं। वे 20 हजार रुपए प्रतिमाह मकान का किराया देते हैं। उनकी वार्षिक सैलरी का विवरण इस प्रकार है—

बेसिक सैलरी—4,80,000 रुपए,

मकान भत्ता—2,40,000 रुपए, चिकित्सा भत्ता—15000 रुपए, अन्य भत्ते—15000 रुपए।

अब चूँकि नवीन एक महानगर में रहते हैं—

1. वार्षिक बेसिक सैलरी का 50% = 240000 रु.

2. किराए के रूप में चुकाई जानेवाली वास्तविक रकम—बेसिक सैलरी का 10% [20000×12—48000 (480000 का 10%)] = 192000 रुपए।

3. वास्तविक प्राप्त मकान भत्ता=240000 रुपए।

इस प्रकार उपरोक्त तीनों बिंदुओं के आधार पर सबसे कम 1,92,000 रुपए तक का मकान भत्ता कर की परिधि से बाहर रखा जा सकता है।

चूँकि श्री नवीन मकान भत्ता के रूप में 240000 रुपए प्राप्त कर रहे हैं, इसलिए कुल मकान भत्ता में से 192000 रुपए कर की परिधि में नहीं आएगा और 48000 रुपए (240000-190000) को कर योग्य आय माना जाएगा।

उदाहरण (ब) : यदि श्री नवीन मुंबई की बजाय किसी अन्य शहर, जैसे—जयपुर में रहते हैं, तो पहले बिंदु की गणना वार्षिक बेसिक सैलरी के 40% के रूप में, यानी 192000 रुपए होगी। इस प्रकार छूट की स्थिति वही रहेगी।

कई प्रकार की जालसाजी रोकने के लिए केंद्रीय प्रत्यक्ष कर बोर्ड (सी.बी.डी. टी.) ने कुछ उपाय किए हैं—

1. वित्तीय वर्ष 2013-14 से यह प्रावधान किया गया है, जो वेतनभोगी मकान भत्ता प्राप्त करते हैं। मकान के किराए के रूप में 1 लाख रुपए या अधिक भुगतान करते हैं, उन्हें अपने मकान-मालिक का पैन कार्ड देना होगा।

2. यदि मकान-मालिक के पास पैन कार्ड नहीं है, तो कर्मचारी को एक शपथ-पत्र देना होगा कि उसके मकान-मालिक के पास पैन कार्ड नहीं है और साथ ही मकान-मालिक का नाम और पता भी देना होगा।

3. इस प्रकार के प्रावधानों से आयकर विभाग यह पता लगा सकेगा कि मकान-मालिक किराए के रूप में प्राप्त होनेवाली आय पर कर का भुगतान करते हैं या नहीं।

अगर आप मकान के किराए के रूप में 1 लाख रुपए वार्षिक या अधिक का भुगतान करते हैं, तो मकान-मालिक का पैन कार्ड अपने नियोजक के पास जरूर जमा कराएँ।

मकान भत्ता में छूट का दावा किन परिस्थितियों में किया जा सकता है

1. यदि आप किसी ऐसे शहर में रहकर नौकरी कर रहे हैं, जहाँ आपका अपना मकान नहीं है।

2. यदि आप अपनी पत्नी/पति को किराए का भुगतान करते हैं, तो आप मकान भत्ते में छूट के हकदार नहीं हैं।

3. आप किस शहर में रह रहे हैं, यह बात भी महत्त्वपूर्ण होती है।

4. यदि आप अपने माता-पिता के साथ रहते हैं और उन्हें किराया देते हैं, तो आप मकान भत्ते में छूट के हकदार हैं, लेकिन किराए के रूप में आप अपने माता-पिता को जो भुगतान करते हैं, उसकी गणना उनकी आय में की जाएगी और उस पर कर वसूल किया जाएगा।

जिन्हें मकान भत्ता नहीं मिलता है

सामान्यतया व्यवसायी और स्वरोजगारी वर्ग के लोग भी आयकर अधिनियम के सेक्शन 80 जी.जी. के अंतर्गत लाभ प्राप्त करते हैं। उन्हें मकान भत्ता तो नहीं मिलता, लेकिन कुछ अन्य लाभ जरूर मिल जाता है। उन्हें 5000 रुपए मासिक तक की छूट मिल सकती है।

□

रियल एस्टेट प्लानिंग में अविभक्त (हिंदू परिवार (हिंदू अनडिवाइडेड फैमिली/ एच.यू.एफ.) की भूमिका

कहने की बात नहीं है कि हर कोई टैक्स बचाना चाहता है और आप जानते हैं कि यह आयकर कानून के विभिन्न प्रावधानों का लाभ उठाने से ही संभव है। कई बार लोग कर बचाने के लिए गैर-कानूनी तरीके अपना बैठते हैं; लेकिन मित्रो, ऐसे तरीके वित्तीय नियोजन (फाइनेंशियल प्लानिंग) या आयकर नियोजन के अंतर्गत नहीं आते हैं, बल्कि ये कर चोरी के अंतर्गत आते हैं।

एक विवेकशील निवेशक के रूप में आप विधि-संगत तरीके से आयकर बचा सकते हैं—

अलग से एक कर इकाई, यानी एच.यू.एफ. (हिंदू अनडिवाइडेड फैमिली) बनाकर, जो आधिकारिक रूप से मान्यता प्राप्त है।

हम स्वयं तो एच.यू.एफ. तैयार नहीं कर सकते, लेकिन उसके लिए पूँजी का प्रबंध जरूर कर सकते हैं। शुरुआत में एच.यू.एफ. एक गुब्बारे की तरह होता है, जिसमें कोई हवा नहीं भरी होती है। गुब्बारे को गुब्बारा तो तभी कहा जाएगा, जब उसमें हवा भरकर उसे फुलाया जाए। ठीक इसी तरह एक एच.यू.एफ. भी तब तक सुषुप्त अवस्था में रहता है, जब तक उसमें पूँजी न डाली जाए। एच.यू.एफ. बनाने के लिए सबसे पहले आपकी शादी करनी पड़ेगी।

कदम-दर-कदम एच.यू.एफ. का निर्माण

डीड—एच.यू.एफ. बनाने के लिए वैसे तो डीड अनिवार्य नहीं है, लेकिन विभिन्न कर नियमों के मद्देनजर ऐसा करना अच्छा रहता है। इसमें कर्ता, एच.यू.एफ. के सदस्यों (अविभक्त जायदाद के संयुक्त उत्तराधिकारी),

परिवार के अन्य सदस्यों और एच.यू.एफ. के व्यवसाय का पूरा विवरण होना चाहिए।

सदस्य—शादी के बाद एच.यू.एफ. स्वत: ही बन जाता है। मान लीजिए, आपके पिता एच.यू.एफ. के एक कर्ता हैं और आप अविभक्त जायदाद के संयुक्त उत्तराधिकारी हैं। अब आपकी शादी के बाद वर्तमान एच.यू.एफ. का विभाजन करके एक नया एच.यू.एफ. बनाया जा सकता है। एच.यू.एफ. को एक उपयुक्त नाम देना होता है। मान लीजिए, आपका नाम सुनील कुमार है, तो आप अपने एच.यू.एफ. को सुनील कुमार एच.यू.एफ. नाम दे सकते हैं।

पैन कार्ड—एच.यू.एफ. के एक कर्ता के रूप में आपको अलग से पैन के लिए आवेदन करना होगा और जब भी आप एच.यू.एफ. के नाम से कोई निवेश करेंगे या प्रॉपर्टी खरीदेंगे, उस समय इस पैन का उल्लेख करना होगा।

बैंक खाता—पैन कार्ड मिल जाने के बाद आपको अपने एच.यू.एफ. के नाम से बैंक में एक अलग खाता खोलना होगा, ताकि आप चेक के माध्यम से लेन-देन कर सकें और अपनी आय को बैंक में जमा कर सकें।

एच.यू.एफ. के लिए पूँजी-निर्माण

एच.यू.एफ. के लिए सबसे आवश्यक चीज है, पूँजी। यह पूँजी उसके सदस्यों के स्वामित्व में आनेवाली पूँजी से अलग होती है। आपके माता-पिता या ससुराल पक्ष के संबंधी आपके नए एच.यू.एफ. के लिए धन या जायदाद गिफ्ट कर सकते हैं; लेकिन गिफ्ट डीड में स्पष्ट उल्लेख किया जाना चाहिए कि यह आपके एच.यू.एफ. के लिए है, न कि आपके लिए। एच.यू.एफ. के नाम किसी वसीयतनामे के जरिए जो प्रॉपर्टी हासिल होगी, वह एच.यू.एफ. की पूँजी बन जाएगी। अब आयकर के विभिन्न प्रावधानों को ध्यान में रखते हुए एच.यू.एफ. के नाम उपहार के रूप में धन का हस्तांतरण कर सकते हैं।

ध्यान रहे कि आपको स्वयं अपने एच.यू.एफ. को गिफ्ट नहीं देना है, अन्यथा एच.यू.एफ. बनाने का कोई फायदा नहीं होगा। हाँ, आपके मित्र और रिश्तेदार गिफ्ट दे सकते हैं, लेकिन 50 हजार रुपए तक का (धारा-56)। ऐसे में आपको बड़े एच.यू.एफ. के सदस्यों से गिफ्ट लेना चाहिए, जो आपके संबंधी हों, लेकिन आपके छोटे एच.यू.एफ. के सदस्य न हों।

जब एच.यू.एफ. का काम ठीक ढंग से चलने लगे, तो यह ध्यान रखें कि एच.यू.एफ. के मामले सदस्यों के निजी मामलों से अलग रहें। अपने एच.यू.एफ.

के लिए एक अलग बैंक खाता रखें। एच.यू.एफ. के सदस्य अपना-अपना निजी काम सामान्य रूप से करते रहें।

क्या पुत्री को एच.यू.एफ. का सदस्य (अविभक्त जायदाद की संयुक्त उत्तराधिकारी) बनाया जा सकता है?

जी हाँ।

9 सितंबर, 2005 को हिंदू उत्तराधिकार अधिनियम, 1956 में संशोधन करके यह प्रावधान किया गया है कि पुत्री भी अपने माता-पिता की अविभक्त जायदाद की संयुक्त वारिस हो सकती है और भाइयों की तरह वह भी माता-पिता की जायदाद में हिस्सेदारी का दावा कर सकती है।

शादी के बाद पति के एच.यू.एफ. की सदस्य बनने के बाद भी वह अपने पिता के एच.यू.एफ. की संयुक्त वारिस बनी रहती है। इस प्रकार अगर आपकी बेटी है, तो वह शादी के बाद भी आपके एच.यू.एफ. की सदस्या बनी रहेगी।

अविभक्त जायदाद के संयुक्त वारिस को यह हक होता है कि जब कभी वह एच.यू.एफ. से निकलना चाहे, तो वह संयुक्त जायदाद में अपनी हिस्सेदारी माँग सकता है।

क्या कोई अविवाहित व्यक्ति एच.यू.एफ. बना सकता है?

जी नहीं। नहीं बना सकता। ऐसा एच.यू.एफ. नहीं बन सकता, जिसका वह स्वयं कर्ता बनना चाहता हो। हाँ, वह अपने पिता या दादा के एच.यू.एफ. का सदस्य बन सकता है; लेकिन अपना एच.यू.एफ. बनाने के लिए उसे शादी तक इंतजार करना पड़ेगा, एक हिंदू बच्चा जिस दिन माँ के गर्भ से बाहर आता है, उसी दिन किसी एच.यू.एफ. का सदस्य बन जाता है।

क्या कोई महिला एच.यू.एफ. की कर्ता बन सकती है?

हिंदू उत्तराधिकार अधिनियम, 2005 में किए गए संशोधन को ध्यान में रखते हुए इसका उत्तर 'नहीं' में नहीं दिया जा सकता। परिवार में पिता की मृत्यु के बाद उसकी अविवाहित पुत्री एच.यू.एफ. की कर्ता बन जाती है, यदि उसका कोई भाई न हो।

क्या कोई एच.यू.एफ. ऐसा हो सकता है, जिसमें सब महिलाएँ ही हों?

जी हाँ, हो सकता है। यदि पति-पत्नी की एक ही बेटी है, तो पति की मृत्यु के बाद माँ–बेटी दोनों मिलकर एच.यू.एफ. चला सकती हैं।

क्या एच.यू.एफ. किसी व्यवसाय में साझीदार बन सकता है?

नहीं। एच.यू.एफ. कभी किसी फर्म का साझीदार नहीं बन सकता। दरअसल, एच.यू.एफ. भारतीय आयकर अधिनियम की परिधि में आनेवाला एक व्यक्ति या इकाई होता है। इसके अलावा अन्य मामलों में इसका कोई अस्तित्व नहीं होता है, इसलिए वह किसी अन्य एच.यू.एफ. या व्यक्ति के साथ इस तरह की कोई साझेदारी नहीं कर सकता है।

क्या एच.यू.एफ. अपने कर्ता को वेतन का भुगतान कर सकता है?

जी हाँ। यदि यह वेतन परिवार के कर्ता को एक वैधानिक करारनामे के अंतर्गत दिया जाता है। इस वेतन की गणना व्यवसाय के लिए किए जानेवाले खर्च के रूप में की जाएगी।

रियल एस्टेट में निवेश पर एच.यू.एफ. को कर भुगतान में मिलनेवाला लाभ

यदि आप व्यवसायी या स्वरोजगारी हैं, तो आपको एच.यू.एफ. जरूर बनाना चाहिए। यदि आपने एच.यू.एफ. बनाया है, तो अपने एच.यू.एफ. के नाम से हमेशा रियल एस्टेट में निवेश करें, क्योंकि आयकर अधिनियम की धारा 80 सी और धारा 24 के अंतर्गत कर भुगतान में जो लाभ स्वयं के द्वारा उपयोग में लाई जानेवाली प्रॉपर्टी पर किसी करदाता को मिलता है, वही लाभ इसमें भी करदाता को मिलता है। यानी यदि आप एच.यू.एफ. के नाम से होम लोन लेते हैं, तो उस स्थिति में आप 2 लाख रुपए ब्याज के भुगतान में और 1.5 लाख रुपए मूलधन की चुकौती में बचा सकते हैं।

यदि कोई हिंदू अनडिवाइडेड फैमिली एच.यू.एफ. अपनी प्रॉपर्टी किराए पर देती हैं, तो इससे होनेवाली कुल वार्षिक आय के 30% की कटौती का लाभ भी उसे मिलता है। तो मित्रो! एच.यू.एफ. बनाइए और कर में छूट का असीमित फायदा उठाइए।

होम लोन

अपना स्वयं का घर बनाना हर भारतीय का सबसे बड़ा सपना होता है। ऐसा घर तलाश करना, जो सब तरह की सुविधाओं से युक्त हो और आपके कार्य-स्थल तथा बच्चों के स्कूल के आस-पास हो और बाजार भी निकट हो, किसी चुनौती से कम नहीं है, लेकिन थोड़ी सी तैयारी के साथ काम किया जाए, तो इसमें मदद मिल सकती है। इसके लिए कई बैंक और फाइनेंस कंपनियाँ होम लोन दे रही हैं। लेकिन अपने इस सपने को साकार करने के लिए आपके पास अपना पैसा भी होना चाहिए। तो क्या आप अपने जीवन का यह सबसे बड़ा फैसला लेने के लिए तैयार हैं ?

जब आप घर खरीदने का फैसला करते हैं, तो सबसे पहले बात आती है बजट की। अपने मासिक आय और व्यय तथा बीमा व अन्य निवेशों पर किए जानेवाले प्रीमियम भुगतान का हिसाब लगाकर एक बजट खाका तैयार कर लें। इससे आपको पता चल जाएगा कि मासिक किस्त के लिए आप कितनी रकम निकाल सकते हैं। किस्त के अलावा आपको अन्य खर्चों को भी ध्यान में रखना होगा, जैसे—हाउसिंग सोसाइटी चार्ज और मेंटनेंस शुल्क वगैरह। होम लोन की रकम तय करने के लिए यह जरूरी है, क्योंकि इसमें किस्त भरने की अवधि लंबी होती है। लेकिन इसमें घबराने की कोई बात नहीं, क्योंकि कुछ समय बाद ही आपकी आय में भी बढ़ोतरी हो जाएगी और आपको किस्त का बोझ कम लगने लगेगा।

एक और बात यह कि यदि आप किराए के मकान में रहते हैं, तो अपने स्वयं के मकान में रहने पर आपकी किराए की राशि भी बचने लगेगी, जो किस्त के भुगतान में आपके लिए सहायक होगी। इसके अलावा, अगर आप नियोक्ता द्वारा उपलब्ध कराए गए मकान में रहते हैं, तो उसे छोड़कर अपने मकान में रहने पर आपको मकान भत्ता मिलेगा, जो आपके किस्त भुगतान में सहायक होगा।

इस प्रकार आप समझ गए कि होम लोन के लिए आवदेन करने से पहले आपको अपने आय-व्यय को ध्यान में रखना है और साथ ही यह भी विचार कर लें कि अपने रहन-सहन के स्तर के साथ समझौता किए बिना आप कितनी किस्त निकाल सकते हैं ? इसमें आप अपनी भावी आय को भी शामिल कर सकते हैं। लेकिन ध्यान रहे कि आप जितनी ज्यादा महँगी प्रॉपर्टी खरीदेंगे, उतनी ही ज्यादा रकम आपको होम लोन में भरनी पड़ेगी। अगर आप निर्माणाधीन फ्लैट खरीद रहे हैं, तो इससे आपका आर्थिक बोझ थोड़ा सा बढ़ जाता है; क्योंकि कब्जा मिलने तक एक ओर आपको मकान का किराया देना पड़ रहा है और दूसरी ओर आपको किस्त भी भरनी पड़ रही है। सब हिसाब-किताब लगाकर यह देख लें कि अपने आवश्यक कार्यों और वर्तमान रहन-सहन के स्तर के साथ समझौता किए बिना आप कितनी किस्त निकाल सकते हैं; यदि आपको लगे कि आप इन सबमें संतुलन बनाकर नहीं चल पाएँगे, तो या तो कम बजटवाले फ्लैट के बारे में सोचें या फिर फ्लैट/घर खरीदने की योजना को कुछ समय के लिए टाल दें।

बजट (बैंक से मिल सकनेवाली अधिकतम लोन राशि + आपका अपना हिस्सा)

कोई प्रॉपर्टी खरीदने के लिए जब आप होम लोन लेते हैं, तो बैंक या फाइनेंस कंपनियाँ प्राय: प्रॉपर्टी की कीमत का 75% से 90% तक लोन उपलब्ध कराती हैं, शेष 10% से 25% तक राशि आपको स्वयं लगानी होती है।

रिजर्व बैंक ऑफ इंडिया ने सभी बैंकों और वित्तीय संस्थाओं के लिए यह अनिवार्य कर दिया है कि वे होम लोन में प्रापर्टी की कुल कीमत के 80% से ज्यादा राशि स्वीकृत न करें। इस प्रकार, यदि आप 40 लाख रुपए की कीमत का कोई मकान खरीदते हैं, तो इसका 20%, यानी 8 लाख रुपए आपको स्वयं लगाने पड़ेंगे, और 30 लाख रुपए तक के होम लोन में बैंक या फाइनेंस कंपनी 90% तक की राशि फाइनेंस कर सकती है।

प्रॉविजनल सैंक्शन लेटर के लिए आवेदन करें

सबसे पहले आपको यह निश्चित करना है कि आपको बैंक से अधिकतम कितनी राशि होम लोन के रूप में मिल सकती है। इसके लिए आपको एक प्रॉविजनल सैंक्शन लेटर रखना चाहिए। कुछ बड़े शहरों में बिल्डर आपसे प्रॉविजनल सैंक्शन लेटर की माँग करता है। लोन के लिए आवेदन करते समय व्यक्ति की

मनोदशा का अंदाजा लगाया जा सकता है, क्योंकि बैंक ही यह तय करता है कि आप अपने सपनों का घर खरीद पाएँगे या नहीं, या फिर आपके बच्चे उच्च शिक्षा के लिए जा पाएँगे या नहीं। संक्षेप में, बेहतर जीवन स्तर का सपना किस हद तक पूरा होता है, यह बात बैंक या ऋण प्रदाता संस्था ही तय करती है।

आपके होम लोन आवेदन पर लोन स्वीकृत करते समय बैंक दो बातों को ध्यान में रखते हैं—

1. आपकी आय/लोन चुकाने का सामर्थ्य।
2. आपका सिबिल स्कोर (यानी आपका लोन ट्रैक रिकॉर्ड)।

1. आपकी आय/लोन चुकाने का सामर्थ्य—लोन की राशि तय करने के लिए आपकी नियमित आय और अन्य स्रोतों से होनेवाली आय को आधार-बिंदु बनाया जाता है।

बैंक या फाइनेंस कंपनियाँ निम्नलिखित बातों को ध्यान में रखती हैं—

(i) आप किस सेक्टर में काम करते हैं (फार्मेसी, सूचना प्रौद्योगिकी, सरकारी सेक्टर, प्राइवेट सेक्टर, बहुराष्ट्रीय कंपनी) ?

(ii) कंपनी में आपका पद क्या है ? जॉब प्रोफाइल, वेतन, कार्य-अनुभव, उम्र और पारिवारिक जिम्मेदारियाँ क्या-क्या हैं ?

(iii) अगर आप डॉक्टर, वकील, सीए, सीएफए या आर्किटेक्ट हैं, तो बैंक आपकी आर्थिक स्थिति, वार्षिक रिटर्न और कार्य-अनुभव देखता है।

(iv) अगर आप व्यवसायी हैं, तो बैंक देखता है कि उस व्यवसाय में आपका कितना अनुभव है, व्यवसाय की स्थिति कैसी है और आपकी कंपनी की बैलेंस शीट, लाभ-हानि के ब्योरे की क्या स्थिति है ?

सभी मामलों में बैंक यह जरूर देखता है कि लोन लेने के बाद आप अपने रहन-सहन के वर्तमान स्तर को बनाए रख पाएँगे या नहीं।

व्यवसायी और वेतनभोगी वर्ग के लिए निर्धारित मानदंड

आप घर तभी खरीद पाएँगे, जब बैंक आपका लोन स्वीकृत करेगा। और बैंक आपको तभी लोन देगा, जब आपकी बचत और देनदारी का अनुपात 40:60 तक हो। मान लीजिए आपकी कुल मासिक आय 60000 रु. है और शुद्ध मासिक आय 50000 रुपए है (आयकर/जीपीएफ/एनपीएस आदि काटकर), तो 40:60 के मानदंड के अनुसार आपकी मासिक बचत 24000 रु. और मासिक किस्त आदि का खर्च 36000 रु. होना चाहिए, यानी आपके पास मासिक किस्त के लिए

26000 रु. [वेतन का 60% (36000 रु.)- कटौती (10000 रु.)।] इसका साफ-साफ मतलब हुआ कि आप 26000 रु. मासिक किस्त तक का लोन ले सकते हैं। अगर आपका कार लोन पहले से चल रहा है, जिसकी मासिक किस्त 8000 रु. है, तो बैंक आपकी मासिक किस्त चुकाने की सामर्थ्य 18000 रु. ही मानेगा। इसलिए मित्रो, अगर आप होम लोन ले रहे हैं, तो पहले कार लोन चुका लें, उसके बाद होम लोन लें। इस प्रकार होम लोन लेने से पहले पुराने सारे लोन चुकाकर एक अच्छा क्रेडिट रिकॉर्ड तैयार करके रखें। किसी व्यवसायी की लोन राशि का निर्धारण उसके पिछले तीन वर्ष के आयकर रिटर्न के आधार पर किया जाता है। प्राय: लोन देनेवाला हर बैंक या फाइनेंस कंपनी अपनी वेबसाइट पर लोन कैलकुलेटर रखती है। वहाँ से आप भी अपनी लोन राशि की गणना कर सकते हैं। बैंक होम लोन की राशि निर्धारित करने के लिए अन्य शर्तों को भी आधार बनाते हैं, जैसे—आवेदक का ट्रैक रिकॉर्ड, व्यवसाय में उसका ट्रैक रिकॉर्ड, खाते में औसत बैलेंस आदि।

ज्यादा लोन राशि कैसे पाएँ?

1. ज्यादा वेतन और ज्यादा आयकर रिटर्न, ये दो बातें ज्यादा लोन राशि दिलाने के लिए महत्त्वपूर्ण हैं। इसलिए अगर निकट भविष्य में पदोन्नति या नौकरी बदलने से आपका वेतन बढ़नेवाला है, तो इस बढ़ोतरी के बाद ही लोन के लिए आवेदन करें।
2. अगर आप व्यवसायी हैं और आपका आगामी आयकर रिटर्न बढ़कर फाइल होनेवाला है, तो इस बढ़ोतरी के बाद ही लोन के लिए आवेदन करें।
3. लोन के लिए आवेदन हमेशा एक सह-आवेदक के साथ करें, जो आपकी पत्नी, माता या पिता, बेटा या अविवाहित बेटी में से कोई हो सकता है।
4. अपने बैंक खाते में औसत बैंलेंस का स्तर हमेशा कायम रखें।
5. अपने खाते में हमेशा इतनी जमाराशि छोड़कर रखें कि कोई चेक बाउंस न हो।
6. अगर आपकी लोन राशि आपकी जरूरत से कम है, तो बैंक अधिकारी को यह बताएँ कि नए घर/फ्लैट में शिफ्ट होने के बाद आपको मकान भत्ता (बेसिक सैलरी की 20% राशि) मिलने लगेगा, जिससे आपकी मासिक आय बढ़ जाएगी।

2. आपका सिबिल स्कोर (लोन चुकाने का आपका संकल्प और लोन ट्रैक रिकॉर्ड)—बैंक प्राय: ऐसी सिबिल रिपोर्ट पर विचार करते हैं, जिनका स्कोर 600 से 900 तक होता है। लोन की अर्हता के लिए 800 + सिबिल स्कोर अच्छा माना जाता है। सिबिल रिपोर्ट में लोन चुकाने का आपका पुराना ट्रैक रिकॉर्ड और आपके नाम चल रहे कुल लोन की जानकारी होती है। इस रिपोर्ट में यह भी प्रदर्शित होता है कि गत अवधि में लोन के लिए आपकी ओर से कितनी बार पूछताछ की गई है। आपके सारे लोन समय से चुकता हो रहे हैं या नहीं। आपका कोई पुराना लोन राइट ऑफ या सेटल्ड तो नहीं है। आप पर मौजूदा बकाया या अन्य जिम्मेदारियाँ क्या-क्या हैं। आप सिबिल वेबसाइट पर भी सिबिल स्कोर के लिए आवेदन कर सकते हैं। बैंकर्स के लिये यह आपकी लोन चुकाने का सामर्थ्य व इच्छा-शक्ति का पता लगाने के लिए यह एक सबसे अच्छा तरीका है।

क्या करें कि आपका सिबिल स्कोर ऊँचा हो?

1. मासिक किस्त हमेशा समय पर भरें।
2. जब तक जरूरी न हो, कोई पूछताछ न करें। सिबिल चैक न करें।
3. अगर आप किसी कारणवश क्रेडिट कार्ड डिफॉल्टर हैं, तो जितनी जल्दी हो सके, क्रेडिट कार्ड का मामला सुलझा लें। इससे आपका सिबिल स्कोर बढ़ जाएगा और बैंक आपके आवेदन पर विचार करेगा।
4. यदि पहले लिये गए किसी लोन का बकाया (ओवरड्यू) रुका हुआ है, तो उसका तत्काल भुगतान करें।
5. पहले मोटरबाइक, फ्रिज, टी.वी. आदि खरीदने के लिए कुछ छोटे लोन लें; उसके बाद होम लोन के लिए आवेदन करें।
6. जब तक बहुत जरूरी न हो, किसी अन्य व्यक्ति की गारंटी स्वयं न लें, क्योंकि यदि वह व्यक्ति लोन नहीं चुकाता है, तो उसका असर आपके सिबिल स्कोर पर पड़ेगा।
7. कुछ लोन ऐसे होते हैं, जिनमें ब्याज दर स्थिर नहीं रहती है। ऐसे में कभी-कभी ब्याज बढ़ने से आपकी मासिक किस्त भी बढ़ जाती है, जबकि आप पुरानी मासिक किस्त का भुगतान कर रहे होते हैं। उस स्थिति में भी सिबिल रिपोर्ट पर बकाया प्रदर्शित करती है। अत: बैंक के संपर्क में रहें।

क्रेडिट इन्फॉर्मेशन रिपोर्ट (साख सूचना रिपोर्ट)

आपकी लोन अर्हता पर वैसे तो कई कारकों का प्रभाव पड़ता है, लेकिन सबसे महत्त्वपूर्ण होता है आपका क्रेडिट स्कोर और क्रेडिट इन्फॉर्मेशन रिपोर्ट। आजकल प्रायः सभी बैंकों और एन.बी.एफ.सी. की पहुँच आपके क्रेडिट स्कोर तक होती है, जिसके आधार पर वे आपके लोन आवेदन का मूल्यांकन करते हैं; क्योंकि क्रेडिट स्कोर लोन आवेदन प्रक्रिया का एक महत्त्वपूर्ण हिस्सा होता है, इसलिए जरूरी हो जाता है कि आप अपनी क्रेडिट इन्फॉर्मेशन रिपोर्ट को पूरी तरह समझें—

1. व्यक्तिगत विवरण,
2. संपर्क विवरण,
3. खाता विवरण,
4. पूछताछ विवरण।

1. व्यक्तिगत विवरण : इसमें आपके व्यक्तिगत विवरण से जुड़ी जानकारी होती है—नाम, जन्मतिथि, लिंग, पहचान नंबर, ड्राइविंग लाइसेंस आदि।

2. संपर्क विवरण : व्यक्तिगत विवरण के ठीक नीचे संपर्क विवरण का सेक्शन होता है। इसमें आपका वर्तमान और स्थायी पता और टेलीफोन नंबर होता है।

3. रोजगार विवरण : इस सेक्शन में आपकी मासिक और वार्षिक आय का विवरण होता है। इसमें दिखाई गई आय आवेदन के समय आपके द्वारा अर्जित की जानेवाली आय को प्रदर्शित करती है।

अच्छा होम लोन कैसे/कहाँ से लें?

प्रश्न : कहाँ आवेदन करें?

उत्तर : जहाँ ब्याज दर कम हो या अन्य लगाए जानेवाले चार्ज अपेक्षाकृत कम हों और बैंक से सौदा करके आप संतोष का अनुभव करें।

इसके लिए सबसे पहले सभी बैंकों की ब्याज दर की तुलना करें। प्रायः होम लोन देनेवाले सभी बैंकों की ब्याज दर एक समान होती है। उसके बाद विभिन्न बैंकों द्वारा लोन प्रक्रिया पर लगाए जानेवाले अन्य चार्जों की भी तुलना करें। फिर उस बैंक में जाएँ, जहाँ आपकी सैलरी जमा होती है।

बैंक या हाउसिंग फाइनेंस कंपनियों से लोन ले चुके पुराने लोगों से जानकारी प्राप्त करें। अगर किसी बैंक के मैनेजर से आपकी कोई जान-पहचान है, तो पहले

उसी के पास जाएँ। अगर आप व्यवसायी हैं, तो उस बैंक को प्राथमिकता दें, जहाँ आप अपना व्यावसायिक लेन-देन करते हैं, जैसे सावधि लोन या कैश क्रेडिट लिमिट आदि। यह पता करें कि क्या प्रोजेक्ट आपके बैंक द्वारा एप्रूव्ड है? अस्थिर ब्याजदरवाला लोन लें, क्योंकि इसमें पूर्व भुगतान (प्रीपेमेंट) के लिए कोई चार्ज नहीं लगता है। जब आप किसी ग्रुप हाउसिंग प्रोजेक्ट में फ्लैट बुक करा रहे हों, तो सेल्स एक्जीक्यूटिव से बात करके जानकारी प्राप्त करें कि क्या उनका बैंकों से कोई टाइ-अप है? किन-किन बैंकों ने उनका प्रोजेक्ट एप्रूव किया है।

अपने हिस्से की धनराशि का प्रबंध कैसे करें?

अब मैं आपको बताने जा रहा हूँ कि अपने सपने का घर खरीदने के लिए आप मार्जिन मनी (यानी लोन राशि और प्रॉपर्टी की वास्तविक कीमत के बीच का अंतर) का प्रबंध कैसे करें? किसी कंपनी/संस्था में नौकरी ज्वॉइन करने पर 4-5 साल की अवधि तक नियमित रूप से कुछ-न-कुछ जोड़ना शुरू कर दें, चाहे आप विवाहित और परिवारशुदा हों या चाहे अविवाहित हों। दरअसल यह अवधि ऐसी होती है, जिसमें व्यक्ति के खर्चे काफी कम होते हैं और कुछ निवेश के लिए पैसे बचा लेता है। मेरा मानना है कि 28 से 30 वर्ष की उम्र तक पहुँचते-पहुँचते आपको अपना घर खरीद लेना चाहिए।

अगर आपने अभी तक ऐसा नहीं किया है और मकान खरीदने की योजना बना रहे हैं, तो उसके लिए मार्जिन मनी जुटाने के कुछ तरीके यहाँ दिए जा रहे हैं—

1. वेतनभोगी कर्मचारी अपने प्रॉविडेंट फंड, यानी भविष्य निधि पर अपने नियोजक से लोन ले सकता है। आप अपना पीएफ निकाल भी सकते हैं। कुछ संगठन अपने कर्मचारियों को कम ब्याज दर पर लोन उपलब्ध कराते हैं।

2. अगर आपके पास सोने के जेवर हैं, तो उस पर भी आपको लोन मिल जाएगा या अगर वे जेवर पहननेवाले नहीं हैं, तो उन्हें बेचा भी जा सकता है।

3. अगर आपके पास कोई भूखंड ऐसा पड़ा है, जिसकी कीमत आपकी अपेक्षा के अनुरूप नहीं बढ़ रही है, या आप उस पर घर नहीं बनाना चाहते हैं, तो उसे आप बेच सकते हैं।

4. अगर गाँव में आपकी कोई जमीन है और आप गाँव बहुत कम जा पाते

हैं, क्योंकि आपका पूरा परिवार शहर में आकर बस गया है, तो आप उस जमीन को बेच सकते हैं।

5. अपने विभिन्न वित्तीय प्रोडक्ट (जैसे—म्यूचुअल फंड, शेयर, एफ.डी. आदि) को तरल बनाएँ।

6. आप किसी अन्य बैंक वित्तीय संस्था से पर्सनल लोन ले सकते हैं, लेकिन ध्यान रहे कि इसके कारण आपकी आर्थिक स्थिति पर अतिरिक्त बोझ नहीं पड़ना चाहिए। इसमें एक बात का ध्यान रखें कि आपको होम लोन और पर्सनल लोन दोनों के लिए एक साथ आवेदन करना है अन्यथा आपकी अर्हता प्रभावित हो सकती है। पर्सनल या क्रेडिट कार्ड पर लिए जानेवाले लोन में ब्याज की दर इतनी ऊँची होती है कि व्यक्ति कर्ज में ही उलझकर रह जाता है, इसलिए इसके चक्कर में न पड़ना ही बेहतर होता है।

7. अगर आपका पहले से कोई होम लोन चल रहा है और उसमें आप दो साल तक किस्तें भर चुके हैं, तो नए हाउसिंग लोन के लिए मार्जिन मनी जुटाने के लिए आप वहाँ से टॉप-अप लोन ले सकते हैं।

8. अगर आपका पी.पी.एफ. खाता तीन साल से ज्यादा पुराना है, तो आप उस पर लोन ले सकते हैं।

9. बीमा पॉलिसी पर भी लोन लिया जा सकता है।

10. आप अपने इष्ट-मित्र या रिश्तेदार से भी उधार ले सकते हैं।

11. अगर आप बच्चों की पढ़ाई और शादी वगैरह की जिम्मेदारियों से निपट चुके हैं और आप पर कोई आर्थिक बोझ नहीं है, अपना मकान हो गया है और व्यवसाय/नौकरी की स्थिति ठीक-ठाक चल रही है, तो उस स्थिति में यदि आपका बेटा या दामाद अपना घर लेने जा रहा है तो आप उसकी मदद कर सकते हैं; क्योंकि आजकल घर खरीदना बहुत महँगा हो गया है और युवाओं में प्राय: बचत करने की आदत नहीं होती और जब उसकी शादी होती है, उस समय उसके पास काफी खर्चे हो जाते हैं।

12. लेकिन अगर आप स्वयं युवा हैं, तो अपने पिता या सास-ससुर से ऐसी उम्मीद न करें। हाँ, अगर वे स्वयं मदद कर रहे हैं, तो उसे बिना हिचक स्वीकार करें और बाद में जब आप अपने पास पैसा जुटा लें, तो उन्हें उनके पैसे लौटा दें।

ध्यान रहे कि घर खरीदने का यह मतलब बिल्कुल नहीं होना चाहिए कि आप

अपने जीवन के अन्य लक्ष्यों—जैसे बच्चों की पढ़ाई आदि के साथ समझौता कर लें।

अंत में, इस अध्याय में एक और महत्त्वपूर्ण बात का उल्लेख करना चाहता हूँ कि जब आप घर खरीदने जाते हैं, तो आपको एक आम समस्या का सामना करना पड़ सकता है।

मान लीजिए, आप 50 लाख रुपए में किसी मकान का सौदा तय कर लेते हैं। उस समय विक्रेता आपसे कहता है कि मैं 20 लाख रुपए नकद लूँगा और रजिस्टरी सिर्फ 30 लाख रुपए की दिखाऊँगा। अब, इसका मतलब हुआ कि बैंक आपके मकान की कीमत 30 लाख रुपए मानकर आपके लिए 24 लाख का होम लोन स्वीकृत करेगा। विक्रेता द्वारा रजिस्टरी में कम रकम दिखाने का उद्देश्य पूँजीगत लाभ-कर बचाना होता है। अब यह 20 लाख रुपए की राशि के कारण नई पीढ़ी के लिए समस्या खड़ी हो जाती है, क्योंकि ज्यादा होम लोन के लिए पात्रता होते हुए भी उसे कम लोन मिल पाता है।

होम लोन लेते समय अदायगी की अवधि जितनी लंबी मिल सके, उतना अच्छा है, क्योंकि भविष्य में हो सकता है कि आपके खर्च और बढ़ जाएँ या आपको और लोन लेने की जरूरत पड़ जाए। आप अपने सामर्थ्य और पसंद के अनुसार मासिक किस्त तय कर सकते हैं। अगर आप मकान बनाने के लिए होम लोन ले रहे हैं, तो अधिक-से-अधिक राशि लें, क्योंकि मकान के निर्माण के दौरान आपका बजट बढ़ सकता है।

□

संयुक्त होम लोन

भारत में ज्यादातर लोग घर खरीदने के लिए होम लोन लेना पसंद करते हैं। रियल एस्टेट में इतनी तेजी का मुख्य कारण यही है कि लोगों के जीवन स्तर में तेजी से बढ़ोतरी हो रही है। मध्यमवर्गीय परिवारों के लिए घर बनाने/खरीदने के अपने सपने को साकार करने में होम लोन एक महत्त्वपूर्ण भूमिका निभा रहा है। साथ ही आयकर बचाने में भी होम लोन की अच्छी भूमिका होती है।

संयुक्त होम लोन क्या है?

संयुक्त होम लोन दो या दो से अधिक व्यक्तियों को संयुक्त रूप से दिया जाता है। यानी एक ही प्रॉपर्टी पर दो या दो से अधिक व्यक्तियों के नाम संयुक्त रूप से लिया जानेवाला होम लोन संयुक्त होम लोन होता है। इस तरह के होम लोन में प्रॉपर्टी प्राय: संयुक्त रूप से दो या दो से अधिक लोगों के स्वामित्व में होती है।

कभी-कभी प्रॉपर्टी का अकेला स्वामी भी लोन की राशि बढ़ाने के लिए उसमें एक सह-आवेदक को शामिल कर लेता है।

होम लोन सह-आवेदक कौन हो सकता है?

इस प्रकार के लोन में पति/पत्नी, बेटा-बेटी (अविवाहित), पिता, माता किसी को भी सह-आवेदक बनाया जा सकता है। अगर प्रॉपर्टी दो सगे भाइयों द्वारा संयुक्त रूप से खरीदी जा रही है, तो बैंक संयुक्त होम लोन दे सकता है, क्योंकि दोनों ही प्रॉपर्टी के संयुक्त स्वामी हैं।

कभी-कभी मित्र, बहन या अविवाहित जोड़ा भी किसी प्रॉपर्टी के सह-स्वामी हो सकते हैं, लेकिन सामान्यतया वे होम लोन में सह-आवेदक या सह-लेनदार नहीं हो सकते हैं। कुछ बैंक और वित्तीय संस्थाएँ ऐसे लोन को बहुत अच्छा होने पर ही स्वीकृत करते हैं।

बैंक सामान्यतया दो मित्रों या दो रिश्तेदारों को संयुक्त लोन नहीं देना चाहते, क्योंकि ऐसे मामलों में भविष्य में दोनों के बीच विवाद की संभावना बनी रहती है।

संयुक्त होम लोन में क्या सह-आवेदक का प्रॉपर्टी का सह-स्वामी होना जरूरी है?

नहीं, ऐसा अनिवार्य नहीं है।

यदि मामला पिता-पुत्र, माता-पुत्र या पति-पत्नी का है, तो ऐसा अनिवार्य नहीं है।

लेकिन कुछ निश्चित मामलों में सह-स्वामित्व अनिवार्य होता है। अगर पिता और पुत्री मिलकर प्रॉपर्टी खरीद रहे हैं, तो संयुक्त होम लोन के लिए दोनों का सह-स्वामित्व अनिवार्य है। इसी तरह जब दो भाई, दो मित्र या कुछ रिश्तेदार मिलकर होम लोन ले रहे हों, तो भी उनका प्रॉपर्टी में सह-स्वामित्व होना जरूरी होता है। ज्यादातर बैंकों और वित्तीय संस्थाओं में सह-आवेदक की संख्या अधिकतम 6 तक हो सकती है। यहाँ एक बात ध्यान में रखनी चाहिए कि बैंक लोन की अदायगी के लिए देनदार को अधिकतम 70 वर्ष की आयु तक का समय दे सकता है। संयुक्त लोन के मामले में सबसे ज्यादा उम्र के सह-आवेदक को आधार बनाया जाता है। इस प्रकार यदि लोन के समय पिता की उम्र 55 वर्ष है और पुत्र की उम्र 30 वर्ष है, तो लोन की अदायगी के लिए 15 वर्ष का समय ही दिया जाएगा।

क्या सभी सह-ऋणियों को आयकर में बचत का फायदा मिल सकता है?

जी हाँ, संयुक्त लोन के मामले में सभी सह-ऋणी को आयकर में बचत का फायदा मिल सकता है, लेकिन इसके लिए सह-ऋणी का प्रॉपर्टी का सह-स्वामी होना जरूरी है और लोन की अदायगी प्रत्येक सह-ऋणी द्वारा की जानी चाहिए।

अगर सभी सह-ऋणी प्रॉपर्टी के सह-स्वामी हैं, तो आयकर अधिनियम की धारा 80 सी और धारा 24 के अंतर्गत आयकर में बचत का फायदा प्रत्येक सह-ऋणी द्वारा की जानेवाली अदायगी के आधार पर मिलेगा।

संयुक्त होम लोन के फायदे क्या हैं?

1.इस प्रकार, सभी सह-ऋणी आयकर अधिनियम की धारा 80 सी (प्रॉपर्टी अपने स्वयं के उपयोग में होने की स्थिति में प्रति सह-ऋणी 1 लाख 50 हजार रुपए तक की मूलधन अदायगी) और धारा 24 (प्रॉपर्टी अपने स्वयं के उपयोग

में होने की स्थिति में प्रति सह-ऋणी 2 लाख रुपए तक की ब्याज अदायगी) का पूरा-पूरा फायदा उठा सकते हैं।

2. यदि आपको ज्यादा ऋण राशि की जरूरत है, तो अपने लोन में एक सह-आवेदक को शामिल कर लें, इससे बैंक आपकी लोन की राशि बढ़ा सकेगा।

केस स्टडी : श्री रामजीत राजस्थान सरकार में एक अधिकारी हैं। कुछ साल पहले उन्होंने जयपुर विकास प्राधिकरण से अपनी पत्नी श्रीमती दीपाली के नाम एक खुला भूखंड खरीदा था। श्रीमती दीपाली की आय का स्रोत प्राइवेट अध्यापन और कोचिंग है। उस भूखंड पर उन्होंने एक दो-मंजिला मकान बनाने का फैसला किया और होम लोन के लिए दोनों एक राष्ट्रीयकृत बैंक में गए। उन्हें 20 लाख रुपए के होम लोन की जरूरत थी, लेकिन दीपाली की आय कम होने के कारण उन्हें वांछित राशि का होम लोन नहीं मिल सकता था। बैंक के अधिकारी ने उन्हें सलाह दी कि दीपाली की आय में रामजीत की आय को भी जोड़ दिया जाए, तो उन्हें वांछित राशि का होम लोन मिल सकता है। इस प्रकार दोनों के नाम से लोन स्वीकृत हो गया। इसे ही 'संयुक्त होम लोन' कहा जाता है। डेढ़ साल के अंदर ही उनका सपनों का घर बनकर तैयार हो गया।

मित्रो, भूखंड खरीदते समय श्री रामजीत ने एक गलती कर दी थी। कौन सी गलती? उन्होंने अकेले अपनी पत्नी के नाम भूखंड खरीदा था। रामजीत की तरह भारत में और भी बहुत से लोग ऐसी गलती करते हैं।

क्यों?

1. लोगों को आयकर कानूनों की भली-भाँति जानकारी नहीं है।
2. कई राज्यों में ऐसा प्रावधान है कि महिला के नाम प्रॉपर्टी खरीदने पर स्टांप ड्यूटी कम लगती है, इसलिए स्टांप ड्यूटी कम करने के लिए लोग महिला सदस्य के नाम प्रॉपर्टी खरीदते हैं, जो ज्यादातर भारतीय परिवारों में प्रायः गृहिणी होती हैं।
3. कभी-कभी बहुत से कर्मचारी या व्यवसायी अपनी प्रॉपर्टी दिखाना नहीं चाहते, क्योंकि उन्होंने प्रॉपर्टी में काला धन लगाया होता है।

अब, दीपाली और रामजीत दोनों अपने संयुक्त खाते से लोन की मासिक किस्त भर रहे थे। उसी दौरान आयकर रिटर्न फाइल करते समय रामजीत जब अपनी कर योग्य आय की गणना कर रहे थे, तो उन्होंने होम लोन में सह-आवेदक के रूप

में जो ब्याज की अदायगी की थी, उसे काटने की बात सोची। इसके लिए, उन्होंने बैंक से ब्याज प्रमाण-पत्र भी ले लिया। मित्रो, बैंक तो दोनों सह-आवेदकों को उनके स्वामित्व का विचार किए बिना ब्याज प्रमाण-पत्र जारी कर सकता है, लेकिन उस पर आयकर कानून से संबंधित बिंदु का उल्लेख कर देगा। यहाँ ध्यान देने की बात यह है कि आयकर अधिनियम 1961 के प्रावधानों के अंतर्गत 1 अप्रैल, 1999 के बाद सेल्फ आक्युपाइड आवासीय प्रॉपर्टी पर लोन लेनेवाला व्यक्ति अधिकतम 2 लाख रुपए प्रति व्यक्ति की सीमा तक ब्याज की कटौती का हकदार होगा। इस प्रावधान के बारे में रामजीत और दीपाली को भली-भाँति जानकारी थी। इसलिए दोनों ने आयकर अधिनियम की धारा 80 सी के अंतर्गत अपने होम लोन पर चुकाए गए ब्याज और मूलधन की राशि की कटौती के लिए दावा करने का फैसला किया।

रामजीत और दीपाली की तरह बहुत से युवा दंपतियों की यही कहानी होती है। वे अपना घर बनाने के लिए संयुक्त होम लोन लेते हैं, उस पर संयुक्त रूप से ब्याज व मूलधन की अदायगी करते हैं और होम लोन से आयकर में होनेवाली बचत का भी संयुक्त रूप से फायदा उठाते हैं।

लेकिन दुर्भाग्य की बात यह कि रामजीत को लोन पर चुकाए गए ब्याज और मूलधन की अदायगी का आयकर बचाने में कोई फायदा नहीं मिल रहा था।

क्यों?

जवाब बहुत आसान है। जिस भूखंड पर मकान बनाया गया था, उसका स्वामित्व अकेले दीपाली के नाम है। उनके पति रामजीत का उस पर कोई मालिकाना हक नहीं था। अब, चूँकि भूखंड पर उनका कोई स्वामित्व नहीं था, इसलिए जिस अचल संपत्ति पर लोन लिया गया था, उस पर उनका कोई कानूनी हक नहीं बनता है। इस कारण उनकी ओर से अदा किए गए ब्याज और मूलधन में कर की छूट का उन्हें कोई लाभ नहीं मिलेगा। बात यहीं खत्म नहीं होती। दीपाली को भी सिर्फ उतने ही ब्याज और मूलधन की अदायगी में कर की छूट का लाभ मिल रहा है, जो उन्होंने स्वयं की है। पति के द्वारा की गई अदायगी में कर छूट का लाभ उन्हें भी नहीं मिल सकता है। अब एक बात तो स्पष्ट हो जाती है कि हमें होम लोन में परिवार के उस सदस्य को सह-आवेदक नहीं बनाना चाहिए, जिसका संबंधित प्रॉपर्टी पर कानूनी हक न हो। इसलिए मित्रो, प्रॉपर्टी हमेशा परिवार के सदस्य के साथ संयुक्त स्वामित्व में खरीदें, ताकि एक ओर होम लोन की अधिकतम राशि प्राप्त की जा सके और दूसरी ओर आयकर में बचत का भी अलग-अलग फायदा मिल सके।

एक बार फिर रामजीत की कहानी पर आते हैं। अब, रामजीत के पास अपनी गलती को ठीक करने के लिए एक रास्ता यही है कि वह दीपाली के स्वामित्ववाली उस प्रॉपर्टी का आधा हिस्सा खरीद लें। इसके लिए उन्हें एक सेल डीड तैयार कराना पड़ेगा, तभी वह कानूनी तौर पर प्रॉपर्टी के सह-स्वामी बन पाएँगे, और उन्हें आयकर में कटौती का फायदा मिल पाएगा। लेकिन मित्रो! यह कोई अच्छा आइडिया नहीं है, क्योंकि एक तो इसमें अलग से स्टांप ड्यूटी चुकानी पड़ेगी और दूसरे, जब तक प्रॉपर्टी बैंक के पास गिरवी है, तब तक उसे कानूनी तौर पर बेचा नहीं जा सकता। स्वयं गलती करके सीखने की बजाय हमेशा दूसरों की गलती से सीखने की कोशिश करें। आप जानते हैं कि रियल एस्टेट एक दीर्घकालिक निवेश है, इसलिए सावधानीपूर्वक इसमें निवेश करें; इसके लिए पहले कर कानूनों की अच्छी जानकारी रखनेवाले किसी वकील, फाइनेंशियल प्लानर, बैंकर या ऐसे दोस्त या रिश्तेदार से मार्गदर्शन ले लें, जिसके पास रियल एस्टेट में निवेश का अच्छा अनुभव हो।

❑

होम सेवर लोन

बयालीस वर्षीय नवीन ने एक फ्लैट बुक कराया है और अब वह एक होम लोन लेना चाहते हैं। उनके कुछ मित्रों ने उन्हें होम सेवर लोन के बारे में बताया है। अब नवीन ऊहापोह की स्थिति में हैं कि होम सेवर लोन लें या नहीं? वे समझ नहीं पा रहे हैं कि समय पूर्व अदायगी करके ब्याज बचाएँ या पैसा भविष्य की जरूरतों के लिए बचाकर रखें? कम-से-कम मूल धन के कुछ हिस्से की अदायगी की बात उन्हें ज्यादा ठीक लग रही है। लेकिन साथ ही, उन्हें यह भी चिंता है कि यदि पैसा लगा देने के बाद निकट भविष्य में उन्हें अचानक कोई जरूरत पड़ जाती है, तो क्या करेंगे?

ऐसे लोगों के लिए, जो अपना पैसा सँभालकर भी रखना चाहते हैं और उसका फायदा भी उठाना चाहते हैं। बैंकों के पास एक प्रोडक्ट होता है, जिसे 'होम सेवर लोन' कहा जाता है। हाउसिंग लोन में प्रावधान होता है कि एक बार ऋणी को लोन की पूरी राशि मिल जाने के बाद ऋण खाते में से आगे कोई आहरण नहीं किया जा सकता है। अगर आपने निर्धारित राशि से ज्यादा रकम भी अपने ऋण खाते में जमा कर दी हो, तो भी आप खाते में से बाद में कोई आहरण या निकासी नहीं कर सकते हैं। मान लीजिए, आपने 25 लाख रुपए का लोन लिया है, जिसकी मासिक किस्त 24 हजार रुपए है और शेष बकाया राशि 24 लाख रुपए है। अब अगर आप लोन खाते में 5 लाख रुपए और जमा कर देते हैं, तो आपकी बकाया राशि 19 लाख रुपए हो जाती है। लेकिन मित्रो, बेसिक होम लोन में आप अतिरिक्त जमा की गई राशि को जरूरत पड़ने पर निकाल नहीं सकते हैं। यानी यदि मासिक किस्त भरने के दौरान कभी आपके पास अतिरिक्त धनराशि आ जाती है और आप उसे अपने ऋण खाते में जमा करा देते हैं, तो भविष्य में कभी जरूरत पड़ने पर आप उस राशि को वापस नहीं निकाल पाएँगे। इसलिए, ऐसा करने का कोई फायदा नहीं होता।

इस समस्या को दूर करने के लिए 'होम सेवर लोन' सबसे अच्छा विकल्प है, जो अलग-अलग बैंकों के पास अलग-अलग नाम से उपलब्ध है। यह एक नया और ग्राहकों के लिए हितकारी प्रोडक्ट है, जिससे ग्राहक कोई अतिरिक्त खर्च किए बिना अपने होम लोन पर ब्याज में कमी का फायदा उठा सकता है। इसमें बकाएदार को अपनी अतिरिक्त धनराशि अलग से चलनेवाले एक चालू खाते में जमा करने की छूट होती है, जो उसके होम लोन खाते से जुड़ा होता है। ब्याज की गणना करते समय बैंक चालू खाते में बची जमाराशि को बकाया मूलधन में से घटा देता है। इसके लिए प्राय: खाते की औसत मासिक शेष राशि को आधार बनाया जाता है। साथ ही, जरूरत पड़ने पर ग्राहक अपने चालू खाते में से धनराशि आसानी से निकाल सकता है। इसमें एक कमी यही होती है कि कुछ बैंक सामान्य होम लोन की ब्याज दर से 0.25-0.50 प्रतिशत बढ़ाकर ब्याज लगाते हैं। लोन ओवर ड्राफ्ट के रूप में स्वीकृत होता है; इसके साथ ही ग्राहक को यह छूट होती है कि वह अपना होम लोन एकाउंट बचत खाते या चालू खाते के रूप में चला सकता है। इसके लिए बैंक बकाएदार को चैक बुक और इंटरनेट बैंकिंग की सुविधा भी उपलब्ध कराता है। खातेदार जब चाहे अपनी अतिरिक्त जमाराशि होम लोन खाते से निकाल सकता है।

वर्तमान में यह सुविधा कुछ अग्रणी बैंकों द्वारा ही उपलब्ध कराई जा रही है—जैसे, भारतीय स्टेट बैंक (मैक्सगेन), यूनियन बैंक ऑफ इंडिया (स्मार्ट सेव), आई.डी.बी.आई., सिटी बैंक, पंजाब नेशनल बैंक, (पी.एन.बी. फ्लैक्सिबल हाउसिंग लोन), स्टैंडर्ड चार्टर्ड बैंक और एच.एस.बी.सी.।

होम सेवर लोन सभी के लिए उपयुक्त है। फाइनेंशियल प्लानिंग में प्राय: 6 महीने का अतिरिक्त खर्च अपने पास सुरक्षित रखने की बात की जाती है, ताकि भविष्य में किसी प्रकार का आर्थिक संकट आने की स्थिति में आपका काम न रुके। तो आप इस तरह की सुरक्षित राशि को अपने लोन खाते से संबद्ध चालू खाते में जमा करा सकते हैं, जिससे आपको दोहरा फायदा मिलेगा। संकटकाल के लिए इस प्रकार रखी जानेवाली सुरक्षित राशि 3 लाख से 10 लाख रुपए तक हो सकती है। इस प्रकार की जमा राशि एक ओर आप पर बकाया ऋण राशि को कम कर रही है और दूसरी ओर आपात स्थिति में आपको उसे निकालकर उपयोग में लाने की भी छूट है।

इसके क्या-क्या फायदे हैं?

संबद्ध चालू खाते में जमा राशि एक ओर आपका बकाया मूलधन राशि को कम करके ब्याज का बोझ कम करने में सहायक होती है और दूसरी ओर वह कराघात से भी सुरक्षित रहती है। इसके अलावा यद्यपि इस प्रकार की जमा राशि को आंशिक भुगतान माना जाता है, लेकिन बैंक इसके लिए कोई पूर्व-भुगतान दंड नहीं लगाता है। आप अपने वेतन में से भी एक निश्चित राशि इस संबद्ध चालू खाते में जमा करा सकते हैं। यदि आपने 40 लाख रुपए का होम लोन लिया है और आप 10 लाख रुपए की अदायगी कर चुके हैं। अब, दीवाली पर आप एक कार खरीदना चाहते हैं, जिसके लिए आप बैंक से लोन लेने जा रहे हैं। मित्रो, ऐसे में कार लोन लेने से बचें, क्योंकि उसकी ब्याज दर काफी ऊँची होती है। उसकी बजाए होम सेवर लोन खाते में जमा अतिरिक्त राशि को उपयोग में लाएँ। इससे आपको बच्चों की पढ़ाई या शादी जैसी जरूरतों में भी काफी मदद मिल सकती है।

इसकी सीमाएँ क्या हैं?

जैसा पहले बताया जा चुका है, होम सेवर लोन सामान्य होम लोन की अपेक्षा अधिक महँगा पड़ता है। दूसरी बात, संबद्ध चालू खाते में जमा राशि पर कोई ब्याज नहीं मिलता है। यही रकम यदि आप इक्विटी या म्युचुअल फंड में निवेश करें, तो आपको ज्यादा फायदा मिलेगा। इस प्रकार यह विशेषकर उन लोगों के लिए उपयुक्त है, जो अपनी जमा राशि में तरलता चाहते हैं।

अन्य फाइनेंशियल प्रोडक्ट की तरह इसमें भी सावधानी बरतने की जरूरत होती है। क्योंकि अलग-अलग बैंकों की ब्याज दर भी अलग-अलग होती है। इसलिए विभिन्न बैंकों द्वारा लगाए जानेवाले विभिन्न चार्जों का अच्छी तरह हिसाब-किताब लगाकर ही ऐसा सौदा किया जा सकता है। अगर आपने 25 लाख रुपए का होम लोन लिया है और नियमित मासिक किस्त भर रहे हैं। अब मान लीजिए आपके पास 5 लाख रुपए की अतिरिक्त राशि कहीं से आ जाती है और आप उसे अपने लोन खाते में जमा करा देते हैं। अगर आपका सामान्य होम लोन है, तो आप इस अतिरिक्त जमा राशि को निकाल नहीं पाएँगे। दूसरी ओर, यदि होम सेवर लोन है, तो आपके मन में कई बार कम जरूरी या अनावश्यक चीजें खरीदने की बात आएगी—जैसे दीवाली पर कार खरीदने की बात या कोई और कम जरूरी चीज।

होम लोन का हस्तांतरण

एक दिन मैं अपने पुराने मित्र डॉ. सचिन गुप्ता के साथ बैठा था, जो सेखावटी हॉस्पिटल, जयपुर में एक ऑर्थोपैडिक सर्जन हैं। बातचीत के दौरान उन्होंने मुझे बताया कि उन्होंने 20 लाख रुपए का एक हाउसिंग लोन ले रखा है, जिसकी ब्याज दर 11.75% वार्षिक है। उस समय बैंकिंग इंडस्ट्री में होम लोन की सामान्य दर 10–10.25 प्रतिशत वार्षिक चल रही थी। एक और खास बात यह थी कि वही बैंक अपने नए ग्राहकों को कम ब्याज दर पर लोन दे रहा था। मैंने उन्हें सुझाव दिया कि जितनी जल्दी हो सके, अपना लोन किसी अन्य बैंकर को हस्तांरित कर दें, जिसकी ब्याज दर कम हो। अब यह बात स्पष्ट हो गई है कि कई बकाएदार अपना होम लोन सिर्फ इसलिए दूसरे बैंकर को हस्तांतरित कर देते हैं कि उन्हें ब्याज दर में बड़ा अंतर दिखाई देता है। यानी वही बैंक आपसे ज्यादा ब्याज दर वसूल कर रहा है, वही जबकि अपने नए ग्राहकों को नए या कम ब्याज दर पर लोन दे रहा है।

इसके अलावा, आपके बैंकर और दूसरे बैंकर की ब्याज दर में भी अंतर हो सकता है। यदि ब्याज दर में ज्यादा अंतर है, तो आप अपना बैंकर बदलकर भी ब्याज पर काफी पैसा बचा सकते हैं। कभी-कभी ऐसा भी होता है कि ग्राहक को मासिक किस्त भरने में दिक्कत हो रही होती है, क्योंकि मासिक किस्त की रकम ज्यादा होती है। ऐसे में वह चाहता है कि मासिक किस्त की राशि कम करके लोन की अवधि बढ़ा दी जाए। अगर उसका मौजूदा बैंकर ऐसा करने से इनकार करता है, तो वह दूसरे बैंकर के पास जा सकता है। बैंकर की खराब सेवा की स्थिति में भी लोन का हस्तांतरण किया जा सकता है, लेकिन जहाँ तक हो सके, इससे बचने की कोशिश करें, क्योंकि आपको तो बैंक से हर साल एक ब्याज प्रमाण-पत्र ही लेना होता है।

लोन का हस्तांतरण कराने के लिए सबसे पहले अपने बैंकर से मिलकर उसके सामने अपनी बात खुलकर रखें; वह आपकी बात एकदम नहीं टाल सकता; क्योंकि आजकल प्रतिस्पर्धा के चलते कोई भी व्यवसायी अपने पुराने ग्राहक को खोना नहीं चाहता है। हो सकता है कि वह कोई अतिरिक्त शुल्क के लिये बिना आपकी ब्याज दर में बदलाव कर दे या फिर इसके लिए वह आपसे 0.25 से 0.50 प्रतिशत का शुल्क चार्ज करके आपकी पुरानी ब्याज दर को बदलकर नई ब्याज दर के अनुसार कर दे। बैंकर बदलने की अपेक्षा यह विकल्प ज्यादा अच्छा रहता है। सामान्यतया बैंक होम लोन पर ब्याज की दर तब बढ़ाते हैं, जब रिजर्व बैंक अपनी रेपो रेट में बढ़ोतरी करता है और जब रिजर्व बैंक अपनी रेपो रेट कम करता है, तो वे होम लोन पर अपनी ब्याज दर कम करते हैं। लेकिन कुछ बैंक रिजर्व बैंक द्वारा रेपो रेट घटाए जाने पर भी अपनी ब्याज दर नहीं घटाते हैं। ऐसे बैंकर से अपना होम लोन हस्तांतरित किया जा सकता है। सबसे पहले एक वर्ष का लोन स्टेटमेंट बैंक से लें एवं एक निश्चित तिथि (लगभग एक माह पश्चात तक) का फोरक्लोजर लेटर प्राप्त करें। पुराने बैंक से प्राप्त लोन स्वीकृति-पत्र भी अपने साथ रखें। पुराने बैंक से प्रॉपर्टी के डॉक्यूमेंट्स की लिस्ट प्राप्त करें क्योंकि नया बैंक आपसे लिस्ट ऑफ प्रॉपर्टी डॉक्यूमेंट्स की माँग करेगा। ये सारे कागजात नए बैंकर के पास जमा करा दें; बैंकर विभिन्न औपचारिकताएँ पूरी करेगा—जैसे प्रॉपर्टी का मूल्यांकन, आपके ऑफिस और घर के संपर्क-सूत्र का वेरीफिकेशन और सिबिल। लोन स्वीकृत होने के बाद वह आपके पुराने बैंकर के नाम एक डिमांड ड्राफ्ट जारी करेगा, ताकि वह आपका ऋण खाता बंद कर दे। प्रॉपर्टी के मूल दस्तावेज पुराने बैंकर से छुड़ाकर नए बैंकर के पास जमा करा दिए जाएँगे। नया बैंकर राज्य स्टांप अधिनियम के प्रावधान के अनुसार आपसे स्टांप ड्यूटी एवं बैंक के नियमानुसार प्रोसेसिंग शुल्क और संपत्ति बीमा शुल्क लेगा।

मित्रो, मासिक किस्त की नियमित अदायगी सुनश्चित करते हुए एक अच्छा ट्रैक रिकॉर्ड कायम करके चलें, क्योंकि लोन के हस्तांतरण में इसकी प्रमुख भूमिका होती है। अगर आपके ट्रैक रिकॉर्ड में कुछ डिफॉल्ट भी हैं, तो मासिक किस्त देर से भरने का सही-सही कारण अपने बैंकर को बता दें। ऐसी स्थिति में लोन स्वीकृत करना या न करना, नए बैंक के लोन मैनेजर के विवेक पर निर्भर करता है। सामान्यतया नया बैंकर लोन मार्जिन की बात नहीं करता, क्योंकि पुराने बैंकर द्वारा पहले ही लोन मार्जिन ले लिया गया होता है। अगर प्रॉपर्टी निर्माणाधीन है, तो उसका नए बैंकर की प्रोजेक्ट सूची में सूचीबद्ध होना जरूरी है।

सुनिश्चित कर लें कि जिस बैंकर को आप अपने लोन का हस्तांतरण कर रहे हैं, उसकी ब्याज दर पुराने बैंकर की ब्याजदर से कम-से-कम 25-50 बेसिक प्वॉइंट कम होनी चाहिए। अगर यह अंतर 0.10%-0.25% तक ही है, तो 25 लाख रुपए तक की राशि के लोन का हस्तांतरण लाभदायक नहीं होगा, लेकिन अगर लोन 50 लाख रुपए का है, तो हस्तांतरण कर सकते हैं। मतलब, अगर पुराना बैंकर आपसे 10.25% ब्याज ले रहा है और नया बैंक 10.50% ब्याज का ऑफर देर रहा है, तो 25 लाख रुपए की राशि से कम के लोन का हस्तांतरण न करें। किसी अन्य उद्देश्य से हस्तांतरण भले किया जा सकता है। अपने नए बैंकर से विभिन्न कानूनी प्रक्रियाओं, मूल्यांकन बीमा, अन्य शुल्क आदि के बारे में बातचीत करें और उनमें कुछ छूट या कमी के लिए आग्रह करें। आजकल अस्थिर या चालू ब्याज दर वाले लोन पर बैंक कोई पूर्व भुगतान दंड-शुल्क नहीं वसूल करते हैं।

ऐसी प्रॉपर्टी खरीदें या नहीं, जिसका स्वामित्व दस्तावेज विक्रेता के पास से खो गया हो?

एक दिन मेरे मित्र डॉ. मोहित मेरे ऑफिस में आए; उनके हाथ में प्रॉपर्टी दस्तावेजों की एक चेन की प्रतिलिपियाँ थीं। बातचीत के दौरान उन्होंने बताया कि वह एक भूखंड खरीदकर उस पर घर बनाना चाहते हैं। चूँकि मैं उन्हें अच्छी तरह जानता, पहचानता हूँ और उनकी आय के बारे में भी जानता हूँ, इसलिए मेरी प्रतिक्रिया सकारात्मक थी। लोन की औपचारिक प्रक्रिया के दौरान मैंने उनसे प्रॉपटी के औपचारिक विक्रेता को बुलाने और मूल दस्तावेज दिखाने के लिए कहा। इस पर वह निराश से हो गए। पूछने पर उन्होंने बताया कि विक्रेता के पास से प्रॉपर्टी के मूल दस्तावेज खो गए हैं, और अब उसके पास उन दस्तावेजों की प्रमाणित प्रतियाँ तथा मूल दस्तावेजों के खोने से संबंधित न्यूजपेपर कटिंग और थाने में इस संबंध में दर्ज एफ.आई.आर. की रसीद ही है। उन्होंने आगे बताया कि वह 10 लाख रुपए का एडवांस भुगतान भी कर चुके हैं। एक बैंकर होने के साथ-साथ मैं उनका दोस्त भी था, इसलिए मुझे झटका लगना स्वाभाविक था। मैंने अपने पैनल वकील और अन्य वरिष्ठ अधिकारियों से विचार-विमर्श करके उनका होम लोन अस्वीकृत कर दिया।

मित्रो, प्रॉपर्टी खरीदते समय सौदा पक्का करने से पहले विक्रेता से मूल दस्तावेज देखने के लिए जरूर माँगें और यदि विक्रेता के पास से मूल दस्तावेज खो गया है, तो ऐसी प्रॉपर्टी को बिल्कुल न खरीदें।

क्यों?

बैंक और हाउसिंग फाइनेंस कंपनियाँ प्राय: ऐसी प्रॉपर्टी के लिए खरीददार को होम लोन नहीं देना चाहती हैं, जिसका मूल दस्तावेज खो गया हो; क्योंकि ऐसा

भी हो सकता है कि प्रॉपर्टी के स्वामी ने प्रॉपर्टी के मूल दस्तावेज किसी बैंकर के पास रखकर प्रॉपर्टी पर लोन ले रखा हो। ऐसी स्थिति में यदि विक्रेता पैसा लेकर भाग जाता है, तो खरीददार एक ओर अपना पैसा गँवाता है और दूसरी ओर उस पर लोन भी चढ़ जाता है। विक्रेता कोई धोखेबाज आदमी भी हो सकता है, जिसने मकान बेच दिया हो और उसमें किराएदार के रूप में रहते हुए स्वयं को प्रॉपर्टी का मालिक बता रहा हो, यानी आपके साथ किसी भी तरह का धोखा हो सकता है। प्रॉपर्टी या उसके दस्तावेज की जाँच-पड़ताल में थोड़ी सी भी लापरवाही महँगी पड़ सकती है, लेकिन कुछ मामलों में स्वामित्व को दरशानेवाले मूल दस्तावेजों के न होने पर भी प्रॉपर्टी खरीदी जा सकती है—

- यदि विक्रेता आपका कोई विश्वासपात्र मित्र या रिश्तेदार हो।
- यदि मूल दस्तावेज में से केवल कुछेक कागज या पत्र गायब हों, जो कि प्रॉपर्टी का स्वामित्व दरशाने के लिए ज्यादा महत्त्वपूर्ण न हों।

लेकिन इस संबंध में अंतिम निर्णय लेने से पहले किसी बैंक में जाकर लोन के लिए बात कर लें। अब लोन देने या न देने का निर्णय बैंक को करना है, लेकिन ऐसी स्थितियों में लोन देने का निर्णय केस-टू-केस बेसिस पर लिया जाता है। अगर क्रेता और विक्रेता दोनों एक-दूसरे को अच्छी तरह जानते-पहचानते हों और दोनों लंबे समय से बैंकर से जुड़े रहे हों, तो केस पर प्राय: सकारात्मक निर्णय लिया जाता है। आवेदन-पत्र का अवलोकन करने के बाद बैंक अधिकारी संबंधित प्रॉपर्टी की जाँच-पड़ताल करेगा। बैंक का पैनल वकील पहले प्रॉपर्टी के सारे दस्तावेजों की जाँच करेगा और साथ ही, एफ.आई.आर. रिकॉर्ड भी देखेगा। तब वह देखेगा कि सारी प्रतिलिपियाँ सही हैं या नहीं, उनमें कोई जालसाजी तो नहीं की गई है। उसके प्रॉपर्टी के विक्रेता के बारे में भी जाँच-पड़ताल की जाएगी और उससे के.वाई.सी. (ग्राहक को जानें) की औपचारिकताएँ भी पूरी करने के लिए कहा जाएगा।

अगर प्रॉपर्टी का सौदा बड़ी रकम का है, तो स्थानीय और राष्ट्रीय स्तर के दो अलग-अलग समाचार-पत्रों में प्रॉपर्टी का विवरण देते हुए विज्ञापन प्रकाशित करवा दें कि आप इस प्रॉपर्टी को खरीद रहे हैं, यदि किसी व्यक्ति या संस्था को इस पर कोई आपत्ति है, तो वह 30 दिनों के अंदर संपर्क करे। बैंक क्रेता और विक्रेता दोनों को यह निर्देश भी दे सकता है कि प्रॉपर्टी के मूल दस्तावेज वापस मिलने पर वे उसे बैंक को सौंप दें। ये सारी औचारिकताएँ पूरी करने और सबकुछ संतोषजनक पाने पर बैंक प्रॉपर्टी पर होम लोन दे सकता है। इस पूरी प्रक्रिया में जो कुछ खर्च आता है, उसका भुगतान कर्जदार को करना होगा।

मकान-मालिक अपने प्रॉपर्टी दस्तावेजों को कैसे सुरक्षित रखें?

अगर आप मकान-मालिक हैं तो प्रॉपर्टी से जुड़े सारे दस्तावेजों को सँभालकर रखें। सबसे पहले तो होम लोन को प्राथमिकता दें, क्योंकि उस स्थिति में दस्तावेज सँभालकर रखने की जिम्मेदारी बैंक की हो जाएगी। यदि आपने होम लोन नहीं लिया है, तो आपके प्रॉपर्टी दस्तावेजों को सुरक्षित रखने के लिए आप बैंक में लॉकर के लिए भी आवेदन कर सकते हैं। हालाँकि ये सब सावधानियाँ बरतने के बाद भी यात्रा के दौरान या किसी अन्य तरह से प्रॉपर्टी दस्तावेज के खोने की आशंका रहती है, लेकिन दस्तावेज खोने का यह मतलब नहीं हुआ कि आप प्रॉपर्टी को बेच ही नहीं सकते। इसके लिए आपको कुछ अतिरिक्त दस्तावेज बनवाने पड़ सकते हैं और खर्च थोड़ा ज्यादा हो सकता है।

मूल दस्तावेज की दूसरी प्रतिलिपि (डुप्लीकेट कॉपी) कैसे प्राप्त करें?

प्रॉपर्टी का मूल दस्तावेज खो जाने की स्थिति में सबसे पहले पुलिस थाने में उसके खोने या चोरी होने की एक रिपोर्ट दर्ज कराएँ और उसकी रसीद अपने पास रखें। बैंक में प्रायः प्रॉपर्टी दस्तावेजों को बहुत सुरक्षित तरीके से सँभालकर रखा जाता है, लेकिन कभी-कभी बैंक अधिकरियों की लापरवाही या अन्य कारण से दस्तावेज के गायब होने की स्थिति में बैंक को भी दस्तावेज के गुम होने की रिपोर्ट थाने में दर्ज करानी पड़ती है।

ऐसे मामले में प्रॉपर्टी का खरीददार संबंधित विक्रेता से एफ.आई.आर. की प्रतिलिपि माँग लें। आपको एक क्षेत्रीय भाषा के और एक अंग्रेजी के दैनिक समाचार-पत्र में दस्तावेज के खोने का विज्ञापन प्रकाशित करवाना पड़ेगा। खरीददार भी ऐसा एक विज्ञापन दे सकता है, जिसमें उल्लेख हो कि संबंधित प्रॉपर्टी पर यदि किसी व्यक्ति या संस्था को आपत्ति दर्ज करानी है, तो वह इस विज्ञापन के 15 दिन के अंदर संपर्क करे।

प्रॉपर्टी दस्तावेज किसी भी प्रकार का हो सकता है, जैसे—लीज डीड (विकास प्राधिकरण द्वारा जारी), उप-पंजीयक के कार्यालय में पंजीकृत सेल डीड। मित्रों अलग-अलग तरह के दस्तावेज में अलग-अलग तरीके भी अपनाने की जरूरत पड़ती है। अगर किसी फ्लैट का दस्तावेज खो गया है, तो प्रॉपर्टी के मालिक को संबंधित हाउसिंग सोसाइटी में शेयर प्रमाण-पत्र की दूसरी प्रतिलिपि के लिए आवेदन करना होगा। हाउसिंग सोयाइटी उस आवेदन को यदि स्वीकार कर लेती है, तो कुछ आवश्यक शुल्क लेकर वह शेयर प्रमाण-पत्र की दूसरी प्रतिलिपि जारी

कर देगी। इसके अलावा क्रेता और विक्रेता दोनों को हाउसिंग सोसाइटी की ओर से एक अनापत्ति प्रमाण-पत्र की भी जरूरत पड़ेगी, जिसके बिना कोई भी बैंकर प्रॉपर्टी पर लोन नहीं देगा।

निजी भूखंड या मकान के मामले में सेल डीड की प्रमाणित प्रतियाँ मिल जाती हैं, जिन्हें पंजीयक के कार्यालय से प्राप्त किया जा सकता है। विकास प्राधिकरण लीज डीड या स्वामित्व डीड की जो दूसरी प्रति जारी करते हैं, वह प्रथम आवंटन के समय के प्रॉपर्टी मालिक के नाम होती है। इसके लिए आपको स्टांप पेपर पर लिखकर देना होगा कि आपका मूल दस्तावेज खो गया है, जिसमें प्रॉपर्टी के विवरण के साथ-साथ पुलिस एफ.आई.आर. और समाचार-पत्रों में प्रकाशित विज्ञापन का भी विवरण होगा। साथ ही, उसमें स्पष्ट रूप से लिखना होगा कि दी गई जानकारी और विवरण पूरी तरह से सत्य हैं। अब इस दस्तावेज को प्रमाणित कराना पड़ेगा और नोटरी से पंजीकृत भी कराना पड़ेगा। आपको एफ.आई.आर. विज्ञापन और शपथ-पत्र की प्रतिलिपियाँ जमा करानी पड़ेगी, तब विकास प्राधिकरण स्वामित्व डीड की द्वितीय प्रतिलिपि (डुप्लिकेट कॉपी) जारी करेगा। चूँकि उप-पंजीयक के कार्यालय में प्रॉपर्टी से संबंधित सारे विवरण उपलब्ध होते हैं, इसलिए आप वहाँ से सेल डीड की प्रमाणित प्रतियाँ प्राप्त कर सकते हैं। कुल मिलाकर इन सभी कार्य के लिए आपको 10 हजार रुपए से 25 हजार रुपए तक अतिरिक्त शुल्क देना पड़ सकता है।

❑

यदि आप ई.एम.आई. (मासिक किस्त) भरने में असमर्थ हो जाएँ

19 अगस्त, 2013 को मैं सार्वजनिक क्षेत्र के एक अग्रणी बैंक में वरिष्ठ प्रबंधक (क्रेडिट) के पद के लिए साक्षात्कार दे रहा था। साक्षात्कार के दौरान पैनल के सदस्यों को रिटेल लोन के क्षेत्र में मेरे अनुभव के बारे में पता चला। पैनल के एक सदस्य ने मुझसे पूछा, ''श्री योगेश, मान लीजिए, आपकी शाखा में हाउसिंग लोन का एक अच्छा ग्राहक (बकाएदार) है, जो पिछले पाँच साल से नियमित रूप से मासिक किस्त भर रहा है। अचानक उसकी मासिक किस्त एक महीने के लिए रुक जाती है और फिर 60 दिन से भी ज्यादा बीत जाते हैं, उसकी मासिक किस्त जमा नहीं होती है। आप बार-बार उसे मासिक किस्त भरने के लिए कहते हैं। तभी एक दिन वह ग्राहक आपके पास आता है और बताता है कि उसके पिता पिछले पाँच महीने से अस्पताल में भरती हैं और उनके इलाज में काफी खर्च हो चुका है, साथ ही लगातार छुट्टी के कारण उसकी नौकरी भी छूट गई है। इसलिए वह 6 महीने तक मासिक किस्त नहीं भर पाएगा। वह आगे बताता है कि दोनों पति-पत्नी के पास अब सिर्फ यह घर बचा है, जिसे वे बेचना नहीं चाहते हैं। अब, एक बैंकर के रूप में आप जानते हैं कि अगर 90 दिन तक लोन नहीं जमा होता, तो उसे एन.पी.ए. (नॉन परफार्मिंग असेट) यानी अनुपयोगी पूँजी मान लिया जाता है और उस स्थिति में लोन की वसूली के लिए सरफेसी ऐक्ट के अंतर्गत काररवाई करनी पड़ती है। अब आप इस पूरे मामले को कैसे सुलझाएँगे ?''

घर खरीदना किसी व्यक्ति के जीवन का सबसे बड़ा सौदा होता है, जिसके लिए उसे लोन के रूप में बैंक की मदद की जरूरत भी पड़ सकती है, तब होम लोन लेने के बाद कोई ऐसी दुर्भाग्यपूर्ण घटना हो सकती है, जो व्यक्ति की पूरी अर्थव्यवस्था को हिलाकर रख दे; जैसे परिवार के किसी सदस्य की लंबी बीमारी,

व्यवसाय में घाटा या नौकरी छूट जाना। इस तरह की स्थितियों में व्यक्ति की सारी बचत नष्ट हो जाती है। अब चूँकि उसने होम लोन ले रखा है, तो उसके लिए लोन की मासिक किस्त भरना भी बहुत मुश्किल हो जाता है। अब सवाल यह उठता है कि यदि आप 2–3 मासिक किस्त नहीं भर पाते, तो क्या बैंकर आपकी प्रॉपर्टी सील कर देगा? नहीं, तत्काल–नहीं करेगा। लेकिन अगर व्यक्ति 6 माह तक लगातार मासिक किस्त नहीं भर पाता है, तो बैंक उसकी प्रॉपर्टी का कब्जा अपने हाथ में ले लेगा।

बैंक किसी व्यक्ति को इसलिए होम लोन नहीं देता कि उसके सपनों का घर बिक जाए। प्रॉपर्टी का कब्जा लेने का विकल्प बैंक द्वारा अपनाया जानेवाला आखिरी रास्ता होता है। यद्यपि बैंक के पास सिक्यूरिटाइजेशन ऐंड रीकंस्ट्रक्शन ऑफ फाइनेंशियल एसेट्स ऐंड एंफोर्समेंट ऑफ सिक्यूरिटी इंटरेस्ट ऐक्ट, 2002 (सरफेसी कानून) के अंतर्गत काररवाई करने का अधिकार होता है, लेकिन यह उसके द्वारा अपनाया जानेवाला आखिरी रास्ता होता है।

कोई भी बैंक अपने बकाएदार को एक मासिक किस्त में विलंब के लिए कुछ नहीं कहता, लेकिन अगली मासिक किस्त के समय वह पत्र या मेल के जरिए आपको याद दिलाएगा कि आपकी मासिक किस्त बकाया है, उसे जमा कराएँ। लगातार तीन मासिक किस्त रुक जाने पर वह आपके पास एक डिमांड नोटिस भेजकर बकाया राशि को जल्दी–से–जल्दी जमा कराने के लिए कहेगा। अगर बकाएदार किसी मेल या पत्र का जवाब नहीं देता है, तो बैंक अपने लीगल डिपार्टमेंट के माध्यम से एक लीगल नोटिस भेजेगा।

किसी लोन को एन.पी.ए. (अनुपयोगी पूँजी) घोषित करने से पहले बैंक तीन माह का समय देता है; इस अवधि के बाद वह होम लोन को एन.पी.ए. घोषित करके सरफेसी ऐक्ट के अंतर्गत काररवाई शुरू कर देता है।

सरफेसी ऐक्ट लागू करने के बाद भी बैंक अपने बकाएदार को बकाया राशि अदा करने के लिए 60 दिन का नोटिस देता है। अंत में पहली डिफॉल्ट के पाँच महीने बाद वह स्थानीय समाचार–पत्र में एक नोटिस प्रकाशित कराता है, जिसमें प्रॉपर्टी की स्थिति, नीलामी के लिए आरक्षित कीमत और नीलामी की तिथि का विवरण होता है।

बैंक या वित्तीय संस्थाएँ इस तरह के मामले में कानूनी काररवाई में उलझने की बजाय लोन की बकाया राशि की वसूली को ज्यादा तरजीह देती हैं, क्योंकि प्रॉपर्टी की नीलामी की प्रक्रिया काफी लंबी होती है।

मासिक किस्त न भर पाने की स्थिति में क्या करें?

- सबसे पहले अपने बैंकर से मिलकर उसे मासिक किस्त न जमा कर पाने या चेक बाउंस होने का सही कारण बताएँ।
- बैंकर से बात करें कि अब आपको क्या विकल्प मिल सकता है।
- अगर ब्याज दर बढ़ जाने के कारण ऐसा हो रहा है, तो बैंकर से आग्रह करें कि वह आपकी मासिक किस्त की राशि कुछ कम करके लोन की अवधि बढ़ा दे।
- अपनी आय में संभावित बढ़ोतरी को आधार बताते हुए आप अपने बैंकर से लोन में ढाँचागत बदलाव के लिए भी कह सकते हैं।
- अपने रुके हुए मासिक भुगतानों का एक चार्ट बना लें। इससे बैंकर को यह विश्वास हो जाएगा कि आप अच्छे ग्राहक हैं, परिस्थितिवश मासिक किस्त नहीं भर पा रहे हैं।

अगर आप अपना बकाया चुकाने में गंभीरता दिखाते हैं और आपका ट्रैक रिकॉर्ड अच्छा है, तो बैंकर आपको मौका जरूर देगा। चूँकि होम लोन में प्रॉपर्टी एक तरह से बैंक के नियंत्रण में होती है, इसलिए बैंक सबसे पहले यह जानना चाहता है कि डिफॉल्ट का वास्तविक कारण क्या है? अगर उसे लगता है कि आपकी समस्या वास्तव में सही है और जल्दी ही आप नियमित रूप से मासिक किस्त भरना शुरू कर देंगे, तो वह आपको मोहलत देने के लिए तैयार हो जाएगा। बैंक इस तरह के मामलों को केस-टू-केस आधार पर सुलझाते हैं।

ज्यादातर बैंकर स्थिति का व्यावहारिक पहलू देखते हुए जानने की कोशिश करते हैं कि प्रॉपर्टी आपके लिए कितनी महत्त्वपूर्ण है। इसलिए वे आपसे और आपके परिवारवालों से बातचीत करके आपकी आर्थिक दिक्कत का असल कारण जानना चाहते हैं। यहाँ तक कि प्रॉपर्टी सीज हो जाने के बाद भी बैंक आपको अपना बकाया जमा करके प्रॉपर्टी वापस लेने का मौका दे देता है, लेकिन नीलामी से पहले तक ही। नीलामी की तिथि घोषित होने के बाद भी बकाएदार किसी भी समय आकर अपना बकाया जमा करके प्रॉपर्टी बचा सकता है। हाँ, यदि बैंक नीलामी की घोषणा के लिए कोई शुल्क चार्ज करता है, तो वह बकाएदार द्वारा चुकाया जाएगा।

आपके पास क्या विकल्प बचा है? इस प्रश्न का यह था मेरा उत्तर जो साक्षात्कार में मुझसे पूछा गया था।

अगर आपकी नौकरी छूट गई और आपको विश्वास है कि 6 महीने के अंदर आपको दूसरी नौकरी मिल जाएगी, तो आप अपने बैंक से इतने समय तक के

लिए मोहलत माँग सकते हैं। इसके लिए बैंक से आग्रह करें कि आपकी मासिक किस्त की राशि कुछ इस तरह निर्धारित कर दी जाए कि 6 माह तक जो मासिक किस्त आप नहीं भर पा रहे हैं, उसकी वसूली आगे की मासिक किस्त में पूरी हो जाए। इसके अलावा अगर किसी अन्य कारण से आपकी मासिक किस्त रुक रही है, जैसे—ब्याज दर में बढ़ोतरी या व्यक्तिगत खर्चों में बढ़ोतरी; तो आप बैंकर से आग्रह करें कि आपकी मासिक किस्त की राशि कम करके लोन की अवधि बढ़ा दें।

रोकथाम इलाज से बेहतर है

मित्रो, आदर्श फाइनेंशियल प्लानिंग यही कहती है कि आप कम-से-कम 6 महीने की बचत राशि हमेशा बैंक में रखें, ताकि किसी तरह की आपातस्थिति में उससे काम चलाया जा सके। कुछ बीमा कंपनियाँ भी गंभीर बीमारी या दुर्घटना के कारण होनेवाली पूर्ण विकलांगता को कवर करनेवाली बीमा पॉलिसी चला रही हैं।

अब अगर आप बैंक को प्रॉपर्टी का कब्जा देने की बजाय फिर से मासिक किस्त भरना शुरू करते हैं, तो उसका मुख्य उद्देश्य क्रेडिट स्कोर को गिरने से बचाना होता है। आपके क्रेडिट स्कोर का लगभग 30% आपकी भुगतान स्थिति के आधार पर होता है और भुगतान स्थिति इस बात पर निर्भर करती है कि यदि आपने होम लोन ले रखा है, तो उसकी अदायगी में आप कितने नियमित हैं? मासिक किस्त के भुगतान में एक या दो महीने की चूक भी आपके क्रेडिट स्कोर को प्रभावित कर सकती है। और लगातार कई मासिक किस्त चूक की स्थिति में आपके लिए भविष्य में किसी बैंक से लोन लेना मुश्किल हो जाएगा। चूँकि यह एक गंभीर परिस्थिति होती है, इसलिए भविष्य के लिए बचाकर रखी गई रकम को निकालकर भी यदि मासिक किस्त भरनी पड़े, तो ज्यादा सोच-विचार न करें।

परंतु यदि आपको लगता है कि 6 महीने के बाद भी स्थिति में कुछ सुधार होनेवाला नहीं है, तो प्रॉपर्टी को बेचना ही बेहतर रहता है। इस संबंध में आप बैंक से बात करके प्रॉपर्टी की बिक्री प्रक्रिया को अमल में लाने के लिए कह सकते हैं। लेकिन बिक्री की प्रक्रिया के दौरान आप अपनी मासिक किस्त लगातार भरते रहें। इससे बैंक को यह विश्वास हो जाएगा कि अपनी प्रॉपर्टी बेचने के लिए आप उसका फायदा नहीं उठा रहे हैं, और ऐसा करने से आपका क्रेडिट स्कोर भी गिरने से बचा रहेगा।

❑

होम लोन में कर बचाने के तरीके

होम लोन लें तो आयकर अधिनियम 1961 के प्रावधान को ध्यान में जरूर रखें, जिसके अनुसार होम लोन लेकर फ्लैट या मकान खरीदने, खाली भूखंड पर मकान बनाने या पुराने मकान की मरम्मत कराने पर आप धारा 80 सी और धारा 24 के अंतर्गत कर में छूट के हकदार होते हैं।

जब हम मासिक किस्त के रूप में लोन की अदायगी कर रहे हों तो ? मासिक किस्त में दो हिस्से शामिल होते हैं, एक हिस्सा ब्याज का होता है और दूसरा हिस्सा मूलधन का।

ब्याज राशि—जब कोई व्यक्ति रिहायशी घर खरीदने के लिए होम लोन लेता है, तो वह आयकर अधिनियम, 1961 की धारा 24 के अंतर्गत कर में छूट का हकदार होता है।

1. यदि रिहायशी प्रॉपर्टी में वह स्वयं रह रहा है, तो इसकी सीमा 2 लाख रुपए है।
2. यदि उसे किराए पर दिया है तो उस स्थिति में छूट की सीमा भी 2 लाख रुपए है।

(अ) यदि प्रॉपर्टी स्वयं के उपयोग में है

इस स्थिति में मालिक स्वयं प्रॉपर्टी की अपनी रिहायश के लिए उपयोग में ला रहा होता है। इसकी गणना मकान से होनेवाली ऋणात्मक आय के रूप में की जाती है। इसका कारण यह है कि आयकर अधिनियम की धारा 24 के अनुसार 31 मार्च 1999 के बाद स्वयं के रहने के लिए उपयोग में लाई जानेवाली हाउसिंग प्रॉपर्टी में निवेश के उद्देश्य से लिये गए होम लोन के संदर्भ में अधिकतम 2 लाख रुपए तक की कटौती स्वीकार्य है। यह कटौती की राशि हाउस प्रॉपर्टी से होनेवाली ऋणात्मक आय के रूप में प्रदर्शित की जाएगी, क्योंकि यही पैसा यदि

व्यवसाय या अन्य कहीं लगाया जाता, तो उससे संबंधित करदाता की वास्तविक आय में बढ़ोतरी होती।

अगर आपने होम लोन ले रखा है, तो आप आयकर अधिनियम की धारा 24 के अंतर्गत होम लोन पर अदा किए जानेवाले ब्याज पर 2 लाख रुपए प्रति खातेदार के हिसाब से कर योग्य आय में कटौती के हकदार हैं; और धारा 80 सी के अंतर्गत मूलधन की अदायगी पर 1.5 लाख रुपए प्रति खातेदार के हिसाब से कर योग्य आय में कटौती के हकदार हो जाते हैं। पुराने मकान की मरम्मत के लिए होम लोन की स्थिति में कर योग्य आय में कटौती की यह सीमा 30 हजार रुपए है।

विवाह के बाद यदि पति-पत्नी संयुक्त रूप से रिहायशी प्रॉपर्टी खरीदने के लिए होम लोन लेते हैं, तो दो अलग-अलग खातेदार होने के नाते पति-पत्नी दोनों ब्याज में अलग-अलग 2-2 लाख रुपए में कटौती के हकदार हो जाते हैं। इस प्रकार कटौती की राशि 4 लाख रुपए होती है। इसी तरह यदि पत्नी प्रॉपर्टी की सहस्वामिनी है और होम लोन की अदायगी भी कर रही है, तो आयकर अधिनियम की धारा 80 सी के अंतर्गत अदा किए गए मूलधन की राशि पर 1.5 लाख रुपए तक की अधिकतम राशि की कटौती की हकदार होती है। स्वयं के उपयोग में लाई जानेवाली प्रॉपर्टी के मामले में होम लोन पर चुकाए गए ब्याज पर कटौती की यह सीमा 2 लाख रुपए प्रतिवर्ष है, लेकिन होम लोन लेने के तीन वित्तीय वर्ष के भीतर यदि प्रॉपर्टी उपयोग में नहीं लाई जाती या (खाली भूखंड के मामले में) उस पर निर्माण नहीं किया जाता, तो कटौती का लाभ 30 हजार रुपए ही रह जाता है।

आजकल रिहायशी प्रॉपर्टी में कब्जे में विलंब की समस्या खरीददार के लिए आम हो गई है। मित्रो, अगर आप आयकर अधिनियम के इस महत्त्वपूर्ण प्रावधान का लाभ उठाना चाहते हैं, तो यह जरूर सुनिश्चित करें कि आपके पास एक से ज्यादा आवासीय प्रॉपर्टी स्वयं के उपयोग में नहीं होनी चाहिए; क्योंकि आयकर अधिनियम के प्रावधान के अनुसार ऐसी एक ही प्रॉपर्टी पर कर योग्य आय में कटौती का लाभ मिल पाता है। अतः यदि आपके पास दो मकान हैं, तो उनमें से एक का उपयोग अपने रहने के लिए करें और दूसरा किराए पर दे दें। कॉमर्शियल या इंडस्ट्रियल प्रॉपर्टी पर यह लाभ नहीं मिलता है।

(ब) किराए पर दी गई प्रॉपर्टी

अगर आपके पास एक मकान या फ्लैट है और आपने उसे किराए पर दे रखा है, तो आप उससे होनेवाली रेंटल इनकम (किराए के रूप में प्राप्त होनेवाली आय) को अपनी कुल कर योग्य आय में जोड़ दें। मान लीजिए आपके पास एक

मकान/फ्लैट है, जिस पर आपने 40 लाख रुपए का होम लोन ले रखा है और लोन पर 4 लाख रुपए प्रतिवर्ष ब्याज चुका रहे हैं। अब, अगर आपने मकान को 11 हजार रुपए प्रतिमाह किराए पर दे रखा है, तो किराए से होनेवाली आपकी वार्षिक आय 1.32 लाख रुपए हुई। अगर आप 12 हजार रुपए संपत्ति कर चुका चुके हैं, तो इसे अपनी कुल वार्षिक रेंटल इनकम में से घटा दें। अब आपकी वार्षिक रेंटल आय 1 लाख 20 हजार रुपए पर (घर की मरम्मत के लिए) 30% के हिसाब से 36 हजार रुपए की कटौती का लाभ मिलेगा और आपकी कुल कर योग्य आय 0.84 लाख रुपए (1,20,000–36,000 रुपए) हुई।

यानी अगर आपने मकान किराए पर दे रखा है, तो उससे होनेवाली आय में 30% की कटौती का लाभ आपको मिल रहा है। और साथ ही, आयकर अधिनियम की धारा 24 के अंतर्गत आपको होम लोन पर चुकाई गई ब्याज राशि 4 लाख रुपए में से 2 लाख रुपए की कटौती का लाभ मिलेगा। अगर आपने कॉमर्शियल प्रॉपर्टी में निवेश किया है और उसे किराए पर दे रखा है, तो आयकर अधिनियम का उपरोक्त प्रावधान ही लागू होगा। एक और अच्छी बात यह है कि कॉमर्शियल प्रॉपर्टी में निवेश संपदा कर से मुक्त होता है।

(स) खाली प्रॉपर्टी, जिसे किराए पर दिया जा सकता है

मान लीजिए, आपके पास एक मकान है, जिसमें आप रह रहे हैं। अब आप एक नया घर खरीद लेते हैं, जो खरीदने के बाद से खाली पड़ा है। आपने दोनों मकानों पर होम लोन ले रखा है। अब, पहला मकान, जिसमें आप रहे रहे हैं, उस पर आपको आयकर अधिनियम के प्रावधान के अनुसार कर योग्य आय में कटौती का लाभ मिलगा; और दूसरा मकान, जो खाली पड़ा है, उस पर भी होम लोन में अदा की गई ब्याज राशि की कटौती का लाभ मिलेगा, लेकिन रेंटल इनकम के रूप में एक निश्चित राशि आपकी कर-योग्य आय में जोड़ दी जाएगी (भले ही आपने मकान किराए पर नहीं दिया है)। इसलिए मित्रो, उस मकान को किराए पर देकर उससे आय जरूर अर्जित करें।

(द) निर्माणाधीन मकान/फ्लैट

ध्यान देने योग्य एक महत्त्वपूर्ण बात यह है कि यदि आप किसी बिल्डर से मकान या फ्लैट खरीद रहे हैं और उस पर आपने होम लोन ले रखा है, तो होम लोन लेने के तीन वित्तीय वर्ष के अंदर मकान/फ्लैट का निर्माण कार्य पूरा होना

जरूरी होता है। तभी आपको अपने निवेश पर कर योग्य आय में कटौती का फायदा मिल पाएगा।

जिस वित्तीय वर्ष में प्रॉपर्टी का निर्माण कार्य पूरा होता है, उसी वित्तीय वर्ष से होम लोन की ब्याज राशि की कटौती शुरू होती है। उससे पहले अदा किए गए ब्याज को पाँच समान वार्षिक किस्तों में काटा जा सकता है, जिसकी सीमा 2 लाख रुपए (स्वयं के उपयोग में लाई जा रही प्रॉपर्टी के मामले में) होती है। आयकर अधिनियम की धारा 80 सी में मूलधन की अदायगी पर भी 1.5 लाख रुपए की सीमा तक कटौती का प्रावधान है। लेकिन मित्रो, ध्यान रहे कि यह लाभ तभी मिलेगा, जब कब्जा मिलने के बाद पाँच वित्तीय वर्ष तक प्रॉपर्टी आपके पास रहे; यदि इससे पहले आप प्रॉपर्टी को बेच देते हैं, तो यह लाभ नहीं मिल पाएगा।

❑

कम बजट की प्रॉपर्टी कैसे खरीदें?

अगर आप प्रॉपर्टी खरीदने जा रहे हैं और आपके पास बजट कम है, उस स्थिति में प्रॉपर्टी खरीदने के लिए आपके पास चार विकल्प होते हैं—

1. **किसी नए प्रोजेक्ट में प्रॉपर्टी खरीदना**—आप किसी नए प्रोजेक्ट की शुरुआत में या प्री-लॉञ्च अवस्था में फ्लैट बुक करा सकते हैं; इस दौरान प्रॉपर्टी कुछ कम कीमत पर मिल जाती है।
2. **रीसेल की प्रॉपर्टी खरीदना**—पुरानी प्रॉपर्टी की कीमत अपेक्षाकृत कम हो जाती है। वह आपको कम बजट में मिल जाएगी।
3. **शहर के बाहर प्रॉपर्टी खरीदना**—प्राय: शहर की सीमा के बाहर आस-पास प्रॉपर्टी सस्ती मिल जाती है; बाद में शहरी क्षेत्र में विकास के साथ वह क्षेत्र भी शहर के साथ जुड़ जाता है।
4. **बैंक नीलामीवाली प्रॉपटी खरीदना**—बैंक ऐसी प्रॉपर्टी को नीलाम कर देते हैं, जिस पर होम लोन हो और बकाएदार उसे अदा नहीं कर पा रहा हो, लेकिन ऐसी प्रॉपर्टी खरीदने की बात आम नहीं है। इसमें एक अच्छी बात यह होती है कि प्रॉपर्टी की जो कीमत नीलामी में घोषित होती है, वह मार्केट में प्रचलित सामान्य कीमत से 15-20 प्रतिशत तक कम होती है। लेकिन इस तरह की प्रॉपर्टी खरीदने से पहले अपने सामने उपलब्ध विकल्पों पर सावधानी से विचार कर लें।

इस तरह की नीलामी में ऐसी प्रॉपर्टी होती है, जिस पर प्रॉपर्टी के मालिक ने बैंक से लोन लिया होता है और निर्धारित अवधि के बाद भी उसे अदा नहीं कर पाता है। उस स्थिति में बैंक अपने लोन की वसूली के लिए प्रॉपर्टी की नीलामी की सार्वजनिक घोषणा करता है।

अब, चूँकि बैंक का एकमात्र उद्देश्य अपना बकाया वसूलना होता है—मूलधन,

ब्याज, प्रॉपर्टी को कब्जे में लेने और नीलामी की प्रक्रिया तथा अन्य कानूनी कारवाई में उसके द्वारा किया गया खर्चा। यह सब जोड़कर प्रॉपर्टी की आरक्षित नीलामी कीमत घोषित की जाती है। यह कीमत प्रॉपर्टी की वास्तविक कीमत से कहीं बहुत कम होती है। अब, अगर नीलामी में अंतिम बोली प्रॉपर्टी की घोषित आरक्षित कीमत से ज्यादा होती है, तो अतिरिक्त राशि प्रॉपर्टी के मूल स्वामी को दे दी जाती है।

नीलामी की बोली में शामिल होने से पहले क्या करें?

नीलामी की बोली में प्रॉपर्टी की कम कीमत किसी को भी लुभा सकती है, लेकिन बोली में हिस्सा लेने से पहले आपको बैंक से कुछ महत्त्वपूर्ण बातें जरूर जान लेनी चाहिए। यहाँ ऐसे कुछ सवाल दिए जा रहे हैं, जो आपको बैंक से पूछने चाहिए—

प्रॉपर्टी पर कोई अन्य बकाया तो नहीं है?

कोई बैंक जब प्रॉपर्टी की नीलामी करता है, तो उसमें प्रॉपर्टी 'जहाँ है, जैसी है' के आधार पर बेची जाती है, इसलिए नीलामी से संबंधित दस्तावेज को ध्यानपूर्वक पढ़कर यह सुनिश्चित कर लेना चाहिए कि उस पर कोई अन्य बकाया तो नहीं है। नीलामी का दस्तावेज किसी आई.पी.ओ. की स्मरणिका की तरह होता है, जिसमें प्रॉपर्टी के वैधानिक स्वामित्व और बकाया आदि की जिम्मेदारी से संबंधित सारी बातें अंकित होती हैं।

ऐसे ज्यादातर मामलों में चूँकि प्रॉपर्टी का मालिक जानता है कि वह बैंक का बकाया चुकाने की स्थिति में नहीं है, और प्रॉपर्टी सीज हो जाएगी; इसलिए वह प्रॉपर्टी से जुड़े अन्य देय शुल्कों का भुगतान भी बंद कर देता है, जैसे—सोसाइटी का मेंटनेंस चार्ज या लीज मनी, प्रॉपर्टी टैक्स आदि। बैंक द्वारा भेजे गए पहले नोटिस के समय से लेकर प्रॉपर्टी का कब्जा बैंक के पास आने तक 6 माह का समय होता है, यानी आपको 6 माह का बकाया चुकाना पड़ सकता है।

साथ ही चूँकि सीज की गई प्रॉपर्टी मालिक या किसी अन्य के उपयोग में नहीं होती, इसलिए बिजली, पानी आदि के बिल भी बकाया हो सकते हैं और यह भी हो सकता है कि बिजली-पानी के कनेक्शन और मीटर वगैरह भी हटा दिए गए हों। इस प्रकार उसे खरीदने के बाद ऐसा हो सकता है कि आपको सारा बकाया चुकाकर फिर से कनेक्शन लेने पड़ें।

मरम्मत में क्या-क्या काम कराने पड़ेंगे?

बैंक प्राय: प्रॉपर्टी को नीलामी के लिए अपने कब्जे में लेने के बाद उसके रख-रखाव के लिए कुछ खास नहीं करते। इसलिए प्रॉपर्टी खरीदने के बाद उसे रहने लायक बनाने के लिए आपको कुछ अलग से काम कराने पड़ सकते हैं। इसलिए अच्छा होगा कि आप स्वयं जाकर प्रॉपर्टी को देख लें और यह समझ लें कि उसकी मरम्मत में कितना काम कराना पड़ सकता है और उसमें कितना खर्च आ सकता है। इसके अलावा चूँकि प्रॉपर्टी 'जहाँ है, जैसी है' के आधार पर बेची जाती है, इसलिए उस प्रॉपर्टी के कारण यदि अगल-बगल की किसी अन्य प्रॉपर्टी को कोई नुकसान पहुँचा है, तो उसकी क्षतिपूर्ति की जिम्मेदारी भी नए मालिक की होगी।

ऐसा भी हो सकता है कि प्रॉपर्टी के भूतपूर्व स्वामी ने मकान/फ्लैट के अंदर कोई सामान रखा हो। आपको बैंक अधिकारी की मौजूदगी में चेक करना होगा। यह भी पता करना होगा कि भूतपूर्व मालिक द्वारा मकान/फ्लैट में जो फर्नीचर या उपकरण आदि रखे गए हैं, उन्हें ठीक-ठाक कराने के लिए क्या कुछ अलग से खर्च करना पड़ेगा? भूतपूर्व मालिक उन्हें ले जाएगा या उन्हें बेचना पड़ेगा? उनकी बिक्री से जो पैसे आएँगे, वे किसे मिलेंगे?

बैंक प्राय: इसका निर्णय बकाएदार के नाम कुल बकाया राशि को ध्यान में रखकर करता है। नीलामी के दस्तावेज में उन सब चीजों का बाकायदा उल्लेख होता है, जो प्रॉपर्टी में मौजूद होती हैं, लेकिन पहले से सब बातें निश्चित कर लेने में क्या हर्ज है? कहीं प्रॉपर्टी का भूतपूर्व मालिक ऐसी किसी चीज का दावा लेकर आपके दरवाजे पर आ धमके, तो आप क्या करेंगे?

बोली पूरी होने पर तुरंत आपको कितना भुगतान करना पड़ेगा?

नीलामीवाले मकान/फ्लैट के लिए बैंक प्राय: बिक्री की कीमत की 20-25 प्रतिशत राशि डाउन पेमेंट के रूप में रखते हैं, जिसका भुगतान आपको उसी समय करना होता है, जब आपकी बोली स्वीकार कर ली जाती है। बैंक उस संबंध में आप पर कोई बाध्यता नहीं रखता कि आप होम लोन उसी से लें; लेकिन हाँ, यदि आप उसी बैंक से लोन लेते हैं, तो वह डाउन पेमेंट की राशि में कुछ छूट दे सकता है या फिर ब्याज दर कम करके आपके साथ सहयोग कर सकता है। डाउन पेमेंट के बाद शेष रकम (75-80 प्रतिशत) के भुगतान के लिए बैंक सामान्यतया एक सप्ताह का समय देता है। इसलिए नीलामी की बोली में भाग लेने से पहले लोन की तैयारी करके रखें।

लाभ

अगर प्रॉपर्टी की चुकाई जानेवाली कीमत (नीलामी में घोषित कीमत में अन्य सब खर्चे जोड़कर) उसकी वास्तविक कीमत (मार्केट में प्रचलित कीमत) से कम है, तो फायदा-ही-फायदा है। थोड़ा-बहुत ज्यादा भी देना पड़ जाए, तो कोई बात नहीं, क्योंकि इस तरह की प्रॉपर्टी चूँकि बैंक के लोन खाते से जुड़ी होती है और बैंक प्रॉपर्टी के सारे दस्तावेज की अच्छी तरह जाँच-पड़ताल करके ही लोन देता है, इसलिए प्रॉपर्टी किसी धोखाधड़ी से सुरक्षित रहती है।

सबसे बड़ा फायदा यह होता है कि यदि आप बैंक नीलामी में कोई प्रॉपर्टी खरीदते हैं, तो सेल डीड पूरी चुकाई जानेवाली रकम की बनेगी, इसलिए काले धन या सफेद धन की बात को लेकर घबराने की जरूरत नहीं है। इस प्रकार आपको होम लोन भी पूरी राशि का मिल जाएगा। साथ ही, आपको पहले से बसे-बसाए रेजीडेंशियल इलाके में बना-बनाया घर मिल जाएगा।

❑

रियल एस्टेट में ग्रीन प्रोजेक्ट

हर कोई प्रतिमाह कुछ अतिरिक्त राशि बचाना पसंद करता है, लेकिन आश्चर्य की बात तब होती है, जब रहन-सहन के स्तर के साथ कोई समझौता किए बिना आप यह बचत कर रहे हों। ग्रीन बिल्डिंग अवधारणा में व्यक्ति अपने रहन-सहन के स्तर में कमी किए बिना बिजली के बिल में 30 प्रतिशत तक की बचत कर सकता है। बिजली के बिल इतने कम होंगे कि आप हैरान रह जाएँगे। ग्रीन प्रॉपर्टी के मालिक बनकर आप कम बिल और कम रख-रखाव शुल्क का आनंद ले सकते हैं।

प्राय: लोग सोचते हैं कि ग्रीन बिल्डिंग ज्यादा महँगी होती है, लेकिन इसमें व्यक्ति दीर्घकालिक तौर पर देखें तो इसमें कम रख-रखाव और संचालन-शुल्क का फायदा मिलता है। किसी भी बिल्डिंग में देख लीजिए, बिल्डिंग की कुल स्वामित्व लागत का लगभग 80-90 प्रतिशत हिस्सा रख-रखाव और संचालन शुल्क में जाता है। उदाहरण के लिए, बिजली के बिल में 50-55 प्रतिशत तक की बचत की जा सकती है; इस प्रकार पाँच साल में इतनी राशि बच जाती है कि ग्रीन बिल्डिंग के लिए अदा किया गया आपका शुरुआती प्रीमियम निकल आता है।

ग्रीन बिल्डिंग के कई फायदे हैं। तात्कालिक फायदा आपको बिजली-पानी के बिल में कमी के रूप में देखने को मिल जाएगा। देखा जा रहा है कि ग्रीन बिल्डिंगों की इन खूबियों के कारण इनमें रख-रखाव का खर्च काफी कम होने से इनके किराए और कीमत में बढ़ोतरी हो रही है। लेकिन ये सब सुविधाएँ उपलब्ध कराने में ग्रीन बिल्डिंगों की निर्माण लागत भी अपेक्षाकृत बढ़ जाती है।

ग्रीन प्रोजेक्ट के रूप में क्वालिफाई करने के लिए कुछ निश्चित मानदंडों को पूरा करना होता है, जिसके कारण इनमें निर्माण-लागत बढ़ जाती है। इस तरह के प्रोजेक्ट में फ्लाई-एश की ईंटों का प्रयोग (प्रदूषण कम करने के लिए),

हाई-परफॉर्मेंस रेफलेक्शन ग्लास का प्रयोग, एल.ई.डी. बल्बों का प्रयोग, जल-पुनर्चक्रण (वाटर रिसाइक्लिंग) और रेनवाटर हार्वेस्टिंग की सुविधाएँ होना जरूरी होता है।

किसी ग्रीन (हरित) बिल्डिंग में यदि ये सब सुविधाएँ ठीक ढंग से प्रयुक्त हुई हों, तो उसे खरीदकर आपको कीमत का कोई पछतावा नहीं होना चाहिए। इन सुविधाओं से युक्त होने के कारण इसमें मात्र 5-10 प्रतिशत का अतिरिक्त खर्च आता है। कुछ बिल्डर अपने कुशल नियोजन का फायदा उठाते हैं और शुरुआती प्रोजेक्ट लागत बढ़ने ही नहीं देते।

मित्रो, कुछ उपकरण या साजो-सामान, जैसे—अल्ट्रा-लो फ्लो टॉयलेट, और लो फ्लो सिंक और शॉवर हेड महँगे आते हैं, लेकिन बिल्डिंग बनकर तैयार होने के बाद जब आप उनका प्रयोग करेंगे, तो आप पाएँगे कि पानी की खपत 50 प्रतिशत तक कम हो रही है; ऐसे में स्थानीय नागरिक प्रशासन की ओर से कम संपत्ति कर के रूप में भी लाभ मिलेगा।

हाल में यूनियन बैंक ऑफ इंडिया ने ग्रीन बिल्डिंग में सोलर प्लांट लगाने का चार्ज भी होम लोन हेतु निर्माण लागत में शामिल कर दिया है, यानी पब्लिक सेक्टर का एक अग्रणी बैंक भी इस 'गो ग्रीन' (हरित) अवधारणा को बढ़ावा दे रहा है। सोलर पावर और अन्य ऊर्जा बचानेवाले उपकरणों सहित नवीकरणीय ऊर्जा संसाधनों के उपयोग से यदि आपकी ऊर्जा खपत 50-60 प्रतिशत तक कम हो जाती है, तो यह एक महत्त्वपूर्ण बात है। पूरे प्रोजेक्ट के अंतर्गत बिल्डिंगों का डिजाइन और ले-आउट प्लान कुछ इस प्रकार तैयार किया जाता है कि प्राकृतिक हवा और प्रकाश का अधिकतम उपयोग सुनिश्चित हो सके। इससे भी ऊर्जा की बचत में मदद मिलती है। ऊर्जा और पानी की बचत करनेवाली इन सुविधाओं के अलावा, ग्रीन प्रोजेक्ट में बिल्डर को कई अन्य बातों का भी ध्यान रखना होता है, जैसे—आर्किटेक्चर, प्राकृतिक संसाधनों की रिसाइकलिंग करनेवाले संयंत्रों का अधिक-से-अधिक प्रयोग, पब्लिक ट्रांसपोर्ट की सुविधा, आकर्षक प्राकृतिक वातारवरण और कम-से-कम शोरगुल। ग्रीन प्रोजेक्ट की तीन श्रेणियाँ हैं—प्लेटिनम (हीरक), गोल्ड (स्वर्ण) और सिल्वर (रजत) के लिए अलग-अलग मानदंड निर्धारित किए गए हैं। प्लेटिनम या हीरक सबसे उच्च श्रेणी है।

प्लेटिनम श्रेणी के प्रोजेक्ट में निर्माण-लागत 5-10 प्रतिशत तक और गोल्ड या सिल्वर श्रेणी के प्रोजेक्ट में निर्माण-लागत 3-8 प्रतिशत तक बढ़ जाती है, लेकिन ग्रीन प्रोजेक्ट में मकान खरीदने के लिए जो प्रीमियम आप अदा करते हैं,

वह 3–5 वर्षों में निकल आती है, क्योंकि इसमें रख-रखाव और संचालन खर्च काफी कम बैठता है।

ग्रीन बिल्डिंग में निवेश करें या नहीं?

'नेशनल बिल्डिंग कंस्ट्रक्शन कॉरपोरेशन लिमिटेड' भी अपनी आवासीय परियोजनाओं में ग्रीन (हरित) बिल्डिंग की अवधारणा को अपनाकर इसे बढ़ावा दे रहा है। अगर आप अपने स्वयं के रहने के लिए ग्रीन प्रोजेक्ट में मकान खरीदने जा रहे हैं, तो समझ लीजिए कि आप फायदे का सौदा कर रहे हैं। लेकिन निवेश के उद्देश्य से क्या ग्रीन प्रोजेक्ट का फ्लैट एक अच्छा विकल्प है? भारत में ग्रीन बिल्डिंग का चलन अभी शुरुआती चरण में है, इसलिए इसके चुनाव में सावधानी बरतना जरूरी है। यद्यपि कुछ विशेषज्ञों का मानना है कि ग्रीन परियोजनाओं में मकान/फ्लैट का किराया 2–15 प्रतिशत तक और रीसेल कीमत 30 प्रतिशत तक ज्यादा हो सकती है, लेकिन इसके दूसरे पहलू को नजरअंदाज नहीं किया जा सकता है। कुछ अन्य विशेषज्ञों का मानना है कि चूँकि आस-पड़ोस में अन्य प्रोजेक्ट में मकान या फ्लैट प्राय: 10–15 प्रतिशत कम कीमत में मिल जाते हैं, इसलिए लोगों में जानकारी की कमी के कारण ग्रीन प्रोजेक्ट में मकान/फ्लैट की अच्छी रीसेल कीमत प्राप्त करने के लिए ज्यादा इंतजार करना पड़ सकता है। इसलिए अगर आप जल्दी लाभ कमाना चाहते हैं, तो यह प्रोजेक्ट अभी उपयुक्त नहीं है। हालाँकि कम खपत, ज्यादा बचत की खूबी के कारण ग्रीन प्रोजेक्ट की इमारतों का चलन बढ़ता जा रहा है।

प्रॉपर्टी खरीदते वक्त
क्या ध्यान में रखें?

फ्लैट/मकान/भूखंड खरीदने के लिए जब आप किसी विक्रेता या बिल्डर के पास जाएँ, तो कुछ महत्त्वपूर्ण बातों के बारे में पूछना न भूलें।

अपना स्वयं का आशियाना खरीदना हर किसी के जीवन का एक बड़ा सपना होता है। लेकिन प्रॉपर्टी की खरीद या फरोख्त में अकसर धोखाधड़ी की आशंका भी रहती है। अच्छा बिल्डर और किसी तरह के विवाद वगैरह से मुक्त साफ-सुथरी प्रॉपर्टी की तलाश रियल एस्टेट प्लानिंग का एक महत्त्वपूर्ण हिस्सा है। अपने जीवन की जमापूँजी को किसी बिल्डर के प्रोजेक्ट में डालने से पहले कई महत्त्वपूर्ण बातों को ध्यान में रखना जरूरी होता है।

यदि आप निजी मकान या प्रॉपर्टी खरीद रहे हैं

कुछ प्रॉपर्टी डीलर या विक्रेता प्रॉपर्टी बेचने के लिए अखबार में, खासकर रविवारीय संस्करण में विज्ञापन छपवाते हैं। कुछ हाई-प्रोफाइल प्रॉपर्टी डीलर इंटरनेट के माध्यम से भी विज्ञापन देते हैं, जबकि कई अन्य प्रॉपर्टी डीलरों की अपनी वेबसाइट होती है, जिस पर आप अपनी पसंद की प्रॉपर्टी सर्च कर सकते हैं। इसके अलावा किसी क्षेत्र में प्रॉपर्टी डीलर से स्वयं मिलकर उसे अपना बजट और पसंद की स्थिति बताकर उसके अनुसार प्रॉपर्टी ढूँढ़ सकते हैं। इसके लिए आपको प्रॉपर्टी डीलर से अच्छा-खासा मोलभाव भी करना चाहिए। यदि आप स्वयं मोलभाव करने में माहिर नहीं हैं, तो किसी दलाल, वकील या दोस्त, रिश्तेदार की मदद ले सकते हैं, जो मोलभाव करना जानता हो। थोड़ा घूम-फिरकर देखने और जाँच-पड़ताल करने से आपको अपनी पसंद का सौदा मिल सकता है।

परंतु यदि आपके पास समय नहीं है या आप बाहर रहते हैं, तो इस काम के

लिए आप किसी अच्छे दलाल की सेवा ले सकते हैं। मित्रो, अगर आप कोई खुला भूखंड या मकान खरीद रहे हैं, तो हमेशा होम लोन लेकर खरीदें, भले आपके पास पर्याप्त पैसे हों। इसका कारण यह है कि होम लोन लेने से बैंकवाले स्वयं प्रॉपर्टी की अच्छी तरह जाँच-पड़ताल करेंगे और उसके दस्तावेजों की सत्यता की भी जाँच करेंगे। साथ ही, बैंकवाले प्रॉपर्टी की सिबिल स्थिति की भी जाँच करेंगे, जिससे पता चल जाएगा कि प्रॉपर्टी किसी बैंक के पास गिरवी तो नहीं है। अत: ऐसी व्यवस्था की गई है कि प्रत्येक बैंक अपने यहाँ गिरवी रखी प्रॉपर्टी का पूरा विवरण सी.ई.आर.एस.ए.आई (सरसाई) में प्रविष्ट करें, जिसमें प्रॉपर्टी और उसके मालिक का पूरा पता और उसका पैन नंबर अंकित होता है।

यदि आप किसी मल्टीस्टोरी अपार्टमेंट में फ्लैट की तलाश में हैं

सबसे पहले अपना बजट निश्चित करें और उसके बाद स्थान या क्षेत्र का चुनाव करें। फ्लैट का साइज चुनने से पहले अपने परिवार के साइज (परिवार में मौजूद सदस्यों और निकट भविष्य में जुड़नेवाले सदस्यों की संख्या) को ध्यान में रखें। साथ ही, बिल्डर की छवि, डेवलपर की आर्थिक सक्षमता, जिस जमीन पर अपार्टमेंट बना है, उसके स्वामित्व का विवरण, संबंधित प्राधिकरण की संस्तुति, भुगतान योजना आदि कुछ ऐसी बातें हैं, जिन पर ध्यान दिया जाना चाहिए।

स्थिति या स्थान का चुनाव

इसके लिए ऐसे स्थान का चुनाव करें, जो शहर के निकट हो और निकट भविष्य में उसकी माँग बढ़नेवाली हो। साथ ही स्कूल, अस्पताल, बाजार आदि की सुविधाएँ 2–5 किमी. की परिधि में होनी चाहिए।

बिल्डर की छवि या साख

चूँकि मकान/फ्लैट का सौदा बड़ी रकम का मामला होता है, इसलिए हमेशा प्रतिष्ठित या ब्रांडेड बिल्डर के प्रोजेक्ट में ही फ्लैट/मकान बुक कराएँ। अगर कंपनी पंजीकृत है, तो बैलेंस शीट देखकर उसकी आर्थिक सक्षमता का अंदाजा लगाया जा सकता है। यदि कंपनी पर अत्यधिक देनदारी है, तो उसके प्रोजेक्ट में फ्लैट/मकान बुक कराने से बचें, क्योंकि ऐसी कंपनी के प्रोजेक्ट में विलंब की आशंका ज्यादा रहती है।

पता करें कि इससे पहले बिल्डर ने और कितने प्रोजेक्ट तैयार किए हैं? नए-नए बिल्डरों से बचें, क्योंकि उनके पास प्रायः आर्थिक सक्षमता की कमी होती है। बिल्डर के पहले के प्रोजेक्टों को जाकर देखें और उसकी असली छवि के बारे में पता लगाएँ। क्या उसने प्रोजेक्ट निर्धारित समय पर पूरा करके दिया था? क्या उसने वे सुविधाएँ उपलब्ध कराईं, जिनका उसने वादा किया था? प्रोजेक्ट पूर्ण होने के बाद उसके रख-रखाव में उसने कितनी गंभीरता दिखाई?

बिल्डर की छवि का पता कैसे लगाएँ?

1. प्रमोटर/डायरेक्टर की मार्केट रिपोर्ट और पृष्ठभूमि

गूगल सर्च में कंपनी का नाम प्रविष्ट करें, आपको उसके ब्लॉग, कंज्यूमर फोरम, न्यूज रिपोर्ट, प्रॉपर्टी साइट्स आदि विकल्पों पर पर्याप्त जानकारी मिल जाएगी। बिल्डर से प्रॉपर्टी खरीद चुके ग्राहकों से आपको सही-सही जानकारी मिल जाएगी। बिल्डर द्वारा पहले तैयार करके दिए गए प्रोजेक्ट में प्रॉपर्टी की बाजार कीमत में कितने प्रतिशत तक की बढ़ोतरी दर्ज की गई है? इन सब बातों की जानकारी से आपको बिल्डर की वास्तविक छवि का पता चल जाएगा।

2. डेवलपर कंपनी की आर्थिक स्थिति

इसकी जाँच उस बैंक द्वारा की जाती है, जो प्रोजेक्ट के लिए वित्तीय सहायता उपलब्ध कराता है, या रिटेल होम लोन के लिए बिल्डर के प्रोजेक्ट को एप्रूव करता है। बैंकर उस बिल्डर या डेवलपर कंपनी की बैलेंस शीट और लाभ-हानि के ब्योरे की जाँच करता है। यदि डेवलपर कंपनी पर ज्यादा देनदारियाँ हैं तो वह अपना लोन नहीं चुका पाएगी और इसके कारण प्रोजेक्ट पूरा होने में विलंब हो सकता है। इस संबंध में बैंक और एन.बी.एफ.सी. प्रायः संबंधित कंपनी रजिस्ट्रार की मदद लेते हैं। साथ ही, कॉरपोरेट मामलों के मंत्रालय की वेबसाइट (mica.gov.in) भी सहायक हो सकती है।

3. प्रोजेक्ट की रियल एस्टेट ग्रेडिंग

प्रॉपर्टी खरीदने का मतलब होता है, जीवन की सारी जमा-पूँजी का निवेश। इसलिए इतना बड़ा और महत्त्वपूर्ण निवेश करने से पहले विभिन्न मानदंडों के आधार पर संबंधित प्रोजेक्ट की गुणवत्ता की जाँच कर लेना जरूरी हो जाता है—डेवलपर का ट्रैक रिकॉर्ड, समय पर प्रोजेक्ट तैयार करने की सक्षमता, वैधानिक और निर्माण

संबंधी मानदंडों का पालन, कानूनी दस्तावेजों की गुणवत्ता और प्रोजेक्ट के प्रमोटर। डायरेक्टर का ट्रैक रिकॉर्ड आदि। रियल एस्टेट प्रोजेक्ट की रेटिंग करनेवाली कुछ रेटिंग एजेंसियाँ हैं, जैसे—क्रिसिल रियल एस्टेट स्टार रेटिंग, केयर रियल एस्टेट स्टार रेटिंग, इकरा रियल एस्टेट स्टार ग्रेडिंग क्रिसिल रियल एस्टेट स्टार रेटिंग, सी.ए.आर.ई. (केयर) (इकरा) ग्रेडिंग।

ये एजेंसियाँ शहर विशेष के विभिन्न रियल एस्टेट प्रोजेक्टों का मूल्यांकन करके उनकी रेटिंग उपलब्ध कराती हैं, जिससे आपको शहर विशेष के सबसे अच्छे प्रोजेक्ट की जानकारी मिल सकती है। लेकिन ध्यान रहे कि रेटिंग एजेंसी उन्हीं बिल्डरों या डेवलपरों के प्रोजेक्ट को दरशाती है, जो उसके यहाँ पंजीकृत होते हैं।

4. बिल्डर का ट्रैक रिकॉर्ड

अनुभवी बिल्डर से प्रॉपर्टी खरीदना अपेक्षाकृत ज्यादा सुरक्षित रहता है, क्योंकि उसके पास जरूरी साधन और अनुभव उपलब्ध होता है। बिल्डर का ट्रैक रिकॉर्ड देखें, यदि उसके काम में पारदर्शिता दिखाई नहीं देती, तो उससे प्रॉपर्टी न ही खरीदें तो अच्छा। सामान्यतया विज्ञापन में पढ़कर हमें पता चलता है कि बिल्डर (कॉनफेडरेशन ऑफ रियल एस्टेट डेवलपर्स एसोसिएशन ऑफ इंडिया) या बी.ए.आई. क्रेडाई (बिल्डर एसोसिएशन ऑफ इंडिया) का सदस्य है। ये स्व-विनियामक संस्थाएँ हैं, जो बिल्डरों के लिए कड़े मानदंड रखती हैं; मानदंड कायम न रखनेवाली कंपनी को एसोसिएशन द्वारा ब्लैकलिस्ट किया जा सकता है। इसलिए ऐसे बिल्डर से ही सौदा करें, जो उपरोक्त कम-से-कम एक संस्था का सदस्य जरूर हो।

5. गुणवत्ता प्रमाण-पत्र

गुणवत्ता प्रमाण-पत्र किसी अंतरराष्ट्रीय संस्था द्वारा दिया जाता है। किसी हाउसिंग प्रोजेक्ट में निवेश करने से पहले संबंधित कंपनी के काम की गुणवत्ता का पता लगाने के लिए इस तरह के प्रमाण-पत्रों की मदद ली जा सकती है। इंटरनेशनल ऑर्गेनाइजेशन स्टैंडराइजेशन (आई.एस.ओ.) 9001 : 2008 में किसी मैनेजमेंट सिस्टम की गुणवत्ता का प्रमाणन 8 मानदंडों के आधार पर होता है, जिसमें ग्राहक संतुष्टि और ग्राहक संकेंद्रता भी शामिल है। अतः आई.एस.ओ. 9001:2008 प्रमाणित बिल्डर अपने काम के तौर-तरीकों में अपेक्षाकृत अधिक कुशल होता है।

हमेशा निर्माण गुणवत्ता पर ध्यान दें

वैसे तो सब बिल्डर अपनी निर्माण गुणवत्ता को सबसे अच्छा बताते हैं। गुणवत्ता की परख के लिए बड़े, प्रतिष्ठित डेवलपरों को आधार बनाएँ। दरअसल, किसी बिल्डर की निर्माण-गुणवत्ता उसकी अपनी छवि पर निर्भर करती है। चूँकि प्रतिस्पर्धा के इस युग में उनका निर्माण-कौशल और गुणवत्ता ही उन्हें मार्केट में एक अलग पहचान देती है, इसलिए प्रतिष्ठित बिल्डर हमेशा प्रतिष्ठित, विश्वसनीय ठेकेदार से ही काम कराते हैं, ताकि पूरे प्रोजेक्ट में गुणवत्ता का एक उपयुक्त मानदंड कायम रखा जा सके। वे निर्माण कार्य में ठेकेदार को सस्ता या घटिया सामान या उपकरण नहीं लगाने देते हैं। फिटिंग और अन्य सुविधाओं के लिए वे ब्रांडेड उत्पाद को ही पसंद करते हैं। अगर आप किसी जाने-माने बिल्डर के प्रोजेक्ट में मकान/फ्लैट खरीद रहे हैं, तो उसके 5-10 साल पुराने प्रोजेक्ट में यूनिट देखें।

किसी बिल्डिंग की निर्माण-गुणवत्ता का आकलन अलग-अलग मानदंडों के आधार किया जा सकता है, जैसे—उसका आर्किटेक्चरल डिजाइन, इंटीरियर डिजाइन और विभिन्न इलेक्ट्रिकल और बाथरूम की फिटिंग में प्रयुक्त सामानों/उपकरणों तथा पेंट आदि के ब्रांड का स्तर।

किसी बिल्डिंग में बाहर की दीवारों पर दरार या अंदर की दीवारों में छोटे-छोटे छेद, चर-चर की आवाज करते दरवाजे-खिड़कियाँ और ऊबड़-खाबड़ सी फर्श, ये सबकुछ देखकर ही अंदाजा लगाया जा सकता है कि बिल्डिंग की इंटीरियर और एक्सटीरियर फिनिशिंग घटिया स्तर की है।

लेकिन मित्रो, आप सिर्फ इस आधार पर किसी प्रोजेक्ट को नकार नहीं सकते हैं कि उसका बिल्डर नया है। ऐसे मामले में आप किसी सिविल इंजीनियर को लेकर बिल्डिंग का निरीक्षण करें, क्योंकि वह बिल्डिंग की निर्माण-गुणवत्ता का बेहतर मूल्यांकन कर सकता है।

प्रोजेक्ट की गुणवत्ता का अंदाजा बिल्डिंग की दीवारों से भी लगाया जाता है। अगर बिल्डिंग की निर्माण गुणवत्ता अच्छी है, तो उसकी दीवारें इतनी मजबूत होंगी कि उनमें कील ठोंकना मुश्किल हो जाएगा। निर्माणाधीन प्रॉपर्टी खरीद रहे हैं, तो सिर्फ सैंपल देखकर कोई निष्कर्ष न निकालें।

क्या बिल्डर/डेवलपर का किसी बैंक के साथ टाई-अप है?

सभी बिल्डर या डेवलपर बैंकों और गैर-बैंकिंग वित्तीय कंपनियों के साथ टाई-अप करके चलते हैं। इस टाई-अप प्रक्रिया में बिल्डर संबंधित प्राधिकरण से

प्राप्त किए गए सभी संस्तुति-पत्र और अन्य दस्तावेज उपलब्ध कराता है। बैंक स्वयं डेवलपर कंपनी और उसके डायरेक्टरों की बैलेंस शीट की जाँच करता है। उसका पैनल वकील प्रॉपर्टी के स्वामित्व और संस्तुतियों से जुड़े कागजात की जाँच-पड़ताल करता है। साथ ही बैंक रियल एस्टेट में संबंधित बिल्डर के अनुभव को भी ध्यान में रखता है। प्रोजेक्ट में फ्लैट का सौदा पक्का करने से पहले यह सुनिश्चित कर लें कि प्रोजेक्ट कम-से-कम दो राष्ट्रीयकृत बैंकों और दो उच्चस्तरीय हाउसिंग फाइनेंस कंपनियों द्वारा एप्रूव्ड हो।

प्रॉपर्टी की लैंड यूज और लीगल रिपोर्ट की जाँच कर लें

लैंड यूज का मतलब हुआ कि जिस जमीन पर बिल्डिंग बनी है, वह किस तरह के उपयोग के लिए है—रेजीडेंसियल या कॉमर्शियल। स्थानीय विकास प्राधिकरण इस तरह के संस्तुति-पत्र (एप्रूवल) जारी करता है। प्रॉपर्टी के दस्तावेज की जाँच करके पता लगाएँ कि क्या उसे आवासीय निर्माण के लिए संस्तुति प्राप्त है, या फिर यदि कॉमर्शियल प्रॉपर्टी है, तो बिल्डर से उसका कॉमर्शियल एप्रूवल देखने के लिए माँगें। उसके बाद यह देखें कि बिल्डर स्वयं भूखंड का स्वामी है या फिर भू-स्वामी और डेवलपर के बीच एग्रीमेंट के तहत वह डेवलपर की हैसियत से प्रॉपर्टी का निर्माण और बिक्री का काम कर रहा है? ध्यान रखें कि इस तरह का एग्रीमेंट रजिस्टर्ड होना चाहिए। सामान्यतया बड़े-बड़े डेवलपर खरीददार को सारे दस्तावेज नहीं दिखाते हैं, वे खरीददार को बताते हैं कि उनके प्रोजेक्ट को फलाँ-फलाँ बैंकों से एप्रूवल प्राप्त है और बैंक के वकील व अधिकारी पहले ही सारे दस्तावेज देख चुके हैं। लेकिन यदि डेवलपर नया है और उतना प्रतिष्ठित नहीं है, तो उसके भूखंड के स्वामित्व से संबंधित दस्तावेज देखने के लिए जरूर माँगें। हर भूखंड का एक विशेष खसरा नंबर होता है। बिल्डर से खसरा नंबर जानकर पता लगाएँ कि भूखंड किसके नाम से पंजीकृत है? इसके लिए किसी वकील की सेवा ली जा सकती है। वह इस बात का पता लगाएगा कि भूखंड किसी झगड़े या विवाद में तो नहीं है।

संबंधित विभागों से प्राप्त सारे संस्तुति-पत्रों की जाँच कर लें

जब डेवलपर कोई प्रोजेक्ट शुरू करता है, तो उसे कई अलग-अलग विभागों से एप्रूवल लेना पड़ता है, जैसे—टाउन प्लानिंग एजेंसी। विकास प्राधिकरण से नक्शा संस्तुति-पत्र। साथ ही, बिल्डर से पूछें कि क्या उसे प्रोजेक्ट के लिए निम्न एप्रूवल प्राप्त हैं—बिल्डिंग प्लान, प्रदूषण, पानी, पर्यावरण और (यदि बिल्डिंग

किसी एयरपोर्ट की 25 किमी. की परिधि में स्थित है, तो) भारतीय विमान पत्तन प्राधिकरण से बिल्डिंग की ऊँचाई का क्लीयरेंस।

भूमि अधिग्रहण की प्रक्रिया पूरी हो चुकी है या नहीं?

डेवलपर प्रायः भूमि अधिग्रहण की प्रक्रिया पूरी होने से पहले ही अपार्टमेंटों की बिक्री शुरू कर देते हैं। वह अपनी जरूरत की 80 प्रतिशत जमीन तो खरीद सकता है, लेकिन किसी कारणवश यदि शेष 20 प्रतिशत जमीन विवाद में पड़ जाती है तो? और यदि आपका अपार्टमेंट उस 20 प्रतिशत में आ जाता है, तो आप समस्या में उलझ जाएँगे।

बिल्डर की भुगतान योजना के बारे में जानकारी प्राप्त करें

फ्लैट/मकान खरीदने में बिल्डर की भुगतान योजना की महत्त्वपूर्ण भूमिका होती है। एक और बात का ध्यान रखें कि यदि आप एक बार बुकिंग करने के बाद बीच में अपना प्लान शिफ्ट करते हैं, तो उस पर बिल्डर आपसे दंड/शुल्क लेगा। इसलिए पहले से अपनी जरूरत और पसंद के मुताबिक प्लान चुनकर रखें। ध्यान रहे कि पूरा भुगतान कर देने के बाद यदि प्रोजेक्ट विलंबित होता है या स्थगित कर दिया जाता है, तो आप पूरी तरह से बिल्डर के मोहताज हो जाते हैं।

पता करें कि क्या कोई एस्कलेशन क्लॉज भी है?

एक दिन मेरी ब्रांच का एक पुराना ग्राहक मेरे पास आया और कहने लगा कि उसे 2 लाख रुपए का अतिरिक्त लोन लेना है। हमारे बैंक से वह पहले 25 लाख रुपए का फ्लैट खरीदने के लिए 20 लाख रुपए का होम लोन ले चुका था। जब मैंने उससे अतिरिक्त लोन की जरूरत का कारण पूछा, तो उसने बताया कि सेल एग्रीमेंट के समय विला के साइज की माप में गलती हो गई थी, अब सही माप ज्यादा होने के कारण बिल्डर ने विला की बिक्री कीमत 25 लाख रुपए से बढ़ाकर 28 लाख रुपए कर दी है। उसने मुझसे यह भी पूछा कि क्या उसे कंज्यूमर फोरम में शिकायत करनी चाहिए? मैंने सेल एग्रीमेंट को ध्यान से पढ़ा तो पता चला कि बिल्डर ने उसमें कॉस्ट एस्कुलेशन क्लॉज जोड़ रखी है। मैंने उसे बताया कि उसे अतिरिक्त कीमत चुकानी पड़ेगी। कुछ बिल्डर सेल एग्रीमेंट में अलग से एक कॉस्ट एस्कुलेशन क्लॉज जोड़ देते हैं, जिसमें लिखा होता है कि यदि निर्माण सामग्री और अन्य संसाधनों की लागत बढ़कर आती है या फ्लैट/विला का क्षेत्रफल ज्यादा

निकलता है, तो उसे फ्लैट/विला की बिक्री कीमत बढ़ाने का अधिकार है। बिल्डर का ट्रैक रिकॉर्ड देखें और पता लगाएँ कि क्या इससे पहले उसने किसी प्रोजेक्ट में कॉस्ट एस्कलेशन क्लॉज जोड़ी थी? क्या वास्तव में कीमत बढ़ाने का उसके पास पर्याप्त कारण है? और अगर विला या फ्लैट का क्षेत्रफल ज्यादा निकल रहा है, तो किस दर से कीमत में बढ़ोतरी होगी? नहीं तो ऐसे बिल्डर की तलाश करें, जो सेल एग्रीमेंट में कोई एस्कलेशन क्लॉज नहीं जोड़ता है।

प्रोजेक्ट के पूर्ण होने की तिथि का पता लगाएँ

प्रायः सभी प्रतिष्ठित बिल्डर फ्लैट का कब्जा देने के समय का उल्लेख करते हैं। इसमें सामान्यतया वर्ष और महीने का उल्लेख होता है, जैसे—मार्च 2016। कुछ डेवलपर इस प्रकार उल्लेख करते हैं कि प्रोजेक्ट निर्माण कार्य शुरू होने के बाद से इतने समय के अंदर (जैसे 30-36 महीने) पूरा हो जाएगा (बिल्डिंग में जिन खंडों का नक्शा एप्रूव हो चुका है, उनपर पहले कब्जा मिल सकता है) वे प्रोजेक्ट पूरा होने के बाद भी लगभग 6 माह के समय का उल्लेख कर देते हैं। कई बार कुछ ऐसे कारणों से प्रोजेक्ट पूरा होने में विलंब हो जाता है, जो बिल्डर के नियंत्रण में नहीं होते, जैसे—मजदूरों की हड़ताल, या बिल्डिंग मटीरियल की अनुपलब्धता। बिल्डर को प्रोजेक्ट पूरा होने की तिथि का उल्लेख करने के लिए जरूर कहें। उससे यह भी तय कर लें कि यदि किसी कारण से प्रोजेक्ट विलंबित होता है, तो वह आपको कितना दंड-शुल्क अदा करेगा। पता लगाएँ कि क्या उसके पहले के प्रोजेक्ट निर्धारित समय पर पूरे हो गए थे; यदि नहीं, तो उसने ग्राहकों को प्रोजेक्ट में विलंब के लिए कोई दंड-शुल्क अदा किया या नहीं।

क्या कोई पेनल्टी क्लॉज भी है?

प्रोजेक्ट में विलंब होना एक आम बात है। कम ही प्रोजेक्ट निर्धारित समय-सीमा में पूरे हो पाते हैं। कुछ बिल्डर प्रोजेक्ट पूरा होने या कब्जे में विलंब के लिए दंड-शुल्क अदा करने की बात भी करते हैं। लेकिन उससे कुछ नहीं होता; क्योंकि यह शुल्क उस राशि के सामने कुछ नहीं होता, जो आप मासिक किस्त के रूप में चुका रहे हैं। आप जो मासिक किस्त अदा कर रहे हैं, वह प्रॉपर्टी की कुल कीमत पर आधारित होती है, जबकि विलंब के कारण मिलने वाली क्षतिपूर्ति प्रॉपर्टी की मूल कीमत के आधार पर होती है; उसमें पार्किंग, क्लब मेंबरशिप आदि पर लगनेवाला शुल्क शामिल नहीं होता है। कुछ बिल्डर क्षतिपूर्ति के रूप में आपकी

प्रस्तावित मासिक आय के बराबर राशि अदा करते हैं। कुछ बिल्डर सेल एग्रीमेंट में अलग से एक क्लॉज जोड़ देते हैं, जिसमें उल्लेख होता है कि किसी कारणवश प्रोजेक्ट विलंबित होने की स्थिति में खरीददार किसी प्रकार के अतिरिक्त शुल्क या क्षतिपूर्ति का दावा नहीं कर सकता। कुछ अन्य बिल्डर क्षतिपूर्ति की एक सीमा निर्धारित कर देते हैं। लेकिन ज्यादातर बिल्डर सेल एग्रीमेंट में एक धारा रखते हैं, जिसमें उल्लेख होता है कि यदि ऐसे कारणों से प्रोजेक्ट में विलंब होता है, जो बिल्डर के नियंत्रण क्षेत्र में नहीं हो, तो बिल्डर उसके लिए उत्तरदायी नहीं होगा।

ऐसे भी मामले देखे गए हैं, जिनमें इस तरह की क्षतिपूर्ति के लिए जारी किए गए चेक बाउंस हो जाते हैं। बिल्डर से क्षतिपूर्ति लेना कोई आसान काम नहीं है। इसलिए पहले से सावधानी बरतना ही बेहतर होता है।

फ्लैट/विला का साइज क्या होगा?

बिल्डर फ्लैट का साइज वर्ग फीट क्षेत्र के रूप में दरशाते हैं। इसमें खरीददार द्वारा उपयोग में लाया जा सकनेवाला कुल क्षेत्रफल आता है, जैसे—अलग-अलग फ्लोर, बालकनी, लॉबी, सीढ़ी, शहतीर, लिफ्ट, दीवारें और अन्य सर्कुलेशन क्षेत्र तथा आम सुविधाओंवाला क्षेत्र, जैसे—बेसमेंट, सब-स्टेशन, सिक्योरिटी रूम, कूड़ा डालने का स्थान और झरोखों का स्थान। अत: खरीददार को पहले स्पष्ट कर लेना चाहिए कि उसे फ्लैट के बिल्ट-अप एरिया के रूप में कितना स्थान मिलेगा, क्योंकि प्रॉपर्टी की कुल कीमत की गणना यदि प्रति वर्ग फीट के हिसाब से की जाए, तो थोड़ी-से-थोड़ी जगह भी काफी कीमत की बैठती है।

क्या आपको वही फ्लैट मिलेगा, जो दिखाया गया है?

जब आप किसी निर्माणाधीन प्रोजेक्ट में फ्लैट देखने के लिए जाते हैं, तो कंपनी का सेल्स-पर्सन आपको एक सैंपल फ्लैट दिखाता है। दरअसल, सैंपल फ्लैट ग्राहकों को आकर्षित करने के लिए होता है; कुशल डिजाइनरों द्वारा उसकी आंतरिक साज-सज्जा कुछ इस तरह डिजाइन की जाती है कि वह देखने में वास्तविक साइज से बड़ा दिखाई देता है, जिसमें फर्नीचर आदि उपयोग के सामान रखने के बाद भी अच्छी-खासी जगह बचती दिखाई देती है। सच यह है कि ऐसे सैंपल फ्लैटों में रखे गए फर्नीचर आदि सामानों का साइज बाजार में उपलब्ध साइज से काफी छोटा होता है। जब बिल्डिंग बनकर कब्जे के लिए तैयार हो जाती है, तो सैंपल फ्लैटों को तोड़ दिया जाता है। इसके अलावा फ्लैट की स्थिति की बात भी आती है। सैंपल

फ्लैट बिल्कुल अलग खड़ा रहता है, जिसमें बालकनी और खिड़की से देखने पर सबकुछ बहुत अच्छा दिखाई देता है। लेकिन वही फ्लैट जब कई फ्लैटों के झुरमुट में हो, तो ऐसा नहीं होता है। कुछ बिल्डर सेल एग्रीमेंट में पहले से ही एक धारा जोड़े रहते हैं कि फ्लैट या अपार्टमेंट का ले-आउट प्लान बदला जा सकता है। इस प्रकार, फ्लैट बनकर तैयार होने के बाद सैंपल फ्लैट (जो आपको बुकिंग के समय दिखाया गया था) से बिल्कुल अलग हो सकता है। फ्लैट के साइज, ले-आउट और डिजाइन का सही-सही अंदाजा लगाने के लिए खरीददार को अपार्टमेंट के आर्किटेक्चरल डिजाइन के साथ-साथ प्रोजेक्ट का ले-आउट नक्शा देखना चाहिए, जो स्थानीय नगर निगम या विकास प्राधिकरण द्वारा एप्रूव्ड होता है। इससे उसे फ्लैट के कॉरपेट एरिया की ठीक-ठीक जानकारी मिल सकेगी। चूँकि बिल्डर ने पहले से ही सेल एग्रीमेंट में एक धारा जोड़ रखी है कि प्रोजेक्ट का ले-आउट प्लान बदला जा सकता है, इसलिए आप उसे उपभोक्ता अदालत में भी नहीं ले जा सकते।

कुछ मामलों में ऐसा भी होता है कि बिल्डर बुकिंग के समय आपको ऐसी बिल्डिंग और ले-आउट प्लान दिखाता है, जिसमें गार्डन, स्विमिंग पूल, क्लब हाउस वगैरह आपके अपार्टमेंट के सामने होते हैं, लेकिन निर्माण कार्य के दौरान आप देखते हैं कि आपके बुक किए गए फ्लैट के सामने दूसरे खंड की बिल्डिंग की नींव आ रही है। इसका मतलब हुआ कि बिल्डर ने अपना ले-आउट प्लान बीच में बदल दिया। मित्रो, बिल्डर एप्रूव्ड नक्शे के अनुसार ही बिल्डिंग तैयार करता है। बुकिंग के दौरान सेल्स-पर्सन, जो नक्शा या ले-आउट प्लान दिखाता है, वह एप्रूव्ड नक्शे से भिन्न होता है, ताकि ग्राहक को आकर्षित किया जा सके। ध्यान रहे कि फ्लैट का एरिया बढ़ाया नहीं जा सकता।

क्या बुक किए गए फ्लैट/मकान को बीच में बेचा जा सकता है?

बहुत से लोग निवेश के उद्देश्य से फ्लैट खरीदते हैं। आप भी उनमें से एक हो सकते हैं। ऐसी स्थिति में प्रोजेक्ट पूरा होने से पहले यदि आपको अच्छा मुनाफा दिखाई देता है, तो आप फ्लैट को बीच में ही बेच देना ज्यादा पसंद करेंगे, या कभी-कभी किसी निजी कारण से भी आप फ्लैट को बीच में ही बेच देना चाहते हैं। इसलिए मित्रो, एग्रीमेंट साइन करने से पहले यह स्पष्ट कर लें कि क्या फ्लैट/मकान को बीच में बेचा जा सकता है? अगर बिल्डर की अपनी इन्वेंटरी है, तो वह फ्लैट को कैंसल नहीं करना चाहेगा। सामान्यतया बिल्डर इसके लिए एग्रीमेंट में यह धारा अलग से रखते हैं, जो प्रॉपर्टी के हस्तांतरण से संबंधित होती

है; उसमें उल्लेख होता है कि यदि खरीददार बीच में प्रॉपर्टी का हस्तांतरण करना चाहता है, तो उसे प्रतिवर्ग फीट के हिसाब से कुछ अतिरिक्त (25 रुपए प्रति वर्ग फीट) शुल्क अदा करना होगा। ऐसा वे इसलिए करते हैं, ताकि लोग किसी द्वितीयक माध्यम से फ्लैट/प्रॉपर्टी न खरीदें। पता करें कि ऐसी स्थिति आने पर आपको कितना हस्तांतरण शुल्क अदा करना होगा?

क्या फ्लैट कैंसल करने पर आपको अपना पैसा वापस मिल जाएगा?

बिल्डर के हाथ में पैसा दे देने के बाद उसे वापस लेना कोई आसान काम नहीं होता है। इसलिए फ्लैट बुक कराने से पहले ही सावधानी बरतें। फ्लैट कैंसल करने का शुल्क अलग-अलग डेवलपर अलग-अलग हिसाब से वसूल करते हैं। कुछ प्रतिष्ठित डेवलपर, जैसे—आशियाना, एक माह के अंदर फ्लैट कैंसल होने की स्थिति में खरीददार को पूरी जमा राशि लौटा देते हैं। लेकिन इस तरह का कोई निश्चित नियम या मानदंड नहीं है, जिसका सभी बिल्डर/डेवलपर पालन करें। कुछ बिल्डर एक माह के अंदर फ्लैट कैंसल करने पर खरीददार की जमा राशि में से कुछ नहीं काटते, कुछ बिल्डर बुकिंग राशि में से 10% काटकर शेष राशि वापस लौटाते हैं, जबकि कुछ अन्य बिल्डर वही राशि फ्लैट की खरीद कीमत पर अंकित कर देते हैं; साथ ही, कुछ छोटे डेवलपर ऐसे भी हैं, जो सारी-की-सारी बुकिंग राशि ही जब्त कर लेते हैं।

अत: चेक देने से पहले अच्छी तरह सोच-समझ लें। बुकिंग राशि का नकद भुगतान करने से बचें। अपने पास चेकबुक रखें और जब फ्लैट का सौदा पक्का हो जाए, तो डेवलपर के नाम चेक काटकर दे दें। उसकी रसीद लेना न भूलें।

अन्य (अतिरिक्त) शुल्क क्या-क्या हैं?

अतिरिक्त शुल्क में पार्किंग (खुली या बंद) शुल्क शामिल होता है। बंद पार्किंग का शुल्क खुली पार्किंग की अपेक्षा ज्यादा होता है। अगर आप गार्डन या स्विमिंग पूल के सामनेवाला फ्लैट बुक कराते हैं, तो उसके लिए प्रतिवर्ग फीट कुछ अतिरिक्त राशि चुकानी पड़ेगी। इसे 'प्रेफरेंशियल लोकेशन चार्जेज' (पी.एल. सी.) कहा जाता है। साथ ही, डेवलपर बाह्य और आंतरिक विकास शुल्क भी वसूल करता है। उसकी दर पता करें और पता लगाएँ कि क्या उसमें बदलाव भी हो सकता है? इस प्रकार सभी प्रकार के शुल्कों का विवरण ले लें और मोलभाव के बाद फ्लैट तभी बुक करें, जब आपको लगे कि आपके बजट में आ जाएगा।

यदि आप समय पर भुगतान नहीं कर पाते तो क्या होगा?

सामान्यतया बिल्डर किस्त की अदायगी के लिए अलग से कुछ मोहलत देते हैं। लेकिन पहले से स्पष्ट कर लें कि यदि आपकी किस्त किसी कारणवश रुक जाती है, तो बिल्डर की ओर से कितने समय की मोहलत मिलेगी और उस पर क्या ब्याज देय होगा? सामान्यतया इसके लिए बिल्डर 18% वार्षिक ब्याज वसूल करते हैं। क्या आपका एलॉटमेंट कैंसल हो सकता है? बुकिंग राशि के जब्त किए जाने से संबंधित धारा क्या कहती है? आपको कितनी राशि वापस मिलेगी? याद रखें कि किस्त के भुगतान में विलंब की स्थिति में आपसे निर्धारित जुरमाना या दंड-शुल्क वसूला जा सकता है।

प्रॉपर्टी गिरवी तो नहीं है?

बिल्डर से पता करें कि प्रोजेक्ट पर कोई लोन तो नहीं है। यदि ऐसा कोई लोन चल रहा है, तो संबंधित बैंक से अनापत्ति प्रमाण-पत्र जरूर लें। बैंक बिल्डर के नाम से एक डिमांड ड्राफ्ट भी जारी करते हैं, जिसमें बिल्डर का एस्क्रो एकाउंट नंबर होता है (यह बैंक का एक ऐसा एकाउंट होता है, जिसमें किसी प्रोजेक्ट विशेष की बिक्री से जुड़ी राशि जमा करानी होती है।) जब तक ऐसा नहीं होगा, तब तक आप प्रॉपर्टी का रजिस्ट्रेशन अपने नाम नहीं करा सकते।

कीमत बस बढ़ने ही वाली है!!!

गलाकाट प्रतिस्पर्धा के इस युग में हर बिल्डर अपनी प्रॉपर्टी की सेल बढ़ाना चाहता है। इसके लिए वह इस तरह की तरकीब निकालता है। प्रॉपर्टी देखने के बाद जब आप बिल्डर से थोड़ा सोचने या परिवार के अन्य सदस्यों को दिखाने की बात करते हैं, तो उसका जवाब कुछ इस तरह का हो सकता है कि प्रोजेक्ट लगभग-लगभग बिक चुका है, इसलिए जल्दी ही इसकी कीमतें बढ़नेवाली हैं।

तो मित्रो, रियल एस्टेट का बाजार मूल रूप से खरीददार का बाजार है। सच यह है कि प्रॉपर्टी के लिए खरीददार जितना जरूरतमंद है, उससे कहीं ज्यादा जरूरतमंद बिल्डर है। डीमोनेटाइजेशन का प्रभाव एवं फ्लैटों की ज्यादा उपलब्धता के कारण स्थिति और बिगड़ गई है। साथ ही, बैंकों की ओर से बिल्डरों को मिलनेवाली वित्तीय सहायता की शर्तें कड़ी कर दी गई हैं। इसलिए बिल्डरों को भी पैसों की जरूरत होती है। इस प्रकार यदि बिल्डर को लगता है कि आप फ्लैट खरीदने के इच्छुक हैं, तो वह कीमत में मोलभाव और छूट के लिए तैयार हो जाएगा।

यदि आपकी अभी मकान खरीदने की तैयारी नहीं है, तो नकली खरीददार बनकर आप अपने सपनों के घर के लिए राशि बचा सकते हैं। अगर आप मासिक किस्त के बराबर की राशि नियमित रूप से सुरक्षित जोड़कर रखते जाएँ, तो मकान खरीदने के समय तक आप डाउन पेमेंट के लिए अच्छी-खासी धनराशि जोड़ सकते हैं।

उपहारों या मुफ्त की चीजों के लालच में न आएँ

आजकल बिल्डर अपनी प्रॉपर्टी की बिक्री बढ़ाने के लिए कीमत में छूट और अन्य तरह-तरह के विशेष ऑफर दे रहे हैं। अलग-अलग डेवलपर अलग-अलग तरह के ऑफर दे रहे हैं। कोई मुफ्त विदेश-यात्रा का ऑफर दे रहा है, तो कोई लक्जरी किचन और बेडरूम में ए.सी. या मुफ्त पार्किंग का ऑफर दे रहा है। इसी तरह कोई बिल्डर आपको 'प्रेफरेंशियल लोकेशन चार्ज' हटाने का ऑफर दे सकता है।

मित्रो, ध्यान रहे कि कोई भी बिल्डर आपको अपनी जेब से कुछ नहीं दे सकता है। इसलिए फ्लैट की स्थिति और गुणवत्ता को ही प्राथमिकता दें। फ्लैट का एरिया कितना है? अपार्टमेंट का प्रति वर्ग फीट रेट कितना पड़ रहा है? क्या यह दर बाजार में चल रहे सामान्य रेट के बराबर है? डेवलपर द्वारा दिए जा रहे ऑफर की मौद्रिक कीमत निकालें और उसे फ्लैट की मूल कीमत में से घटा दें, फिर अन्य ऑफर से उसकी तुलना करके देखें। इस तरह की स्कीम चुनने से पहले डेवलपर/बिल्डर की आर्थिक सक्षमता को जरूर ध्यान में रखें। खरीददार को लुभावने ऑफर की बजाय प्रॉपर्टी की वास्तविक कीमत के आधार पर उसे खरीदने या न खरीदने का निर्णय लेना चाहिए।

❑

प्री-लॉञ्च बुकिंग

प्री-लॉञ्चिंग क्या है?

प्री-लॉञ्चिंग वह स्थिति होती है, जब बिल्डर किसी नए स्थान पर प्रोजेक्ट लॉञ्च, यानी शुरू करने की घोषणा करता है। इस स्थिति में न तो उसके पास कोई एप्रूव्ड नक्शा होता है और न ही संबंधित विभाग/प्राधिकरण से कोई अनुमति प्राप्त होती है। डेवलपर ऐसे प्रोजेक्ट के बारे में सिर्फ अपने कुछ पुराने ग्राहकों, दलालों, निवेशकों और इष्ट-मित्रों या रिश्तेदारों को ही बताकर चलता है, क्योंकि प्रोजेक्ट तब तक आधिकारिक रूप से बाजार में नहीं आया होता है। इसके लिए बिल्डर अपने संभावित खरीददार से आगे की तिथि का एक चेक जमा कराता है और उसकी रसीद देता है, लेकिन इस संबंध में वह कोई लिखित एग्रीमेंट नहीं करता है। यह एक तरह से मौखिक एग्रीमेंट होता है। इसमें प्रोजेक्ट में प्रॉपर्टी की उपलब्धता की बात एक व्यक्ति दूसरे व्यक्ति को बताता है, दूसरा व्यक्ति तीसरे को बताता है और इस प्रकार संभावित खरीददारों की संख्या बढ़ती जाती है। ऐसी स्थिति में प्रॉपर्टी खरीदने के लिए प्रायः ऐसे लोग ही आते हैं, जो या तो एक-दो साल रुककर प्रॉपर्टी की बिक्री से मुनाफा कमाना चाहते हैं या फिर ऐसे लोग आते हैं, जो प्रॉपर्टी खरीदकर डाल देते हैं और रहने के लिए दो से तीन साल का इंतजार कर सकते हैं। इस स्थिति में प्रोजेक्ट के स्थान पर बिल्डर की ओर से एक बोर्ड लगा देखा जा सकता है, 'अ ब स कंपनी लि. का क ख ग प्रोजेक्ट जल्द ही (बाजार में) आ रहा है।' इसमें खरीददार प्रॉपर्टी बुक कराने के लिए सीधे बिल्डर या रियल एस्टेट कंपनी से संपर्क करता है।

प्री-लॉञ्चिंग की रणनीति अपनाकर बिल्डर संबंधित इलाके में लोगों की प्रतिक्रिया जानकर प्रोजेक्ट की सफलता या असफलता का अंदाजा लगाता है। अगर उसे लगता है कि प्रोजेक्ट कामयाब हो सकता है, तो वह उसे आगे बढ़ाता

है, नहीं तो उसे कुछ समय के लिए या पूरी तरह से टाल देता है। ऐसे प्रोजेक्ट में उसे बाजार से ब्याज-मुक्त पूँजी भी मिल जाती है, जिसका उपयोग वह प्रोजेक्ट लोन लेने के लिए मार्जिन मनी के रूप में कर सकता है।

क्या ऐसा करना तकनीकी तौर पर उपयुक्त है?

नहीं! तकनीकी दृष्टि से ऐसा करना गलत है, क्योंकि बिल्डर किसी प्रोजेक्ट में बुकिंग तभी स्वीकार कर सकता है, जब उसे संबंधित विभाग/प्राधिकरण से एप्रूवल/परमीशन प्राप्त हो।

खरीददार को फायदे—(1) प्री-लॉञ्चिंग स्थिति में खरीददार को प्रॉपर्टी की कीमत 5-10 प्रतिशत कम चुकानी पड़ती है।

(2) प्री-लॉञ्चिंग स्टेज में चूँकि खरीददार बिल्डर से सीधे संपर्क करता है। इसलिए वह दलाली से बच जाता है।

(3) यह उन निवेशकों के लिए बहुत अच्छा होता है, जो सिर्फ मुनाफा कमाने के लिए फ्लैट खरीदना चाहते हैं, क्योंकि ऐसे प्रोजेक्ट में प्रॉपर्टी की कीमत बढ़ने का अच्छा-खासा फायदा मिल जाता है।

खामियाँ—(1) ऐसा करना तकनीकी रूप से गलत होता है।

(2) इसमें फ्लैट नंबर या फ्लोर आदि की स्थिति का कुछ पता नहीं होता है।

(3) कभी-कभी निवेशकों की ओर से कम सकारात्मक प्रतिक्रिया मिलने के कारण बिल्डर के लिए संबंधित प्रोजेक्ट पर काम शुरू करना मुश्किल हो जाता है और इस बीच बुकिंग राशि को वह किसी दूसरे प्रोजेक्ट में लगा चुका होता है। ऐसे में बुकिंग राशि वापस करने में वह समय लगा सकता है; और अगर कोई ऐसा-वैसा बिल्डर है, तो आपके द्वारा जमा की गई बुकिंग राशि भी दाँव पर लग सकती है।

प्री-लॉञ्च प्रोजेक्ट में निवेश काफी जोखिम भरा कदम होता है। यह प्राय: ऐसे निवेशकों के लिए होता है, जिनके पास जोखिम लेने और हानि की स्थिति से उबरने की अच्छी सक्षमता होती है। रिहायशी उद्‌देश्य से प्रॉपर्टी में निवेश करनेवाले लोगों के लिए यह रास्ता बिल्कुल उपयुक्त नहीं है। हाँ, अगर बिल्डर की मार्केट में अच्छी प्रतिष्ठा है और उसका ट्रैक रिकॉर्ड बहुत अच्छा है, तब यह रास्ता अपनाने के बारे में सोचा जा सकता है। लेकिन चूँकि इस स्थिति में प्रोजेक्ट एप्रूव्ड नहीं होता है, इस कारण खरीददार को होम लोन की उम्मीद नहीं करनी चाहिए।

प्री-लॉञ्च बुकिंग से पहले क्या सावधानी बरती जानी चाहिए?

यह सच है कि प्री-लॉञ्च बुकिंग अपेक्षाकृत काफी सस्ती पड़ती है, लेकिन इसमें जोखिम भी उतना ही होता है। इसलिए प्री-लॉञ्च बुकिंग में निवेश करने से पहले निम्न बिंदुओं को ध्यान में रखें—

1. हमेशा जाने-माने प्रतिष्ठित बिल्डर को ही चुनें।
2. यह पता लगाएँ कि जिस जमीन पर प्रोजेक्ट शुरू होनेवाला है, वह बिल्डर के स्वामित्व में है या नहीं।
3. भुगतान हमेशा डिमांड ड्राफ्ट या बाद के तिथि के चेक के जरिए करें, ताकि किसी विवाद की स्थिति में आप कानूनी सहायता ले सकें।
4. उस क्षेत्र के बारे में जानकारी प्राप्त करें, जहाँ प्रोजेक्ट शुरू होनेवाला है। क्या वहाँ के रियल एस्टेट बाजार में सरगर्मी है, या फिर कोई सरकारी प्रोजेक्ट चल रहा है या नहीं?
5. यह भी देखें कि प्रोजेक्ट की जमीन किसी एयरपोर्ट या सैन्य-क्षेत्र की परिधि में तो नहीं आती।
6. क्या सभी संबंधित एप्रूवल व प्रमाण-पत्र आदि तैयार हैं?
7. बिल्डर की मार्केट में छवि कैसी है? क्या वह समय पर प्रोजेक्ट पूरा करके देता है? क्या वह सारी कानूनी औपचारिकताएँ पूरी करता है?
8. प्रोजेक्ट को शुरू करने का प्रमाण-पत्र बिल्डर के पास है या नहीं?

इस प्रकार प्री-लॉञ्च बुकिंग में निवेश करने से पहले उपरोक्त बिंदुओं पर गंभीरतापूर्वक अमल करें।

नोट : रेरा में प्री लांच बुकिंग प्रतिबंधित है।

□

प्रॉपर्टी खरीदने के लिए डेवलपर द्वारा ऑफर किए जाने वाले प्लान

रियल एस्टेट मार्केट में प्रतिस्पर्धा दिन-प्रतिदिन बढ़ती जा रही है और मार्केट में बने रहने के लिए डेवलपर अपने ग्राहकों को तरह-तरह के आकर्षक प्लान ऑफर कर रहे हैं।

ऐसे किसी प्लान को चुनने से पहले इनके बारे में कुछ महत्त्वपूर्ण बातों की जानकारी होना जरूरी है

डाउन पेमेंट प्लान

इस प्लान के अंतर्गत खरीददार को फ्लैट/मकान की बुकिंग के समय एग्रीमेंट में प्रदर्शित पूरी धनराशि का भुगतान करना होता है। इसमें सामान्यतया फ्लैट/मकान की कीमत में से 10 प्रतिशत राशि का भुगतान बुकिंग के समय करना होता है; 80-85 प्रतिशत राशि का भुगतान बुकिंग की तिथि से एक माह के अंदर करना होता है और शेष 5-10 प्रतिशत राशि का भुगतान कब्जे के समय करना होता है।

इसमें इंसेटिव के रूप में डेवलपर जब तक प्रोजेक्ट निर्माणाधीन रहता है, तब तक बैंक लोन पर ब्याज का भुगतान करता है या फिर खरीददार को 10-15 प्रतिशत का डिस्काउंट देता है। यह बहुत जोखिमवाला प्लान होता है, क्योंकि खरीददार का पैसा पूरी तरह से डेवलपर की दया पर रहता है। प्रोजेक्ट में विलंब की स्थिति में खरीददार का पैसा फँस सकता है। इस तरह का प्लान तभी चुनना चाहिए, जब डेवलपर बहुत अच्छी छविवाला हो और आप अपना स्वयं का पैसा लगा रहे हों, (इस स्कीम में बैंक लोन संभव नहीं है)। 1 सितंबर, 2013 से रिजर्व बैंक ऑफ इंडिया ने बैंकों के लिए इस तरह के पेमेंट प्लान में होम लोन देना प्रतिबंधित कर दिया है। रिजर्व बैंक ने बैंकों को निर्देश दिए हैं कि वे बिल्डरों को स्वीकृत लोन

की राशि का भुगतान सीधे न करके प्रोजेक्ट के निर्माण के चरणों में करें, ताकि खरीददार और बैंकर दोनों अतिरिक्त जोखिम से बचे रहें।

सावधि प्लान (टाइम-लिंक्ड प्लान)

इस तरह के प्लान में खरीददार को बिल्डर/डेवलपर द्वारा जारी किए गए एलॉटमेंट लेटर में उल्लिखित समय पर भुगतान करना होता है। ऐसा प्लान प्रायः सरकारी संगठनों द्वारा ऑफर किया जाता है (जैसे—नेशनल बिल्डिंग कंस्ट्रक्शन कॉरपोरेशन लिमिटेड, हाउसिंग बोर्ड्स ऑफ स्टेट गवर्नमेंट्स)। इसमें ग्राहक को वाजिब कीमत पर अपार्टमेंट ऑफर किया जाता है और एलॉटमेंट लेटर में उल्लिखित तिथि को भुगतान कर देना होता है, और कोई विकल्प नहीं होता। चूँकि इस तरह के प्लान सरकारी संगठनों द्वारा ऑफर किए जाते हैं, इसलिए फ्लैट का कब्जा निर्धारित समय पर मिल जाता है।

फ्लेक्सी पेमेंट प्लान

इसमें खरीददार को 10% राशि (एग्रीमेंट में दरशाई गई राशि) का भुगतान फ्लैट/विला की बुकिंग के समय करना होता है। उसके बाद 30%-40% राशि का भुगतान बुकिंग की तिथि से एक माह के अंदर करना होता है और शेष राशि का भुगतान बिल्डिंग/प्रोजेक्ट के निर्माण-चरण के अनुसार करना होता है। इस तरह के प्लान में खरीददार को डेवलपर की ओर से 6-8 प्रतिशत तक डिस्काउंट मिलता है।

कंस्ट्रक्शन लिंक्ड प्लान (सी.एल.पी.)

इस तरह के प्लान में खरीददार को 10% राशि (एग्रीमेंट में दरशाई गई राशि) का भुगतान फ्लैट की बुकिंग के समय करना होता है। उसके बाद 10% राशि का भुगतान बुकिंग की तिथि से एक माह के भीतर करना होता है और शेष राशि का भुगतान प्रोजेक्ट निर्माण के चरणों के अनुसार करना होता है। बिल्डर सामान्यतया प्रति फ्लोर रूफ कास्टिंग पर 10% राशि की माँग करता है। इस प्लान में खरीददार को भुगतान के लिए 2 से 3 वर्ष का समय मिल जाता है।

फायदे

यह एक अच्छा प्लान है, क्योंकि खरीददार को भुगतान प्रोजेक्ट के विभिन्न चरणों के अनुसार किस्तों में करना होता है। निर्माण के दौरान उसे बैंक से मिले

लोन पर सिर्फ ब्याज की राशि चुकानी पड़ती है; इस प्रकार वह मार्जिन मनी के लिए पैसे बचा सकता है। इस प्लान में अपेक्षाकृत कम जोखिम होता है, क्योंकि सारा पैसा फँसने का डर नहीं रहता है।

खामियाँ

यह प्लान वैसे तो आकर्षक लगता है, लेकिन बिल्डर कई बार अपने फायदे के लिए इसका दुरुपयोग भी करने लग जाते हैं। प्रोजेक्ट का सुपर स्ट्रक्चर तैयार होने तक खरीददार या बैंक अपार्टमेंट की कीमत का 80 से 90 प्रतिशत भुगतान कर चुका होता है। दूसरे चरण में इंटीरियर और फिनिशिंग का काम (दरवाजे, खिड़कियाँ, मार्बल, फिटिंग वगैरह) रह जाता है, जिसमें सामान्यतया 6 माह से एक साल तक का समय लगना चाहिए।

परंतु इस चरण में पहुँचकर डेवलपर प्रोजेक्ट को लटकाना शुरू कर देता है और कई बार 2 से 4 साल तक खींच देता है। दरअसल, अपार्टमेंट की कीमत का अधिकांश भाग उसके पास आ चुका होता है, इसलिए वह खरीददारों का पैसा किसी दूसरे प्रोजेक्ट में लगा देता है और पुराना प्रोजेक्ट लटक जाता है। कुछ बिल्डरों की इस गंदी आदत के कारण खरीददार का पैसा फँस जाता है।

पजेशन लिंक्ड प्लान (पी.एल.पी.)

यह अब तक का सबसे नया पेमेंट प्लान है, जिससे फ्लैट/मकान का कब्जा मिलने में विलंब का डर कम रह जाता है। आजकल आर्थिक दृष्टि से सक्षम डेवलपर कंस्ट्रक्शन लिंक्ड प्लान (सी.एल.पी.) छोड़कर पजेशन लिंक्ड प्लान (पी.एल.पी.) की ओर जा रहे हैं। रियल एस्टेट के मार्केट में मौजूदा मंदी ने इस प्लान का रास्ता तैयार किया है। अब तक सबसे अच्छा प्लान कंस्ट्रक्शन लिंक्ड प्लान था, जिसमें खरीददार या बैंक प्रोजेक्ट के निर्माण के चरण के अनुसार डेवलपर को भुगतान देता है; इसकी खामियों के बारे में हम पहले चर्चा कर चुके हैं। इन खामियों से बचने के लिए पजेशन-लिंक्ड प्लान लाया गया।

फायदे

पजेशन लिंक्ड प्लान में भुगतान दो चरणों में करना होता है। 10-25 प्रतिशत राशि का भुगतान बुकिंग के समय/एक माह के अंदर करना होता है, जबकि शेष राशि का भुगतान तब करना होता है, जब खरीददार को प्रॉपर्टी का कब्जा मिल

जाता है। इस प्लान का सबसे बड़ा फायदा यह है कि इसमें प्रोजेक्ट के लटकने या विलंब होने का डर कम रह जाता है, क्योंकि कब्जे से पहले तक बिल्डर के पास सिर्फ 10-25 प्रतिशत राशि ही आई होती है; इसलिए वह जल्दी-से-जल्दी प्रोजेक्ट को पूरा करके और कब्जा देकर शेष राशि प्राप्त करना चाहता है।

इस प्लान में मौद्रिक फायदे भी हैं। कुल कीमत का मात्र 20-25 प्रतिशत जमा करके आप अपार्टमेंट की बुकिंग कर सकते हैं। उसके बाद प्रोजेक्ट के पूरा होने तक आपको 2-3 साल का समय मिल जाता है, जिसमें आप बाकी रकम का इंतजाम कर सकते हैं। इस प्रकार, इसमें आपको ज्यादा बड़ा लोन लेने की जरूरत नहीं पड़ती।

कंस्ट्रक्शन लिंक्ड प्लान में आपको बुकिंग के समय होम लोन लेना पड़ता है और जब तक बिल्डिंग का निर्माण कार्य चल रहा होता है, तब तक एक ओर आपको लोन की प्री-ई.एम.आई (कुल लोन राशि पर लगनेवाले ब्याज की राशि) चुकानी पड़ती है और दूसरी ओर मकान/फ्लैट (जिसमें आप रह रहे हैं) का किराया भी चुकाना पड़ता है। पजेशन लिंक्ड प्लान में आपकी प्री-ई.एम.आई. पूरी-की-पूरी बच जाती है।

वैसे तो पजेशन लिंक्ड प्लान (पी.एल.पी.) कंस्ट्रक्शन लिंक्ड प्लान (सी.एल. पी.) की खामियों से बचाता है, लेकिन इसका चुनाव करने से पहले कुछ महत्त्वपूर्ण बिंदुओं पर विचार कर लेना जरूरी होता है—

1. कीमत में अंतर

क्या पी.एल.पी. और सी.एल.पी. दोनों तरह के प्लान में फ्लैट/विला की कीमत एक जैसी है? यदि कीमत में अंतर है, तो समझ लीजिए कि डेवलपर ने पी.एल.पी. में वित्त-पोषण (फंडिंग) की लागत भी जोड़ रखी है। इसका मतलब हुआ कि वह आपसे ब्याज वसूल करेगा और ऑफर आपको दे देगा।

पी.एल.पी. स्कीम के अंतर्गत बिल्डर प्राय: स्टैंडर्ड रेट पर 10-15 प्रतिशत प्रीमियम रखकर चलते हैं, जिसमें ज्यादा मोल-भाव करना संभव नहीं होता।

2. बिल्डर की वित्तीय सक्षमता

पी.एल.पी. स्कीम में जोखिम का ज्यादा हिस्सा बिल्डर की तरफ आता है। अत: उसका वित्तीय दृष्टि से सक्षम होना जरूरी होता है।

3. प्रॉपर्टी/बिल्डर के बारे में पता लगा लें

प्रॉपर्टी से जुड़ी जरूरी बातों को नजरअंदाज न करें। पता लगाएँ कि प्रोजेक्ट के डेवलपमेंट से संबंधित सारे एप्रूवल मौजूद हैं या नहीं? प्रोजेक्ट को निर्धारित समय-सीमा में पूरा करने के मामले में डेवलपर का ट्रैक-रिकॉर्ड कैसा है? क्या प्रॉपर्टी की कीमत उसकी स्थिति के अनुसार ठीक है? अपार्टमेंट का कारपेट एरिया कितना होगा? यह भी सुनिश्चित कर लें कि डेवलपर प्रोजेक्ट की लागत कम करने के लिए प्रॉपर्टी में दी जानेवाली विभिन्न सुविधाओं की गुणवत्ता तो नहीं गिरा देता है? साथ ही, यह भी देख लें कि प्रोजेक्ट कम-से-कम दो सार्वजनिक क्षेत्र के बैंकों द्वारा एप्रूव्ड होना चाहिए।

क्या विशुद्ध पी.एल.पी. स्कीम में प्रॉपर्टी खरीदें?

जी हाँ! इसमें आपको सिर्फ दो बार भुगतान करना होता है, एक बुकिंग के समय और दूसरा, कब्जा मिलने के समय।

निष्कर्ष के रूप में कहा जा सकता है कि पी.एल.पी. स्कीम रियल एस्टेट इंडस्ट्री में चल रही मंदी का परिणाम है, जिसे डेवलपरों ने प्रॉपर्टी की बिक्री बढ़ाने के नए रास्ते के रूप में ईजाद किया है। इंडस्ट्री में तेजी शुरू हो जाने पर हो सकता है, ऐसा ऑफर दोबारा न मिले। इसलिए इसका भरपूर फायदा उठाएँ।

□

रेरा (रियल एस्टेट रेगुलेशन एक्ट) 2017

रियल एस्टेट सेक्टर में खरीदारों को लंबे समय से कई समस्याओं का सामना करना पड़ रहा है, जैसे प्रोजेक्ट का समय पूरा न हो पाना, निर्माण लागत में बढ़ोतरी, अपूर्ण परियोजनाएँ, प्लान में बदलाव, धोखेबाजी एवं नियामक का न होना।

इन सभी समस्याओं को ध्यान में रखते हुए भारत सरकार ने जम्मू एवं कश्मीर को छोड़कर संपूर्ण भारत में 1 मई, 2017 से रियल एस्टेट रेगुलेशन ऐक्ट (रेरा) लागू कर दिया है। इसके अंतर्गत सभी राज्यों में रियल एस्टेट रेगुलेटरी ऑथ्रोरिटी बनाई जाएगी। यह कानून आवासीय एवं वाणिज्यिक दोनों ही परियोजनाओं के नियंत्रण के लिए बना है।

इस कानून से जुड़ी मुख्य बातें—

1. हर बिल्डर को अपने प्रोजेक्ट की संपूर्ण जानकारी उसके राज्य में स्थित रियल एस्टेट नियामक प्राधिकरण की वेबसाइट पर देनी होगी।
2. इस बिल के पास होने के बाद हर 500 वर्गमीटर या इससे ज्यादा बड़े एरिया में बने प्रोजेक्ट या 8 फ्लैट या इससे ज्यादा संख्या वाले प्रोजेक्ट का रजिस्ट्रेशन करवाना अनिवार्य है।
3. कोई भी डेवलपर खरीदार से 10 प्रतिशत से ज्यादा बुकिंग राशि नहीं ले सकेगा। इससे ज्यादा राशि लेने पर उसे एक लिखित एग्रीमेंट करना पड़ेगा।
4. यूनिवर्सल बिल्डर बायर एग्रीमेंट का फॉर्मेट जारी होगा।
5. कोई भी बिल्डर प्रोजेक्ट की प्री-लॉञ्चिंग नहीं कर सकेगा।
6. बिल्डर को कारपेट एरिया के अनुसार बिक्री करनी होगी।
7. जमीन की टाइटल डीड का बीमा भी कराना होगा, ताकि टाइटल डीड

में कोई गड़बड़ी पाए जाने पर बिल्डर और खरीदार को नुकसान न हो।

8. बिल्डर जो पैसा किसी प्रोजेक्ट के लिए उपभोक्ता से लेते हैं, उस राशि का 70 प्रतिशत हिस्सा उन्हें अलग बैंक में रखना होगा। यह एक एस्क्रो खाता होगा। इसका इस्तेमाल सिर्फ उसी प्रोजेक्ट के निर्माण में किया जा सकेगा।

9. इस कानून के तहत बिल्डर खरीदार को पाँच साल की वारंटी देगा। इस दौरान किसी भी प्रकार का संरचनात्मक दोष या निर्माण की गुणवत्ता में दोष पाया जाता है तो उसको ठीक करने की जिम्मेदारी डेवलपर की होगी।

10. प्रोजेक्ट में बदलाव के लिए बिल्डर को 66 प्रतिशत, यानी दो-तिहाई खरीदारों की सहमति लेनी होगी।

11. बिल्डर यदि पूर्व घोषित वक्त में निर्माण कार्य पूरा नहीं करता है तो उसे उसी दर पर खरीदार को ब्याज का भुगतान करना होगा, जिस दर पर वह खरीदार से भुगतान पर किसी चूक पर ब्याज वसूलता है।

12. बिल्डर यदि खरीदार के साथ धोखा करता है तो उसे तीन साल तक की जेल हो सकती है या जुरमाना भरना पड़ सकता है।

13. इस कानून के तहत प्रॉपर्टी ब्रोकरों को भी रेरा में पंजीकरण कराना होगा।

इस तरह से इस कानून की मदद से खराब बिल्डर्स की मनमानी पर रोक लगेगी और यह कानून खरीदारों एवं डेवलपर्स दोनों के लिए फायदेमंद है। इसकी वजह से विक्रेताओं का बाजार में विश्वास बढ़ जाएगा, जिसका खरीदारों को लाभ होगा एवं उन्हें संरक्षण मिलेगा।

□

प्रॉपर्टी फाइनल करने से पहले
अपने फैमिली साइज को ध्यान में रखें

मित्रो, इस अध्याय के माध्यम से मैं आपको सिर्फ इतना बताना चाहता हूँ कि अगर आप रिहायश के उद्देश्य से प्रॉपर्टी खरीद रहे हों, तो अपने परिवार में मौजूद सदस्यों और निकट भविष्य में जुड़नेवाले सदस्यों की संख्या को ध्यान में जरूर रखें।

तीन साल पहले श्री विष्णु चौहान, जो स्वयं एक अग्रणी रियल एस्टेट कंपनी में कार्यरत हैं, एक निर्माणाधीन प्रोजेक्ट में 2 बी.एच.के. फ्लैट खरीदने के उद्देश्य से होम लोन लेने के लिए मेरे पास आए। उस समय वे अविवाहित थे। लोन स्वीकृत हो गया।

पिछले वर्ष वे फिर बैंक में आए और कहने लगे कि वे अपने 2 बी.एच.के. फ्लैट के बदले में एक 3 बी.एच.के. फ्लैट खरीदना चाहते हैं। ब्रांच मैनेजर को उन्होंने आगे बताया कि वे बड़े फ्लैट पर लगनेवाली अतिरिक्त कीमत चुकाने के लिए तैयार हैं और लोन की राशि बढ़ाना नहीं चाहते।

चूँकि विष्णु मेरे गहरे दोस्त हैं, तो मैंने उनसे इस बदलाव का कारण पूछा। तब उन्होंने बताया कि अब उनकी शादी हो गई है और उनके दो बच्चे भी हैं। माता-पिता भी कभी-कभार उनके पास रहने के लिए आ सकते हैं। इसलिए अब ज्यादा बड़े फ्लैट की जरूरत है। अब मित्रो, चूँकि अपार्टमेंट निर्माणाधीन था और विष्णु उसी कंपनी के कर्मचारी थे, इसलिए उन्हें 2 बी.एच.के. फ्लैट के बदले 3 बी.एच.के. फ्लैट मिल गया, लेकिन आप इस तरह की स्थिति से बचने की कोशिश करें।

किसी व्यक्ति के परिवार में अलग-अलग समय में सदस्यों की संख्या भी अलग-अलग हो सकती है। वर्ष 2005 तक श्री योगेश अविवाहित थे। उसके एक

वर्ष बाद 2006 में उनकी शादी हो गई। इस प्रकार, उनका परिवार दो सदस्यों का था। वर्ष 2007 में उनके यहाँ एक बच्चे का जन्म हुआ। अब परिवार की सदस्य संख्या बढ़कर तीन हो गई। उसके बाद वर्ष 2010 में एक और बच्चा परिवार के चौथे सदस्य के रूप में आया। इस प्रकार चार साल के समयांतराल में ही परिवार का साइज दो से बढ़कर चार हो गया। इससे एक बात स्पष्ट हो गई कि परिवार के मुखिया की उम्र बढ़ने के साथ-साथ परिवार में सदस्यों की संख्या भी बढ़ सकती है।

अगर आप नवविवाहित दंपती हैं और आय का स्रोत है, तो किसी बहुमंजिली इमारत में स्टूडियो फ्लैट या 1 बी.एच.के. फ्लैट खरीदने के बारे में सोच सकते हैं। मित्रो, हमेशा अपनी भावी जरूरत को ध्यान में रखें, क्योंकि कुछ ही वर्षों में आपके पास दो या तीन बड़े-बड़े बच्चे भी हो सकते हैं। और 12–15 साल बाद बच्चे अलग स्टडी रूम की माँग कर सकते हैं। इसलिए पहले से अपनी भावी जरूरत को ध्यान में रखकर चलें। अगर आपने 1 बी.एच.के. फ्लैट खरीद लिया, तो आगे चलकर जब कभी परिवार के सारे सदस्य (आपके बूढ़े माता-पिता और बच्चे) एक साथ रहने के लिए आएँगे, तो आपके लिए दिक्कत हो सकती है।

इसलिए अगर आज आप अपने सपनों का घर फाइनल करने जा रहे हैं, तो अपने परिवार का साइज जरूर देख लें। निकट भविष्य में आप परिवार में कितने बच्चे चाहते हैं? माता-पिता और अन्य आश्रित सदस्यों (अविवाहित भाई या बहन आदि) की संख्या कितनी है? ये सब बातें ध्यान में रखकर जब आप अपने सपनों का घर खरीदेंगे, तो परिवार के हर सदस्य के लिए उपयुक्त स्थान मिलेगा। अत: जब कभी अपने परिवार के लिए कम या ज्यादा बजट का, छोटा या बड़ा, सस्ता या महँगा घर/फ्लैट/विला/फार्महाउस खरीदने की योजना बनाएँ, तो अपने बच्चों और परिवार के अन्य सदस्यों की जरूरत का ध्यान जरूर रखें, ताकि सपनों का घर परिवार के हर सदस्य के लिए खुशियों की सौगात लेकर आए।

रियल एस्टेट पर लगनेवाले विभिन्न कर

वस्तु एवं सेवा कर (जी.एस.टी.)

वर्ष 2010-11 के बजट में 1 जुलाई, 2010 से सभी निर्माणाधीन प्रॉपर्टी पर सेवा कर लगा दिया गया था जो अब जी.एस.टी. में परिवर्तित हो गया है। इसके अंतर्गत डेवलपर या बिल्डर को निर्माणाधीन प्रॉपर्टी बेचने पर जी.एस.टी. चुकाना पड़ता है। सामान्यतया बिल्डर इस कर का बोझ खरीददार पर डाल देता है।

अब यद्यपि जी.एस.टी. चुकाना अनिवार्य होता है, लेकिन कुछ परिस्थितियों में इससे बचा जा सकता है—

(अ) अगर बिल्डर ने संबंधित प्राधिकरण से प्रोजेक्ट के पूर्ण होने का प्रमाण-पत्र ले लिया हो,

(ब) अगर आप एक इकाई रिहायशी मकान बना रहे हैं,

(स) किफायती हाउसिंग स्कीम।

नए नियमों के अनुसार, जी.एस.टी. प्रॉपर्टी के कुल मूल्य/खरीद मूल्य पर 12 प्रतिशत की दर से वसूल किया जाएगा। सेवा कर पहले 4.5 प्रतिशत था, इस प्रकार जी.एस.टी. आने से निर्माणाधीन प्रॉपर्टी के रेट 7.5 प्रतिशत तक बढ़ गए।

प्रॉपर्टी पर टी.डी.एस. की कटौती

वित्त विधेयक 2013 में धारा 194-1 (ए) जोड़ी गई है, जो प्रॉपर्टी हस्तांतरण पर टैक्स डिडक्शन (टी.डी.एस.) से संबंधित है।

वित्त विधेयक 2013 के अनुसार, 50 लाख रुपए से अधिक मूल्य की किसी भी प्रॉपर्टी के हस्तांतरण पर किए जानेवाले कुल भुगतान पर 1 प्रतिशत टी.डी.एस. देय है। कर का भुगतान किसी राष्ट्रीयकृत बैंक की शाखा में एन.एस.डी.एल. के माध्यम से ई-टैक्स पेमेंट ऑप्शन का प्रयोग करते हुए किया जाएगा।

- प्रॉपर्टी पर टी.डी.एस. काटनेवाले व्यक्ति के पास पैन नंबर होना अनिवार्य नहीं है।
- यह प्रावधान 1 जून, 2013 से प्रभावी माना जाएगा।
- ग्रामीण कृषि योग्य जमीन टी.डी.एस. की कटौती से मुक्त होगी।

प्रॉपर्टी पर टी.डी.एस. कब लगता है?

अचल संपत्ति की खरीद-फरोख्त में होनेवाले लेन-देन को प्रायः या तो कम करके दिखाया जाता है, या फिर अचल संपत्ति पूरी-पूरी नहीं दिखाई जाती है। अतः इस प्रकार के लेन-देन की सही-सही रिपोर्टिंग के लिए वित्त मंत्री ने धारा 194-1 (ए) जोड़ी थी, जिसके अनुसार 50 लाख रुपए से अधिक मूल्य की प्रॉपर्टी के हस्तांतरण पर 1 प्रतिशत टी.डी.एस. कटेगा; इसकी गणना 1 जून, 2013 से की जाएगी।

प्रॉपर्टी हस्तांतरण में टी.डी.एस. किसे देय होता है?

खरीददार को प्रॉपर्टी के हस्तांतरण पर कुल भुगतान की गई राशि पर 1 प्रतिशत टी.डी.एस. काटना होता है। उदाहरण के लिए, यदि कोई व्यक्ति (अ) किसी अन्य व्यक्ति (ब) से 50 लाख रुपए में कोई प्रॉपर्टी खरीदता है, तो (अ) को 50 लाख रुपए पर 1 प्रतिशत (50 हजार रुपए) टी.डी.एस. काटकर उसे जमा कराना होगा।

यदि खरीददार ने बैंक से होम लोन लिया हो तो क्या प्रक्रिया होगी?

ऐसी स्थिति में खरीददार/ग्राहक/बकाएदार बैंक को लोन राशि में से कुल बिक्री मूल्य पर 1 प्रतिशत टी.डी.एस. काटने और उसे सरकारी खजाने में जमा कराने का निर्देश दे सकता है।

क्रेता और विक्रेता के लिए क्या दस्तावेज जरूरी होते हैं?

फॉर्म 26 क्यू.बी. भरते समय लेन-देन का विवरण, क्रेता और विक्रेता के बारे में मूलभूत सूचनाएँ और क्रेता व विक्रेता दोनों के पैन कार्ड की फोटो प्रतिलिपियाँ लगाने की जरूरत होती है।

ऑफलाइन माध्यम से टी.डी.एस. जमा कराने के लिए फॉर्म 26 क्यू.बी. के साथ-साथ अधिकृत बैंक शाखा के चालान की जरूरत भी पड़ती है।

इसके लिए क्या प्रक्रिया अपनाई जाती है?

प्रॉपर्टी विक्रेता को भुगतान करते समय क्रेता द्वारा जो टी.डी.एस. की राशि काटी जाती है, वह उस माह के अंत से एक सप्ताह के अंदर जमा करानी होती है।

सबसे पहले क्रेता को फॉर्म 26 क्यू.बी. में सारे आवश्यक विवरण भरने होते हैं—

- खरीदी जानेवाली प्रॉपर्टी का विवरण, धारा 194-1 (ए) के अंतर्गत काटे जानेवाले टी.डी.एस. की राशि, क्रेता और विक्रेता के बारे में मौलिक सूचनाएँ आदि।
- फॉर्म 26 क्यू.बी. भरने के बाद क्रेता से टी.डी.एस. जमा कराने के लिए ऑनलाइन या ऑफलाइन माध्यम के बारे में पूछा जाता है।

ऑनलाइन

ऑनलाइन विकल्प चुनने के बाद फॉर्म 26 क्यू.बी. स्वत: ही क्रेता के ई-पेमेंट गेटवे पर पहुँच जाता है। साथ ही क्रेता द्वारा चुने गए विकल्प से संबंधित अन्य प्रक्रियाएँ भी।

ऑफलाइन

क्रेता ऑफलाइन माध्यम से भी भुगतान कर सकता है। इसके लिए उसे फॉर्म 26 क्यू.बी. साफ-साफ भरकर टी.डी.एस. की राशि के साथ अधिकृत बैंक शाखा में जमा कराना होगा।

फॉर्म 26 क्यू.बी. और टी.डी.एस. की राशि सफलतापूर्वक जमा कराने के बाद क्रेता को टी.डी.एस. के संदर्भ में प्रॉपर्टी विक्रेता को फॉर्म 16 बी (सेंट्रलाइज्ड प्रोसेसिंग सेल ऑफ टी.डी.एस. द्वारा दिया जानेवाला टी.डी.एस. सर्टिफिकेट) जारी करना होता है।

रियल एस्टेट में सर्कल रेट

जब भी कोई प्रॉपर्टी खरीदने जाएँ, प्रॉपर्टी के मार्केट रेट, सर्कल रेट/डी.एल.सी. (डिस्ट्रिक्ट लेवल कमेटी) रेट का पता पहले लगा लें। अब आपके लिए यह जानना जरूरी हो जाता है कि ये रेट क्या होते हैं ?

मार्केट रेट

मार्केट रेट वह रेट होता है, जो प्रॉपर्टी के क्रेता और विक्रेता द्वारा आपस में तय किया जाता है। यह रेट मार्केट में प्रॉपर्टी की माँग और पूर्ति के सिद्धांत पर आधारित होता है। माँग ज्यादा है, तो रेट ज्यादा होता है। माँग गिरती है, तो रेट भी गिरता है। इसके अलावा संबंधित क्षेत्र की ढाँचागत स्थिति, बाजार व मनोरंजन आदि की सुविधाएँ, स्कूल, अस्पताल और सुरक्षा आदि कारक भी मार्केट रेट को प्रभावित करते हैं।

सर्कल रेट/डी.एल.सी. रेट

सर्कल रेट राज्य सरकारों द्वारा निर्धारित न्यूनतम रेट होता है, जिस पर प्रॉपर्टी खरीदी या बेची जा सकती है। किसी राज्य में अलग-अलग शहरों के लिए अलग-अलग सर्कल रेट रखे जाते हैं और शहर के अंदर भी अलग-अलग इलाके में सर्कल रेट भी अलग-अलग होते हैं। सर्कल रेट सामान्यतया राज्य सरकार के राजस्व विभाग या स्थानीय विकास प्राधिकरण द्वारा निर्धारित किया जाता है। अलग-अलग तरह की प्रॉपर्टी (एग्रीकल्चरल, कॉमर्शियल या रेजीडेंशियल) का अलग-अलग सर्कल रेट भी होता है। सर्कल रेट समय-समय पर बढ़ता रहता है। सामान्यतया इसे रेफरेंस रेट (संदर्भ दर) के रूप में प्रयोग में लाया जाता है। इसका मूल उद्देश्य प्रॉपर्टी की रजिस्टरी के समय स्टांप ड्यूटी निर्धारित करना है।

भारतीय प्रॉपर्टी बाजार में मार्केट रेट प्राय: सर्कल रेट से ज्यादा है।

कारण

1. सर्कल रेट की नियमित रूप से समीक्षा नहीं की जाती, जबकि मार्केट रेट माँग और पूर्ति के सिद्धांत पर आधारित होता है।

2. सर्कल रेट स्थानीय विकास प्राधिकरण या राज्य सरकार के नियंत्रण में होता है।

3. सर्कल रेट प्रॉपर्टी की वास्तविक कीमत/दर को नहीं दरशाता है। इसका प्रयोग प्रॉपर्टी पर लगनेवाली स्टांप ड्यूटी निर्धारित करने के लिए ही किया जाता है।

स्टांप ड्यूटी की गणना के समय जिस भुगतान राशि को आधार बनाया जाता है, वह आवश्यक रूप से सेल डीड में दरशाई गई राशि नहीं होती; वह क्रेता और विक्रेता द्वारा तय की गई बिक्री कीमत से कहीं ज्यादा हो सकती है। बात अटपटी जरूर लगती है, लेकिन सच यही है।

इसका कारण यह होता है कि स्टांप ड्यूटी के भुगतान के लिए मौलिक सिद्धांत यह है कि इसकी गणना वास्तविक खरीद रेट या सर्कल रेट में से जो ज्यादा है, उसी के आधार पर की जाती है। जब भी आपको प्रॉपर्टी खरीदनी हो, उप-पंजीयक के कार्यालय में जाकर संबंधित क्षेत्र में प्रचलित सर्कल रेट/डी.एल. सी. रेट का पता जरूर लगा लें।

उप-पंजीयक के कार्यालय में सर्कल रेट से संबंधित एक चार्ट होता है, जिस पर संबंधित क्षेत्र में प्रचलित सर्कल रेट अंकित होता है; इसी रेट के आधार पर उप-पंजीयक प्रॉपर्टी की खरीद पर स्टांप ड्यूटी लगता है।

इस प्रकार, प्रॉपर्टी की वास्तविक खरीद दर यदि सर्कल रेट से कम है, तब भी खरीददार को सर्कल रेट के हिसाब से ही स्टांप ड्यूटी चुकानी पड़ेगी। उप-पंजीयक के कार्यालय से आपको सर्कल रेट के चार्ट के साथ-साथ शहरी या ग्रामीण इलाके की सभी प्रकार की प्रॉपर्टी का विवरण भी मिल सकता है। सर्कल रेट चार्ट में खाली जमीन के साथ-साथ निर्मित प्रॉपर्टी/फ्लैट के मूल्यांकन का आधार भी दिया होता है।

इस प्रकार स्टांप ड्यूटी का भुगतान संबंधित क्षेत्र में प्रचलित सर्कल रेट के हिसाब से करना होता है। यदि खरीदी जानेवाली प्रॉपर्टी पर आंशिक निर्माण ही हुआ है, तो उप-पंजीयक द्वारा तथ्यों और परिस्थितियों के आधार पर उसका मूल्यांकन किया जाता है। वह क्रेता/विक्रेता को किसी आर्किटेक्ट से प्रॉपर्टी की मूल्यांकन रिपोर्ट तैयार कराकर जमा कराने के लिए भी कह सकता है।

आयकर अधिनियम, 1961 की धारा 50 (सी) में किए गए प्रावधान के

अनुसार, स्टांप ड्यूटी की गणना करने के लिए प्रॉपर्टी की सेल डीड में उल्लिखित कीमत/दर को आधार नहीं बनाया जाएगा, बल्कि संबंधित क्षेत्र में लागू सर्कल रेट के अनुसार स्टांप ड्यूटी का भुगतान करना होगा। ऐसा तब होता है, जब सर्कल रेट वास्तविक खरीद रेट से ज्यादा होता है। ऐसी स्थिति में पूँजी-लाभ (कैपिटल गेन) के संदर्भ में कर का भुगतान भी ज्यादा करना पड़ता है, क्योंकि कैपिटल गेन की गणना सर्कल रेट के आधार पर की जाती है।

एक उदाहरण लेते हैं। श्री रवि के पास एक रेजीडेंशियल प्रॉपर्टी थी, जिसे उन्होंने 1 करोड़ रुपए में मोहन को बेच दिया, लेकिन सेल एग्रीमेंट में बिक्री कीमत 50 लाख रुपए ही दिखाई गई। शेष 50 लाख रुपए का भुगतान नकद हुआ, जिसका कहीं उल्लेख नहीं हुआ।

उप-पंजीयक के कार्यालय में प्रॉपर्टी की रजिस्टरी में दिखाई गई राशि (50 लाख रुपए) उस प्रॉपर्टी की सर्किल रेट (60 लाख रुपए) से कम है। इसलिए स्टांप ड्यूटी की गणना 50 लाख रुपए की बजाए 60 लाख रुपए पर लगाई गई। बाद में कैपिटल गेन की गणना के समय भी आयकर अधिनियम की धारा 50 (सी) के अनुसार प्रॉपर्टी की बिक्री कीमत 50 लाख रुपए की बजाए 60 लाख रुपए मानी गई। इस प्रकार इससे कैपिटल गेन पर ज्यादा कर चुकाना पड़ जाता है।

इस प्रकार की स्थिति से बचने के लिए कुछ चालाक खरीददार पावर ऑफ एटॉर्नी और सेल एग्रीमेंट के आधार पर प्रॉपर्टी खरीदते हैं। हालाँकि इस प्रकार खरीदी जानेवाली प्रॉपर्टी पर बैंक या गैर-बैंकिंग वित्तीय कंपनियाँ लोन नहीं देती हैं।

अत: जब भी प्रॉपर्टी खरीदें, उसकी रजिस्टरी उप-पंजीयक के कार्यालय में कराएँ और चालू सर्कल रेट या वास्तविक खरीद दर (जो ज्यादा हो) के हिसाब से स्टांप ड्यूटी चुकाएँ। वित्त (सं. 2) अधिनियम, 2009 के अनुसार, धारा 50 (सी) पावर ऑफ एटॉर्नी और सेल एग्रीमेंट के मामले में भी लागू होगी।

आरक्षित कीमत

जब कोई स्थानीय विकास प्राधिकरण नीलामी के माध्यम से कोई सरकारी भूखंड बेचना चाहता है, तो वह बोली के लिए एक न्यूनतम कीमत या दर निर्धारित करता है, जहाँ से बोली शुरू होती है। इसे 'आरक्षित कीमत' कहा जाता है।

□

रियल एस्टेट में मोल-भाव (सौदेबाजी)

आजकल बाजार में प्रॉपर्टी की पूर्ति उसकी माँग से ज्यादा हो गई है; इसलिए प्रॉपर्टी खरीदते समय सौदेबाजी की पूरी गुंजाइश रहती है। लेकिन प्रॉपर्टी खरीदने से पहले भिन्न बिंदुओं पर जानकारी जरूर प्राप्त कर लें—

1. जिस क्षेत्र में आप प्रॉपर्टी खरीदने जा रहे हैं, वहाँ प्रॉपर्टी का अलग-अलग रेट क्या है?
2. बिल्डर की प्रतिष्ठा मार्केट में कैसी है?
3. रियल एस्टेट कंपनी कितनी पुरानी है?
4. संबंधित क्षेत्र में क्या-क्या सुविधाएँ उपलब्ध हैं? प्री-लॉञ्चिंग का क्या रेट है?
5. अगर रेट ज्यादा लग रहा है, तो उसका कारण क्या है?

मोल-भाव करने से सौदा सस्ता मिलने की गुंजाइश बढ़ जाती है, लेकिन प्रॉपर्टी खरीद में मोल-भाव करते समय एक बात का ध्यान रखें कि कई बार बिल्डर प्रॉपर्टी की कीमत एक निश्चित स्तर तक कम करने के लिए तैयार होता है, लेकिन उसकी घोषणा आधिकारिक तौर पर नहीं करना चाहता है।

मोल-भाव को प्रभावित करनेवाले कारक

1. बिल्डर/डेवलपर की बाजार में साख। सुप्रतिष्ठित बिल्डर प्रायः लॉञ्चिंग में ही प्रॉपर्टी बेचनेवाले होते हैं, इसलिए मोल-भाव की गुंजाइश नहीं रह जाती।
2. बाजार/अर्थव्यवस्था की स्थिति/मंदी के दौरान मोल-भाव की ज्यादा गुंजाइश हाती है।
3. डेवलपर ने प्रोजेक्ट में अपना पैसा लगाया है या बैंक से लोन लिया है? अगर अपना पैसा लगाया है, तो इसका मतलब हुआ कि वह प्रॉपर्टी को

रोक सकता है, इसलिए हो सकता है कि वह मोल-भाव के लिए तैयार न हो। इसके विपरीत यदि उसने बैंक से लोन लेकर प्रोजेक्ट में लगाया है, तो उसे प्रॉपर्टी बेचने की जल्दी रहेगी और वह मोल-भाव के लिए तैयार हो जाएगा। कभी-कभी यह भी देखना महत्त्वपूर्ण होता है कि जिस जमीन पर प्रोजेक्ट तैयार हो रहा है, वह कैसी जमीन है—स्वामित्ववाली, लीज की या खरीदी गई?

घर खरीदते समय की जानेवाली तैयारी

लोग प्राय: प्रॉपर्टी खरीदने से पहले डेवलपर और प्रॉपर्टी के बारे में जानकारी प्राप्त करने के लिए कुछ खास तैयारी नहीं करते। कुछ लोग तो ऐसे भी होते हैं, जो मोल-भाव करना जानते ही नहीं और कुछ-का-कुछ बोल देते हैं।

सौदेबाजी की कला

मोल-भाव के समय बिल्डर की बातें ध्यान से सुनें और जब तक जरूरी न हो, स्वयं कुछ न बोलें। बिल्डर से सारी बातें सुनने के बाद अपनी ओर से वाजिब कीमत रखें। सौदेबाजी के समय सैंक्शन लेटर और चेकबुक अपने साथ रखें, ताकि बिल्डर आपको सच्चा, संभावित ग्राहक मानकर सही-सही कीमत पर आ जाए।

अवसर

1. सबसे पहले बैंक से एक प्रॉविजनल सैंक्शन लेटर प्राप्त कर लें, इससे बिल्डर आपको सच्चा ग्राहक मानेगा।

2. प्रॉपर्टी खरीदनेवाले लोगों का एक समूह बना लें, जिसमें आप अपने मित्रों, रिश्तेदारों या सहकर्मियों को शामिल कर सकते हैं। इससे बिल्डर/ डेवलर को एक साथ कई ग्राहक मिल जाएँगे और वह रेट में अच्छा-खासा डिस्काउंट देने के लिए तैयार हो जाएगा।

3. अपनी तरफ से एक अधिकतम रेट तय कर लें और रेट को उससे नीचे-नीचे रखने की कोशिश करें।

4. जिस इलाके में आप प्रॉपर्टी खरीद रहे हैं, उसका एक बार स्वयं सर्वेक्षण कर लें। वहाँ रह रहे लोगों से बातचीत करके पता लगाने की कोशिश करें कि प्रॉपर्टी का क्या रेट चल रहा है? अगर प्रॉपर्टी की माँग उसकी पूर्ति से कम है, तो बिल्डर के सामने यह बात रखें और उसका फायदा उठाने की कोशिश करें। कुछ इलाकों में ऐसी स्थिति होती है कि प्रॉपर्टी

पर निर्माण कार्य पूरा होने के बाद भी माहौल में अनिश्चितता के कारण प्रॉपर्टी खाली पड़ी रहती है। यदि ऐसी स्थिति है, तो बिल्डर के सामने यह बात रखें कि प्रॉपर्टी में पैसा लगाने के बाद प्रॉपर्टी खाली रहने से नुकसान होगा; इस प्रकार उसे ज्यादा-से-ज्यादा डिस्काउंट देने के लिए तैयार करने की कोशिश करें।

5. आप प्रॉपर्टी शो या प्रॉपर्टी कार्निवल में भी जा सकते हैं, जहाँ आपको फ्लैट/मकान में अच्छी-खासी विविधता मिलेगी और बिल्डर उस पर तरह-तरह के ऑफर भी देते हैं।

सौदेबाजी की प्रक्रिया

किसी अपार्टमेंट में फ्लैट खरीदते समय यह दूसरी फाइनल स्टेज होती है। चेकबुक अपने पास रखकर बिल्डर के सामने बैठ जाएँ और उसे प्रॉपर्टी की न्यूनतम संभव कीमत लगाने को कहें, बिल्डर इस पर अपनी ओर से जो कीमत रखे, उसमें कुछ कम करके आप अपनी कीमत रखें।

ध्यान रहे कि सौदेबाजी के दौरान आप जो कीमत रखें, वह वाजिब होनी चाहिए; ऐसी कीमत न रखें, जिस पर विचार करना बिल्डर के लिए संभव ही न हो। यदि आप द्वारा रखी गई कीमत और बिल्डर द्वारा रखी गई कीमत में ज्यादा अंतर दिखाई देता है, तो आप बाद में सोचकर बताने की बात भी कर सकते हैं।

हमेशा नमनीय रुख अपनाकर चलें, क्योंकि आखिरकार आपका उद्देश्य प्रॉपर्टी खरीदना होता है, न कि मोल-भाव में बिल्डर को नीचा दिखाना। अगर आपको उसका ऑफर पसंद है, तो उसे स्वीकार कर लें। इसमें ध्यान रखने की एक महत्त्वपूर्ण बात यह होती है कि अगर आपके परिवार के लोग कोई फ्लैट खरीदना ही चाहते हैं, तो कीमत में थोड़ी-बहुत ऊँच-नीच ज्यादा मायने नहीं रखती।

□

सेल एग्रीमेंट (इकरारनामा)

सेल एग्रीमेंट क्रेता और विक्रेता के बीच होनेवाला एक लिखित समझौता होता है, जिसमें विक्रेता भविष्य में एक निश्चित तिथि को अपनी प्रॉपर्टी बेचने के लिए सहमति पर हस्ताक्षर करता है। इसमें विक्रेता प्रॉपर्टी की कुल कीमत के एक हिस्से का भुगतान एग्रीमेंट के समय प्राप्त कर लेता है और शेष राशि का भुगतान उस समय होता है, जब वह प्रॉपर्टी के स्वामित्व का विधिवत् हस्तांतरण क्रेता के नाम करता है। प्रॉपर्टी आप चाहे किसी बिल्डर/डेवलपर से खरीद रहे हों या फिर किसी व्यक्ति से खरीद रहे हों, उसके संबंध में सेल एग्रीमेंट सामान्यतया करना पड़ता है। सौ रुपए या अधिक कीमत की अचल संपत्ति की बिक्री और स्वामित्व हस्तांतरण के लिए पंजीकरण अनिवार्य होता है।

विभिन्न विकास प्राधिकरण और हाउसिंग बोर्ड सेल एग्रीमेंट की जगह पर एलॉटमेंट लेटर जारी करते हैं।

सेल एग्रीमेंट साइन करने से पहले उसे भली-भाँति पढ़ लें

प्रॉपर्टी की खरीद एक लंबी प्रक्रिया होती है। अपनी पसंद का फ्लैट/विला तलाश करने में कई-कई साल तक लग जाते हैं, तब जाकर आपको अपने सपनों का घर मिल पाता है। खूब मोल-भाव के बाद जब सौदा पक्का होता है, तो आपके और बिल्डर/विक्रेता के बीच एक लिखित सेल एग्रीमेंट होता है। जब आप किसी बिल्डर से फ्लैट/विला खरीदते हैं, तो सेल एग्रीमेंट सामान्यतया बिल्डर द्वारा तैयार कराया जाता है। सेल एग्रीमेंट पर हस्ताक्षर करने से पहले उसे भली-भाँति पढ़ना न भूलें।

मित्रो, सेल एग्रीमेंट के आधार पर ही सेल डीड तैयार होती है। इस एग्रीमेंट से दोनों पक्षों की वचनबद्धता सुनिश्चित होती है; दोनों में से कोई भी पक्ष यदि अपनी वचनबद्धता से हटता है, तो दूसरे पक्ष को एग्रीमेंट को निरस्त करने का अधिकार होता है। एग्रीमेंट को ध्यान से पढ़ें और किसी बात पर यदि कोई संदेह या अनिश्चतता है तो तुरंत उस पर हस्ताक्षर करने या भुगतान करने से बचें। दरअसल,

कई बार बिल्डर/विक्रेता द्वारा सेल एग्रीमेंट में कोई ऐसी धारा जोड़ दी जाती है, जो बाद में आपके लिए मुसीबत का कारण बन सकती है। इसलिए उस पर हस्ताक्षर करने में जल्दबाजी न करें।

यदि नए प्रोजेक्ट में फ्लैट खरीद रहे

तो सबसे पहले (सेल एग्रीमेंट में) अपना नाम, पिता का नाम, पता और पैन नंबर चेक करें। उसके बाद फ्लैट नंबर, ब्लॉक नंबर और फ्लोर नंबर की पुष्टि करें।

1. विवरण को बदलने का अधिकार

जब आप किसी निर्माणाधीन प्रोजेक्ट में फ्लैट देखने के लिए जाते हैं तो कंपनी का सेल्स पर्सन आपको एक सैंपल फ्लैट दिखाता है। यह सैंपल फ्लैट मूलरूप से ग्राहक को आकर्षित करने के लिए होता है, ताकि फ्लैटों की बिक्री बढ़े। कुछ बिल्डर सेल एग्रीमेंट में अलग से एक धारा जोड़ देते हैं, जिसमें उल्लेख होता है कि फ्लैट/अपार्टमेंट का ले-आउट बदला जा सकता है। इस प्रकार, अंत में जो फ्लैट आपको मिलता है, वह बुकिंग के समय आपको दिखाए गए फ्लैट से बिल्कुल अलग हो सकता है। इस धारा को जोड़ने के कारण आप बिल्डर को कंज्यूमर कोर्ट में भी नहीं ले जा सकते।

ऐसी स्थिति में क्या करें?

सैंपल फ्लैट सिर्फ देखने-दिखाने के लिए होते हैं, इसलिए हमेशा वास्तविक ड्राइंग और एप्रूव्ड ले-आउट को ध्यान में रखकर चलें। स्थानीय विकास प्राधिकरण या नगर निगम द्वारा जो ले-आउट एप्रूव्ड हो जाता है, उसमें बिल्डर द्वारा बाद में कोई बदलाव नहीं किया जा सकता है। बदलाव के लिए संबंधित प्राधिकरण या निगम से स्वीकृति लेना अनिवार्य होता है। यदि बिल्डर फ्लैट/अपार्टमेंट में किसी खास ब्रांड की फिटिंग या फिक्सचर का प्रयोग करने की बात करता है, तो सेल एग्रीमेंट में उससे इसका उल्लेख करा लें।

2. फ्लैट/मकान का एरिया

किसी मकान/फ्लैट का एरिया तीन तरह से मापा जा सकता है—सुपर बिल्ट-अप एरिया, बिल्ट-अप एरिया, कॉरपेट एरिया। सुपर बिल्ट-अप एरिया में आम सुविधाएँ, जैसे लॉबी, कॉरिडोर और सीढ़ी का एरिया आता है। बिल्ट-अप एरिया

में दीवारों सहित फ्लैट की वास्तविक माप आती है। कॉरपेट एरिया किसी फ्लैट की माप होती है। बिल्डर को सेल एग्रीमेंट में कॉरपेट एरिया का उल्लेख करना चाहिए, लेकिन वे प्रायः सुपर बिल्ट-अप एरिया का ही उल्लेख करते हैं, जो कॉरपेट एरिया से 20-30 प्रतिशत तक ज्यादा होता है।

ऐसे में क्या करें?

फ्लैट/मकान का कॉरपेट एरिया ठीक-ठीक जानने की कोशिश करें। बिल्डिंग प्लान को अच्छी तरह देखें, ताकि आपको पता चल सके कि फ्लैट/अपार्टमेंट में कितना एरिया आपको निजी उपयोग के लिए मिलेगा। एग्रीमेंट में यह देख लें कि उसमें सौदे के अनुसार एरिया का उल्लेख किया गया है या नहीं।

3. अतिरिक्त शुल्क

डेवलपर द्वारा अखबारों में जो विज्ञापन दिया जाता है, उसमें प्रायः पढ़ने को मिलता है कि 2 बी.एच.के. फ्लैट मात्र 25 लाख रुपए में उपलब्ध हैं। लेकिन जब सौदा करने के लिए स्वयं डेवलपर के पास पहुँचते हैं, तो पता चलता है कि फ्लैट की वास्तविक कीमत 30 लाख रुपए के आस-पास पड़ रही है। दरअसल, विज्ञापन में जिस कीमत का उल्लेख किया जाता है, वह मौलिक कीमत होती है। वास्तविक कीमत 20-35 प्रतिशत तक ज्यादा हो सकती है। पार्क के सामने के एवं कॉर्नर फ्लैट प्रायः दूसरे फ्लैटों से महँगे पड़ते हैं। इसके अलावा क्लब मेंबरशिप, जिम मेंबरशिप, कार पार्किंग और रख-रखाव शुल्कों से भी वास्तविक कीमत पर अच्छा- खासा फर्क पड़ता है।

आपके लिए विकल्प

मेरे एक सीनियर श्री योगेंद्र सहाय ने किसी टाउनशिप में एक ग्राउंड फ्लोर का फ्लैट बुक कराया था। बुकिंग के समय उन्हें बताया गया था कि उन्हें 16 वर्ग मी. अतिरिक्त जमीन मिलेगी। बुकिंग कंफर्मेशन लेटर में इसका उल्लेख किया गया था, लेकिन सेल एग्रीमेंट पर हस्ताक्षर करते समय उन्होंने देखा कि 16 वर्ग मी. जमीन फालतू मिलनेवाली बात का उल्लेख उसमें नहीं किया गया है। उन्होंने डेवलपर कंपनी से सेल एग्रीमेंट में उसका उल्लेख करने को कहा। तब कंपनी के अधिकारी ने उन्हें बताया कि वे इसका उल्लेख कंपनी के लेटरपेड पर लिखित रूप में करके दे सकते हैं, लेकिन सेल एग्रीमेंट में इसका उल्लेख नहीं किया जा सकता;

क्योंकि खरीददार के पास इस जमीन को केवल उपयोग करने का अधिकार होगा। हमेशा ध्यान रखें कि डेवलपर कोई भी सुविधा आपको मुफ्त नहीं दे सकता है। उन सब शुल्कों की एक सूची बना लें, जिनका भुगतान आपको करना होगा और उस पर डेवलपर से हस्ताक्षर करा लें, अगर डेवलपर के सौदे में पारदर्शिता नहीं है, तो वह कोई भी बात लिखित रूप में नहीं देगा।

4. भुगतान योजना (पेमेंट प्लान) से संबंधित धारा

भुगतान योजना को बुकिंग के समय अंतिम रूप दिया जाता है। चेक करें कि आपके द्वारा चुनी गई भुगतान योजना और उसके अनुसार आपकी ओर से भविष्य में डेवलपर को किए जानेवाले भुगतानों का उल्लेख सेल एग्रीमेंट में किया गया है या नहीं। सबकुछ ध्यानपूर्वक देखने-समझने के बाद ही एग्रीमेंट पर हस्ताक्षर करें। एग्रीमेंट में देखें कि आपको डेवलपर को कब, कितना भुगतान करना है, उसके लिए कितना ग्रेस पीरियड मिलेगा? किसी कारणवश समय पर भुगतान न कर पाने की स्थिति में आपसे कितना दंड-शुल्क वसूल किया जाएगा? इस स्थिति में बिल्डर सामान्यतया 18 प्रतिशत प्रतिवर्ष के हिसाब से दंड शुल्क वसूल करते हैं, अगर आपने कुछ एडवांस दिया है, तो उसका उल्लेख भी एग्रीमेंट में होना चाहिए।

आपको क्या करना चाहिए?

अगर आपने किसी बैंक से होम लोन के लिए आवेदन किया है, तो यह ध्यान रखें कि बैंक प्रॉपर्टी की कीमत का एक निश्चित अनुपात ही लोन के रूप में स्वीकृत करेगा। मान लीजिए, आपने 25 लाख रुपए का फ्लैट बुक कराया है, तो बैंक से आपको 20 लाख रुपए ही लोन के रूप में मिलेंगे। अब अगर बिल्डर को अदा की जानेवाली किस्त की राशि 1 लाख रुपए है, तो इसमें 80 हजार रुपए का भुगतान बैंक करेगा, जो आपके लोन की कुल राशि में कटेगा; और शेष 20 हजार रुपए का भुगतान मार्जिन मनी के रूप में आपको अपने पास से करना होगा। इसलिए प्रॉपर्टी खरीदने से पहले आपकी भुगतान की सक्षमता और लोन के रूप में मिलनेवाली वित्तीय सहायता, सबका ठीक-ठीक हिसाब-किताब लगा लें; अगर सबकुछ आपके बजट में आनेवाला हो, तभी खरीदें। बिल्डर का भुगतान करने से पहले एक बार प्रोजेक्ट साइट पर स्वयं जाकर देख लें कि किस्त की माँग निर्माण-चरण के अनुसार उपयुक्त है या नहीं।

5. कर की अदायगी

ध्यान रहे कि पंजीकरण शुल्क और जी.एस.टी. (पहले सेवा कर के नाम से जाना जाता था) का भुगतान आपको स्वयं करना होगा, जबकि कब्जा देने से पहले संपत्ति कर का भुगतान बिल्डर की तरफ से किया जाना होता है।

6. क्या कोई एस्कलेशन क्लॉज है?

एस्कलेशन क्लॉजवाले प्रोजेक्ट से बचने की कोशिश करें। बिल्डर प्रायः एग्रीमेंट में एक क्लॉज (धारा) अलग से जोड़ देते हैं, जिसमें उल्लेख होता है कि यदि बिल्डिंग मटीरियल की लागत बढ़कर आती है, तो डेवलपर को प्रोजेक्ट/प्रॉपर्टी की कीमत बढ़ाने का अधिकार होगा। विभिन्न स्टेट हाउसिंग बोर्ड सामान्यतया इस धारा का उल्लेख आवेदन प्रपत्र में करते हैं। चूँकि ये बोर्ड राज्य सरकार के अधीन काम करते हैं, इसलिए इनमें किसी धोखाधड़ी की आशंका नहीं रहती। इस संबंध में बिल्डर का ट्रैक रिकॉर्ड देखें और पता लगाएँ कि क्या उसने पहले कभी ऐसी एस्कलेशन क्लॉज जोड़ी थी? क्या उसके पास ऐसी क्लॉज को लागू करने का उपयुक्त कारण मौजूद है? नहीं तो ऐसे डेवलपर से सौदा करें, जो कॉस्ट एस्कलेशन क्लॉज नहीं लगा रहा हो।

7. प्रोजेक्ट कब पूरा होगा या प्रोजेक्ट की डिलीवरी की तिथि क्या है?

प्रोजेक्ट को समय पर पूरा करने के लिए डेवलपर प्रायः निर्माण-कार्य को अलग-अलग चरणों में बाँटकर उसके अनुसार काम करते हैं। सेल एग्रीमेंट में प्रायः उल्लेख होता है कि इतनी अवधि के अंदर प्रोजेक्ट पूरा हो जाएगा। यह अवधि अलग-अलग प्रोजेक्ट के लिए अलग-अलग हो सकती है, जो सामान्यतया निर्माण-कार्य शुरू होने के बाद 36-42 माह की हो सकती है। लेकिन डेवलपर प्रोजेक्ट के शुरू होने की निश्चित तिथि या समय का उल्लेख नहीं करता है। इसके लिए उसे एक इ-मेल भेजकर पूछें कि प्रोजेक्ट पर निर्माण-कार्य कब शुरू होगा? और इस प्रकार आपके पास उसका जवाब लिखित रूप में आ जाएगा। इसी तरह खरीददार को प्रॉपर्टी का कब्जा देने के मामले में भी डेवलपर प्रायः ठीक-ठीक तिथि का उल्लेख नहीं करते।

अतः कोशिश करें कि डेवलपर प्रॉपर्टी का कब्जा देने के माह और वर्ष का ठीक-ठीक उल्लेख सेल एग्रीमेंट में करे। अगर एग्रीमेंट में ऐसी कोई धारा है, जिसमें उल्लेख हो कि डेवलपर इस तिथि को या इतने समय के अंदर प्रॉपर्टी का कब्जा खरीददार को दे देगा, तो यह खरीददार के हित में होगा।

8. डेवलपर की ओर से प्रॉपर्टी का कब्जा विलंब से देने की स्थिति में दंड-शुल्क से संबंधित कोई धारा है या नहीं?

जिस तरह भुगतान में विलंब होने की स्थिति में बिल्डर/डेवलपर आपसे दंड-शुल्क वसूल करता है, उसी तरह यदि डेवलपर आपको प्रॉपर्टी का कब्जा देने में विलंब करता है, तो आप भी उससे दंड-शुल्क वसूल कर सकते हैं, लेकिन ऐसा तभी संभव है, जब सेल एग्रीमेंट में इससे संबंधित धारा मौजूद हो। पता करें कि ऐसी स्थिति में डेवलपर कितना दंड-शुल्क अदा करेगा; साथ ही, यह भी जानकारी प्राप्त करें कि क्या पहले किसी प्रोजेक्ट में उसके द्वारा दंड-शुल्क अदा किया गया था, या फिर दंड-शुल्क से बचने के लिए उसने कोई रास्ता निकाल लिया था? यदि आपके साथ ऐसी स्थिति उत्पन्न होती है, तो अपने जैसे खरीददारों को साथ में मिलाएँ और मीडिया तथा उपभोक्ता अदालत की मदद लें।

9. प्रॉपर्टी के हस्तांतरण से संबंधित धारा

अगर आप रिहाइश के उद्देश्य से प्रॉपर्टी खरीद रहे हैं, तो इस धारा के होने या न होने से कोई खास फर्क नहीं पड़ता। लेकिन अगर निवेश के उद्देश्य से प्रॉपर्टी खरीद रहे हैं, तो यह धारा महत्त्वपूर्ण है। बिल्डर प्राय: यह धारा इसलिए जोड़ देते हैं, ताकि खरीददार हाउसिंग सोसाइटी बनने से पहले किसी तीसरे व्यक्ति को प्रॉपर्टी का हस्तांतरण न कर सके। अगर सेल एग्रीमेंट में यह धारा जुड़ी है, तो आप डेवलपर की पूर्व-अनुमति के बिना बीच में प्रॉपर्टी को बेच नहीं सकते। बाद में, हाउसिंग सोसाइटी बनने के बाद भी प्रॉपर्टी को बेचने के लिए आपको हाउसिंग सोसाइटी से अनापत्ति प्रमाण-पत्र लेना पड़ सकता है।

ऐसी स्थिति में क्या करें?

वैसे, हाउसिंग सोसाइटी बनने से पहले प्रॉपर्टी का हस्तांतरण न करें, तो आपके लिए भी अच्छा रहेगा; क्योंकि हाउसिंग सोसाइटी बनने और शेयर सर्टिफिकेट जारी होने के बाद प्रॉपर्टी बेचना आसान हो जाता है। हालाँकि कानूनी तौर पर कोई बिल्डर आपके द्वारा किसी तीसरे व्यक्ति को प्रॉपर्टी का हस्तांतरण करने पर आपसे कोई दंड-शुल्क नहीं माँग सकता है।

री-सेल प्रॉपर्टी

1. टोकन मनी

टोकन मनी वह राशि होती है, जो खरीददार द्वारा प्रॉपर्टी विक्रेता को यह विश्वास दिलाने के लिए दी जाती है कि उसे प्रॉपर्टी में दिलचस्पी है और वह उसे खरीद रहा है। टोकन मनी देने के बाद खरीददार को सौदे की शेष रकम का इंतजाम करने के लिए एक निश्चित समयावधि मिल जाती है। उस समयावधि में भुगतान न कर पाने की स्थिति में खरीददार को टोकन मनी की राशि छोड़नी पड़ जाती है।

कभी-कभी विक्रेता इसका उल्लेख सेल एग्रीमेंट में करने के लिए कहता है। ऐसी स्थिति में सबकुछ अच्छी तरह देख-समझकर यह स्पष्ट कर लें कि टोकन मनी के बाद शेष रकम का भुगतान किस तिथि को करना है। टोकन मनी के रूप में दी गई राशि का उल्लेख भी एग्रीमेंट में होना चाहिए। टोकन मनी का भुगतान हमेशा चेक या डिमांड ड्राफ्ट के माध्यम से ही करें।

मित्रो, यदि आप प्रॉपर्टी खरीद रहे हैं और आपने प्रॉपर्टी विक्रेता को टोकन मनी दे रखी है, तो सेल एग्रीमेंट में यह भी उल्लेख करें कि यदि प्रॉपर्टी विक्रेता सौदे से मुकरता है, तो उसे टोकन मनी के साथ-साथ उसके बराबर अतिरिक्त राशि का भुगतान क्षतिपूर्ति के रूप में करना होगा।

इसके लिए क्या करना चाहिए?

लिखित रूप में वचनबद्धता देने से पहले अपनी सामर्थ्य देख लें कि शेष रकम का भुगतान दी गई समय-सीमा में कर पाएँगे या नहीं। लेकिन टोकन मनी के रूप में प्रॉपर्टी की कुल बिक्री कीमत के 2 प्रतिशत से ज्यादा राशि न दें। इससे एक फायदा यह होगा कि यदि किसी कारणवश आपको सौदा छोड़ना भी पड़े, तो ज्यादा रकम नहीं जाएगी। वैसे अच्छा यह होगा कि एग्रीमेंट में कुछ ऐसी परिस्थितियों का उल्लेख करें, जिनके अंतर्गत आप सौदा छोड़ने के लिए स्वतंत्र हों; जैसे—कॉरपेट एरिया कम होना या ढाँचागत गड़बड़ी।

2. प्रॉपर्टी में 'प्रवेश-वर्जित' की धारा

सामान्यतया सौदा पक्का होने से पहले खरीददार को प्रॉपर्टी देखने की छूट होती है। लेकिन कई बार ऐसा होता है कि एक बार देखकर आपको संतुष्टि नहीं मिलती और आप किसी विशेषज्ञ या अपने इष्ट-मित्रों को भी उस प्रॉपर्टी को दिखाना चाहते हैं, लेकिन अगर सेल एग्रीमेंट में प्रवेश-वर्जित की धारा जोड़ी गई

है, तो आप ऐसा नहीं कर पाएँगे। ऐसी स्थिति में जब तक आप सौदे की पूरी रकम का भुगतान नहीं करते, तब तक अपनी इच्छा से प्रॉपर्टी देखने के लिए आ-जा नहीं सकते। हाँ, रजिस्टरी से पहले आप प्रॉपर्टी को देखने के लिए स्वतंत्र होंगे।

इसके लिए क्या करना चाहिए?

अगर प्रॉपर्टी खाली है, तो उसे दोबारा दिखाने में विक्रेता को कोई दिक्कत नहीं होनी चाहिए। लेकिन अगर उसमें विक्रेता स्वयं या कोई किराएदार रह रहा है, तो वहाँ बार-बार आने-जाने से उसे असुविधा हो सकती है। इसलिए एग्रीमेंट में एक उपयुक्त समय का उल्लेख करें, जब प्रॉपर्टी को देखने-दिखाने में किसी को असुविधा न हो। एग्रीमेंट में एक और महत्त्वपूर्ण बात का उल्लेख करें कि रजिस्टरी के समय प्रॉपर्टी खाली होनी चाहिए; क्योंकि कई बार कुछ धूर्त किराएदार होते हैं, जो प्रॉपर्टी को खाली ही नहीं करते।

3. 'जहाँ है, जैसी है'

कभी-कभी अखबार में आप किसी बैंक की ओर से दिए गए नीलामी विज्ञापन में पढ़ते होंगे—'जहाँ है, जैसी है' के आधार पर। दरअसल नीलामीवाली प्रॉपर्टी की मरम्मत के लिए बैंक स्वयं कुछ नहीं करता, इसलिए प्रॉपर्टी जहाँ जिस स्थिति में होती है, उसी स्थिति में उसे नीलाम किया जाता है। खरीददार नीलामी की बोली में शामिल होने से पहले प्रॉपर्टी को देखने के लिए स्वतंत्र होता है। लेकिन डील पर मुहर लग जाने के बाद खरीददार इस संबंध में कोई दावा नहीं कर सकता।

4. प्रॉपर्टी खाली है, या लीज पर है?

कॉमर्शियल प्रॉपर्टी प्राय: कुछ वर्षों के लिए लीज पर ली-दी जाती है। यदि आप ऐसी प्रॉपर्टी खरीद रहे हैं, तो सेल एग्रीमेंट में लीज से संबंधित विवरण का उल्लेख करें, ताकि स्वामित्व-हस्तांतरण के बाद दोनों में से किसी भी पक्ष को कोई दिक्कत न आए। इस बात का भी उल्लेख करें कि स्वामित्व-हस्तांतरण के बाद लीज अवधि पूरी होने तक किराया आपको ही मिले?

5. अगर प्रॉपर्टी किसी बैंक के पास गिरवी है, तो उसका उल्लेख करें

कभी-कभी प्रॉपर्टी पर किसी बैंक या गैर-बैंकिंग वित्तीय संस्था का लोन होता है और विक्रेता उसे बेचना चाहता है। ऐसे सौदे में क्रेता विक्रेता से अलग उस बैंक या वित्तीय संस्था की भी बराबर की भूमिका होती है, जिसके पास प्रॉपर्टी गिरवी होती है।

ऐसी स्थिति में सौदा तय करने के लिए दो रास्ते होते हैं—विक्रेता यदि लोन की रकम चुकाकर और बैंक से प्रॉपर्टी का दस्तावेज छुड़ाकर सेल डीड तैयार करे; या क्रेता से एडवांस रकम लेकर बैंक लोन की रकम का भुगतान कर दे और वहाँ से सौदा आगे बढ़ाए। ऐसे सौदे में कभी-कभी ऐसा भी होता है कि विक्रेता अपना लोन चुकाने में सक्षम नहीं होता, यानी उसके पास पैसे नहीं होते, तो वह क्रेता को सीधे बैंक लोन चुकाने के लिए कह सकता है।

ऐसी स्थिति में आप उसी बैंक से होम लोन ले सकते हैं, जिससे प्रॉपर्टी विक्रेता ने लोन ले रखा है; बैंक आपके लोन की राशि से विक्रेता का पहले से चल रहा लोन खाता बंद कर देगा और नया होम लोन आपके नाम से चलने लगेगा। लेकिन ऐसी स्थिति में प्रॉपर्टी की रजिस्टरी आपके नाम होने तक के लिए बैंक आपसे कोई सिक्योरिटी या गारंटी की माँग कर सकता है। जब आप विक्रेता का पूरा लोन चुका दें, तो उससे सेल डीड तैयार कराकर आप उसे बैंक में जमा करा सकते हैं। लेकिन ध्यान रहे कि आप जो भी विकल्प चुनते हैं, उसका उल्लेख सेल एग्रीमेंट में करना न भूलें। एग्रीमेंट में लोन का पूरा विवरण भी उल्लिखित करें। यदि आपने पूरा लोन अदा कर दिया है, तो एग्रीमेंट में 'नो-ड्यूज' से संबंधित धारा में इसका उल्लेख करें।

6. पता करें कि प्रॉपर्टी पर कोई बकाया तो नहीं है; इसके लिए नो-ड्यूज प्रमाण-पत्र प्राप्त करें

सेल एग्रीमेंट में प्रायः उल्लेख होता है कि प्रॉपर्टी पर कोई बकाया नहीं है; यदि कोई है, तो उसका निपटारा प्रॉपर्टी विक्रेता द्वारा किया जाएगा। इसमें सोसाइटी का रख-रखाव शुल्क, बिजली-पानी का बिल, कर या कोई अन्य लोन हो सकता है। पहले से सुनिश्चित कर लें कि सेल डीड से पहले विक्रेता प्रॉपर्टी से संबंधित सभी प्रकार के बकाए का भुगतान कर देगा।

बिजली और पानी के चालू बिल चेक करें; यह भी चैक करें कि लीज मनी या हाउस टैक्स में कुछ बकाया तो नहीं है। डील फाइनल करने से पहले हाउसिंग सोसाइटी से भी पुष्टि कर लें कि प्रॉपर्टी पर कुछ बकाया नहीं है। यदि प्रॉपर्टी पर ऐसा कोई बकाया शेष है, तो प्रॉपर्टी के हस्तांतरण के समय हाउसिंग सोसाइटी अनापत्ति प्रमाण-पत्र देने से इनकार कर सकती है।

□

रजिस्ट्री और कब्जा

जब आप किसी बिल्डर के निर्माणाधीन प्रोजेक्ट में रिहायशी प्रॉपर्टी/फ्लैट बुक करते हैं, तो आपके मन में फ्लैट का निर्माण-कार्य जल्दी-से-जल्दी पूरा होने और अपने सपनों के घर में जल्दी-से-जल्दी प्रवेश करने की तीव्र लालसा होती है।

बिल्डर सामान्यतया फ्लैट के कब्जे के साथ ही रजिस्ट्री कर देते हैं। यदि कोई बिल्डर रजिस्ट्री करने से इनकार करता है, तो यह गैर-कानूनी है।

कब्जा/पजेशन

जब खरीददार को विक्रेता/डेवलपर की ओर से फ्लैट की चाबी मिल जाती है और वह अपने फ्लैट में रहने के लिए आ जाता है, तो उसे 'कब्जा' कहा जाता है।

रजिस्ट्री/सेल डीड

यह एक कानूनी दस्तावेज है, जो खरीददार और विक्रेता के द्वारा तैयार कराया जाता है। यह इसके द्वारा बिल्डर/विक्रेता प्रॉपर्टी से संबंधित कानूनी अधिकारों का हस्तांतरण खरीददार के नाम करता है। उपयुक्त स्टांप ड्यूटी (जो देश के अलग-अलग क्षेत्रों में 5 से 20 प्रतिशत तक होती है) चुकाकर इसे उप-पंजीयक के कार्यालय में पंजीकृत कराना अनिवार्य होता है। दस्तावेज का पंजीकरण प्रॉपर्टी से जुड़े व्यक्ति/संस्था की अनापत्ति के लिए एक कानूनी नोटिस के रूप में कार्य करता है।

अगर आप किसी बिल्डर से फ्लैट खरीद रहे हैं

जब आप बिल्डर से फ्लैट खरीदते हैं, तो सारी औपचारिकताएँ सामान्यतया बिल्डर द्वारा ही पूरी की जाती है। ऐसी स्थिति में सारी औपचारिकताओं पर नजर

रखना जरूरी होता है, अन्यथा बाद में आप मुसीबत में फँस सकते हैं। रजिस्ट्री भी बिल्डर द्वारा ही कराई जाती है। इसलिए जब रजिस्ट्री ड्राफ्ट तैयार हो जाए, तो बिल्डर से उसकी एक प्रतिलिपि माँगकर स्वयं देखें या रियल एस्टेट मामलों के जानकार किसी व्यक्ति/वकील को दिखाकर पता कर लें कि सेल एग्रीमेंट में उल्लिखित सारी बातें ड्राफ्ट में हैं या नहीं।

प्रतिष्ठित बिल्डर सामान्यतया जल्दी-से-जल्दी खरीददार को फ्लैट का कब्जा दे देना चाहता है; लेकिन कई बार प्रोजेक्ट पूरा होने में साल या छह महीने तक का विलंब हो जाता है। सेल एग्रीमेंट में प्राय: कब्जा देने के समय का उल्लेख होता है; लेकिन साथ ही एक अन्य धारा होती है, जिसमें श्रमिकों की हड़ताल, मंदी या किसी प्रकार के सरकारी प्रतिबंध के परिणामस्वरूप बिल्डिंग मटीरियल की अनुपलब्धता की स्थिति में छह माह तक के अतिरिक्त समय/ग्रेस पीरियड का उल्लेख होता है।

फ्लैट बुक करानेवाले खरीददार प्राय: किसी किराए के फ्लैट/मकान में रह रहे होते हैं। इसलिए वे जल्दी-से-जल्दी कब्जा देने के लिए बिल्डर पर दबाव बनाकर रखते हैं। इस प्रकार के दबाव की स्थिति में कई बार बिल्डर रजिस्ट्री के बिना ही फ्लैट का कब्जा आपको दे देता है। लेकिन इस प्रकार के कब्जे से आप कानूनन फ्लैट के स्वामी नहीं बनते, क्योंकि इसके लिए रजिस्ट्री जरूरी होती है।

डेवलपर रजिस्ट्री में विलंब क्यों करता है?

जब प्रोजेक्ट पूरी तरह से तैयार हो जाता है और अपार्टमेंट में सब सुविधाएँ (सड़क, लिफ्ट, गार्डन, जिम, स्विमिंग पूल आदि) अपनी-अपनी जगह पर काम करने लगती हैं, तो स्थानीय विकास प्राधिकरण एक कंप्लीशन सर्टिफिकेट (पूर्णता प्रमाण-पत्र) जारी करता है। यह प्रमाण-पत्र मिलने के बाद बिल्डर फ्लैटों की रजिस्ट्री कर सकता है।

रजिस्ट्री के बिना कब्जा लेने की स्थिति में क्या समस्याएँ आ सकती हैं?

रजिस्ट्री के बिना कब्जा लेने की स्थिति में एक तो बिल्डर की ओर से निर्माण या फिनिशिंग का काम मंदा पड़ जाता है और दूसरी ओर बिल्डर अन्य सुविधाओं के लिए अतिरिक्त राशि की माँग भी कर सकता है, जिसे पूरा करने के लिए आप विवश होंगे, क्योंकि उस समय तक बिल्डर ने फ्लैट की रजिस्ट्री नहीं की होती है, इस कारण आप पर मानसिक दबाव होता है कि कहीं वह फ्लैट की रजिस्ट्री करने से इनकार न कर दे।

रजिस्ट्री कब कराएँ और उस दौरान क्या-क्या सावधानियाँ बरतें?

हमेशा रजिस्ट्री के बाद ही फ्लैट का कब्जा लें। फ्लैट की सेल डीड पर हस्ताक्षर के समय अपार्टमेंट पूरी तरह से तैयार होना चाहिए। अगर आपने रजिस्ट्री के बिना कब्जा ले भी लिया है, तो कब्जे के छह माह के अंदर रजिस्ट्री करा लें। यह देख लें कि विभिन्न सुविधाएँ, जैसे—पार्किंग, कॉमन एरिया, ट्रांसफॉर्मर, जनरेटर आदि अपनी जगह पर व्यवस्थित हैं या नहीं।

रजिस्ट्रेशन के लिए आवश्यक दस्तावेज

यदि प्रॉपर्टी डेवलपर से खरीदी जा रही है, तो—डेवलपर को अपने नव-निर्मित अपार्टमेंट के लिए स्थानीय विकास प्राधिकरण से एक कंप्लीशन प्रमाण-पत्र लेना होता है, जो कब्जे के समय खरीददार को मिल जाता है।

यदि प्रॉपर्टी किसी व्यक्ति/सामान्य विक्रेता से खरीदी जा रही है, तो—सेल डीड के अलावा संपत्ति कर से संबंधित दस्तावेज और हाउसिंग सोसाइटी की ओर से एक अनापत्ति प्रमाण-पत्र, जिसमें उल्लेख होता है कि आप फ्लैट के नए स्वामी हैं और आपने सोसाइटी का हस्तांतरण शुल्क अदा कर दिया है।

आपके निजी दस्तावेज—पैन कार्ड की फोटोकॉपी, फोटो पहचान-पत्र (पासपोर्ट/ड्राइविंग लाइसेंस), आवास प्रमाण-पत्र और दो गवाहों के हस्ताक्षर। अगर प्रॉपर्टी पर होम लोन है, तो बैंकर द्वारा जारी अनापत्ति प्रमाण-पत्र।

प्रॉपर्टी का रजिस्ट्रेशन जल्दी कराना जरूरी क्यों?

आवश्यकता—भारतीय पंजीकरण अधिनियम, 1908 की धारा 17 के अनुसार प्रॉपर्टी के हस्तांतरण, बिक्री या लीज से संबंधित दस्तावेज का पंजीकरण अनिवार्य है।

समय-सीमा—उपरोक्त अधिनियम की धारा 23 के अनुसार, सेल/गिफ्ट डीड तैयार कराने के चार माह के अंदर प्रॉपर्टी का पंजीकरण कराना अनिवार्य है।

दंड-शुल्क—विलंब की स्थिति में उपरोक्त अधिनियम की धारा 34 के प्रावधान के अनुसार, निर्धारित विलंब-शुल्क अदा करके अगले चार माह में प्रॉपर्टी का पंजीकरण कराया जा सकता है।

प्रॉपर्टी के उत्तराधिकार-परिवर्तन खारिज-दाखिल की प्रक्रिया (म्युटेशन की जरूरत)

प्रॉपर्टी बेचते समय विक्रेता को कई अलग-दस्तावेज खरीददार को सौंपने होते हैं। इस संदर्भ में खरीददार प्राय: विक्रेता से नवीनतम उत्तराधिकार-पत्र की माँग करता है। इसलिए इस दस्तावेज के बारे में जान लेना जरूरी है।

प्रॉपर्टी के उत्तराधिकार-परिवर्तन (म्युटेशन) का अर्थ क्या है?

प्रॉपर्टी की बिक्री या हस्तांतरण के समय विक्रेता की ओर से क्रेता को स्वामित्व का हस्तांतरण किया जाता है, जिसके आधार पर क्रेता प्रॉपर्टी का नया स्वामी बनता है और प्रॉपर्टी से संबंधित लेन-देन या कर आदि का भुगतान नए स्वामी के नाम से चलने लगता है।

प्रक्रिया

प्रॉपर्टी के म्युटेशन के लिए अलग-अलग राज्य में अलग-अलग दस्तावेज-प्रक्रिया और अलग-अलग राजस्व शुल्क वसूल किया जाता है। इसके लिए सामान्यतया एक सादे कागज पर आवेदन करते हुए उसे संबंधित क्षेत्र के राजस्व अधिकारी के कार्यालय में जमा कराना होता है। आवेदन-पत्र के साथ निर्धारित मूल्य का गैर-न्यायिक स्टांप पेपर भी संलग्न करना होता है, जिस पर अन्य आवश्यक सूचनाएँ अंकित होती हैं। इसके अलावा अंतिम रजिस्ट्री एवं चेन ऑफ प्रॉपर्टी डॉक्यूमेंट्स की प्रतिलिपि भी संलग्न करनी पड़ेगी

❑

रेंट एग्रीमेंट

रेंट एग्रीमेंट और लीज व लाइसेंस एग्रीमेंट को प्राय: एक मान लिया जाता है, लेकिन दोनों में एक बड़ा अंतर होता है।

लीज एग्रीमेंट/रेंटल एग्रीमेंट/टेनैंसी एग्रीमेंट

यह एग्रीमेंट राज्य किराया नियंत्रण अधिनियम के अंतर्गत आता है। संपत्ति हस्तांतरण अधिनियम, 1882 की धारा 105 में लीज को एक निश्चित अवधि के लिए या सदैव के लिए किसी प्रॉपर्टी के उपयोग के अधिकार के हस्तांतरण के रूप में परिभाषित किया गया है। प्रॉपर्टी का स्वामी समय-समय पर इसका नवीनीकरण करता है, यानी जब एक लीज की अवधि पूरी हो जाती है, तो उसके स्थान पर नया लीज एग्रीमेंट तैयार होता है।

लीज व लाइसेंस एग्रीमेंट

भारतीय हकसफा अधिनियम, 1882 की धारा 52 में लाइसेंस को परिभाषित किया गया है। इसमें लाइसेंसधारी को एक सीमित अवधि के लिए प्रॉपर्टी को उपयोग में लाने का अधिकार दिया जाता है। यह स्थानीय किराया नियंत्रण अधिनियम के अधीन आता है। भू-स्वामी सामान्यतया इस तरह के एग्रीमेंट को प्राथमिकता देते हैं। इसकी न्यूनतम अवधि 11 माह होती है। उसके बाद इसका नवीनीकरण कराना होता है। ग्यारह माह से अधिक की अवधिवाले लाइसेंस का पंजीकरण उप-पंजीयक के कार्यालय में कराना अनिवार्य होता है।

लीज डीड पर निर्धारित शुल्क का स्टांप लगाना और उसका पंजीकरण कराना अनिवार्य होता है। इसमें लीव व लाइसेंस की अपेक्षा ज्यादा स्टांप ड्यूटी अदा करनी होती है। यदि तीन वर्ष में ज्यादा की अवधि है, तो दोनों में बराबर स्टांप ड्यूटी अदा करनी होती है।

अगर आप किराएदार हैं

आपको कई कारणों से किराए के मकान/फ्लैट की जरूरत पड़ सकती है—

- जब आपका तबादला किसी अन्य शहर में हो जाए, जहाँ आपका अपना मकान न हो।
- जब अचानक आपको कुछ समय के लिए कहीं जाना पड़ जाए।
- जब आपके पास मकान/फ्लैट खरीदने के लिए पैसे न हों।
- जब पैसे होते हुए भी आपको अपनी पसंद या जरूरत के अनुसार मकान न मिल रहा हो।
- जब आप मकान/फ्लैट खरीदकर उसे सँभालने की स्थिति में न हों।

इकतीस वर्षीय वाहिद खान, जो स्वयं एक बैंकर हैं, ने दो साल पहले जयपुर के गोपालपुरा बाईपास पर एक किराए का मकान लिया। उस समय उन्होंने यही सोचा था कि जब तक किसी दूसरे शहर में उनका तबादला नहीं होगा या (2-3 साल में) जब तक अपना स्वयं का फ्लैट नहीं खरीदेंगे, तब तक उसी मकान में रहेंगे। मकान अच्छी स्थिति में था और उनके बैंक (कार्यालय) के निकट था, इसलिए उन्होंने रेंट एग्रीमेंट पर फटाफट हस्ताक्षर कर दिए। एग्रीमेंट के अनुसार वह 6000 रुपए प्रतिमाह किराया देने के लिए तैयार हो गए और 18 हजार रुपए (तीन महीने का किराया) एडवांस भी दे दिया।

परंतु छह महीने के बाद ही मकान-मालिक एक हजार रुपए प्रतिमाह किराया बढ़ाने की बात करने लगा। दरअसल उस क्षेत्र में कोचिंग कक्षाओं की सुविधा बढ़ जाने से छात्र-छात्राओं की आवक अचानक बहुत बढ़ गई; परिणामस्वरूप किराया बढ़ गया। अब वाहिद खान के सामने दो विकल्प थे—किराया बढ़ाकर दें या कोई और मकान देखें। मकान-मालिक ने उन्हें बताया कि किराए में इस प्रकार की बढ़ोतरी एक आम बात है। चूँकि रेंट एग्रीमेंट में इससे संबंधित कोई उल्लेख नहीं था, इसलिए वह कोई कानूनी सहायता भी नहीं ले सकते थे और इतनी जल्दी दूसरा मकान तलाश करना भी आसान नहीं था, इसलिए वह किराया बढ़ाकार देने के लिए तैयार हो गए।

रेंट एग्रीमेंट पर हस्ताक्षर करने से पहले

वाहिद ने यदि रेंट एग्रीमेंट पर हस्ताक्षर करने से पहले उसे ध्यान से पढ़ा होता तो उसमें आवश्यक बदलाव करके वह इस दिक्कत से बच सकते थे। लेकिन ज्यादातर किराएदारों को पता ही नहीं होता कि रेंट एग्रीमेंट में किन-किन बातों का उल्लेख होना चाहिए। यहाँ हम ऐसी कुछ बातों पर चर्चा करेंगे।

प्रॉपर्टी किराए पर देनेवाला व्यक्ति क्या प्रॉपर्टी का वास्तविक स्वामी है?

कभी-कभी कोई अनिवासी भारतीय या कोई अन्य निवेशक अपनी प्रॉपर्टी का केयरटेकर नियुक्त कर देता है। केयरटेकर उसका फायदा उठाते हुए प्रॉपर्टी किसी तीसरे व्यक्ति को किराए पर या लीज पर दे देता है, जिसके बारे में प्रॉपर्टी के मालिक को कुछ पता नहीं होता, इसलिए लीज डीड या सेल डीड पर हस्ताक्षर करने से पहले प्रॉपर्टी के दस्तावेजों की अच्छी तरह जाँच-पड़ताल कर लें। अगर मकान/फ्लैट किसी हाउसिंग सोसाइटी में है, तो मकान-मालिक से शेयर सर्टिफिकेट देखने के लिए माँगें और साथ ही किराए पर रहने के लिए हाउसिंग सोसाइटी से अनापत्ति प्रमाण-पत्र भी लें। बिजली-पानी के बिल और संपत्ति कर के दस्तावेजों से भी पता लगाया जा सकता है कि कोई व्यक्ति प्रॉपर्टी का वास्तविक स्वामी है या नहीं।

एग्रीमेंट की अवधि और नवीनीकरण

रेंट एग्रीमेंट में उन शर्तों का उल्लेख होता है, जिनके आधार पर प्रॉपर्टी किराए पर ली या दी जाती है। इसमें उल्लेख होता है कि प्रतिमाह कितना किराया देना है, मकान-मालिक के पास कितनी राशि एडवांस जमा करानी है और एग्रीमेंट कितने समय तक मान्य है। एग्रीमेंट में किराया अदा करने की तिथि का भी उल्लेख होता है; जैसे—हर महीने की 5 तारीख या 10 तारीख को। एग्रीमेंट में यह भी उल्लेख होना चाहिए कि यदि किराएदार निर्धारित तिथि को किराया नहीं दे पाता, तो उसके लिए कोई दंड-शुल्क वसूला जाएगा या नहीं, यदि हाँ तो कितना?

रेंट एग्रीमेंट की अवधि सामान्यतया 11 माह होती है; या यदि उसमें अलग से कोई अवधि दी गई है, तो वही उसकी अवधि मानी जाती है। यदि इसकी अवधि 1 वर्ष से अधिक है, तो मकान-मालिक को उसका पंजीकरण कराना पड़ता है। एग्रीमेंट में एक धारा ऐसी होती है, जिसमें उल्लेख होता है कि यदि अवधि पूरी होने से पहले कोई पक्ष एग्रीमेंट को निरस्त करना चाहता है, तो उसे इस संबंध में एक निश्चित अवधि का नोटिस देना होगा और साथ ही, इसकी क्षतिपूर्ति के रूप में दूसरे पक्ष को निर्धारित दंड-शुल्क अदा करना होगा। ज्यादा किराएवाली प्रॉपर्टी के मामले में नोटिस की अवधि सामान्यतया दो माह और कम किराएवाली प्रॉपर्टी के मामले में यह अवधि 1 माह की हो सकती है।

किराया बढ़ने-बढ़ाने के लिए शर्त

पीछे हमने श्री वाहिद की कहानी पढ़ी, जिसमें अचानक किराया बढ़ जाने से उनके सामने समस्या आ गई। किराएदार को रेंट एग्रीमेंट में यह देख लेना चाहिए कि मकान-मालिक ने किराया बढ़ाने से संबंधित धारा में किराया बढ़ाने की अवधि या शर्त में क्या लिखा है। सबसे अच्छा तो यह होगा कि रेंट एग्रीमेंट में साफ-साफ उल्लेख हो कि किराया कब और किस दर से बढ़ाया जाएगा—जैसे हर साल या हर नवीनीकरण पर पाँच प्रतिशत। इससे आपको अचानक वाहिद जैसी समस्या का सामना नहीं करना पड़ेगा।

बिजली, पानी के बिल और अन्य मासिक शुल्क के भुगतान की स्थिति

रेंट एग्रीमेंट में प्रॉपर्टी के साथ उपलब्ध सुविधाओं, जैसे—पार्किंग, जिम आदि के उपयोग से संबंधित धारा भी हो सकती हैं। इसके अलावा सोसाइटी को अदा किया जानेवाला रख-रखाव शुल्क और क्लब शुल्क भी आता है। इसके बारे में साफ-साफ उल्लेख होना चाहिए कि इन मासिक शुल्कों का भुगतान कौन करेगा। यदि दोनों में से कोई पक्ष एग्रीमेंट की शर्तों का उल्लंघन करता है, तो दूसरा पक्ष उसके खिलाफ जुरमाने का दावा कर सकता है।

नोटिस अवधि और निरस्तीकरण से संबंधित धारा

रेंट एग्रीमेंट में यह भी उल्लेख होना चाहिए कि मकान-मालिक यदि रेंट एग्रीमेंट की अवधि के दौरान मकान को बेचना चाहता है, तो किराएदार को दूसरा मकान ढूँढ़ने के लिए कितने माह का समय मिलेगा।

एग्रीमेंट पर हस्ताक्षर करने से पहले यह भी देख लें कि मकान में लगे सभी उपकरण ठीक ढंग से काम कर रहे हैं; क्योंकि यदि आप ऐसा नहीं करते, तो पहले से खराब पड़े किसी उपकरण की मरम्मत की जिम्मेदारी आप पर आ सकती है। हाँ, अगर आपकी लापरवाही के कारण प्रॉपर्टी में कहीं टूट-फूट होती है, तो मकान-मालिक आपके द्वारा जमा की गई सिक्योरिटी की राशि से उसकी मरम्मत कराने का अधिकार रखता है।

आपको बिजली, पानी और गैस आदि के बिल से संबंधित दस्तावेजों को देखने का अधिकार है, जिनसे पता चल सके कि सारे बिल क्लीयर हैं या नहीं।

यदि आप स्वयं मकान-मालिक हैं

किराएदार की पृष्ठभूमि जानें

रेंट एग्रीमेंट पर हस्ताक्षर करने से पहले किराएदार की पृष्ठभूमि के बारे में जानना बहुत जरूरी होता है। इसके लिए आप किराएदार के नियोजक (जहाँ वह नौकरी करता है) या पूर्व मकान-मालिक से उसके बारे में पता लगा सकते हैं; साथ ही उससे एक रेफरेंस सर्टिफिकेट भी माँगे और उसका स्थायी पता तथा गैस कनेक्शन से संबंधित दस्तावेजों की सत्यापित प्रतिलिपि अपने पास जमा कराएँ, ताकि जरूरत पड़ने पर उसकी तलाश की जा सके। अंत में, उसके ऑफिस या कार्यस्थल के पते और अन्य सारे दस्तावेजों की जाँच करें।

पुलिस जाँच

पुलिस जाँच न कराना भारतीय दंड संहिता की धारा 188 के अंतर्गत दंडनीय अपराध है। किराएदार की पुलिस जाँच कराना हर मकान-मालिक के लिए कानूनन जरूरी है। पुलिस जाँच के फॉर्म में मकान-मालिक को किराएदार का नाम, पिता का नाम, उम्र, स्थायी पता और किराए के मकान में रहने का उद्‌देश्य भरना होता है। कई राज्यों में यह फॉर्म ऑनलाइन उपलब्ध है। फॉर्म भरकर उसके साथ किराएदार की फोटो और पैन कार्ड, लीज एग्रीमेंट तथा एड्रेस प्रूफ की प्रतिलिपि लगाकर स्थानीय पुलिस थाने में जमा कराना होता है। इससे किराएदार के अपराधी पृष्ठभूमि का होने का खतरा नहीं रह जाता। इस सर्टिफिकेट की एक प्रति हाउसिंग सोसाइटी के ऑफिस में भी जमा कराएँ।

लीज एग्रीमेंट का पंजीकरण

यदि आप कुछेक महीने के लिए अपनी प्रॉपर्टी किराए पर दे रहे हैं, तो लीज एग्रीमेंट जरूरी नहीं होता; लेकिन यदि इसकी अवधि 11 माह या अधिक है, तो लीज एग्रीमेंट जरूरी हो जाता है। इसमें लीज एग्रीमेंट की अवधि, किराए की राशि (एडवांस) जमा राशि के विवरण के साथ-साथ एग्रीमेंट के निरस्तीकरण और किराएदार द्वारा प्रॉपर्टी खाली करने से इनकार करने की स्थिति में दंडात्मक काररवाई से संबंधित धारा होती है। अगर आप एक वर्ष से अधिक समय के लिए अपनी प्रॉपर्टी किराए पर दे रहे हैं, तो लीज एग्रीमेंट का पंजीकरण जरूर कराएँ; इससे इस स्थिति में आपको कानूनी मदद मिलेगी, जब किराएदार प्रॉपर्टी खाली करने या किराया देने से इनकार कर दे।

अगर किराएदार प्रॉपर्टी खाली करने से इनकार कर दे

ऐसी समस्या तब उत्पन्न हो सकती है, जब मकान किराए पर देने से पहले आप आवश्यक कानूनी औपचारिकताएँ पूरी नहीं करते। किराएदार एवं मकान-मालिक के बीच आपसी संबंध की बात आती है, तो सबसे अच्छा यही होता है कि सबकुछ पहले से लिखित रूप में तय कर लिया जाए। कई बार ज्यादा किराए के लालच में आकर मकान-मालिक ऐसे व्यक्ति को अपनी प्रॉपर्टी किराए पर दे देता है, जो बाद में एक बड़ी मुसीबत का कारण बन जाता है और इस प्रकार मकान-मालिक एवं किराएदार के बीच कानूनी लड़ाई शुरू हो जाती है।

अब बंगलौर के विकास सोलंकी को ही लीजिए। वर्ष 2006 में उन्होंने बनेरगट्टा रोड स्थित अपने दूसरे मकान को एक दलाल के माध्यम से किराए पर दिया। किराएदार परिवार का बहुत भला लग रहा था, इसलिए उन्हें लगा कि उनकी प्रॉपर्टी सुरक्षित रहेगी। लेकिन उस समय उनके पैरों तले से जमीन खिसक गई, जब एक वर्ष की अवधि पूरी होने पर किराएदार ने प्रॉपर्टी खाली करने से इनकार कर दिया।

वह पुलिस की मदद भी नहीं ले सकते थे, क्योंकि उन्होंने कानूनी औपचारिकताएँ पूरी नहीं की थीं। इसलिए उन्होंने अदालत का दरवाजा खटखटाया, जहाँ उन्हें बताया गया कि उन्हें अपनी प्रॉपर्टी, तभी खाली मिलेगी, जब अदालत का फैसला उनके पक्ष में हो। कहने की बात नहीं कि अदालती कार्यवाही में लंबा समय लग जाता है। हालाँकि विकास खुशकिस्मत थे कि उन्हें एक स्थानीय मध्यस्थ मिल गया, जिसके हस्तक्षेप से वह एक लंबी कानूनी लड़ाई से बच गए।

इस प्रकार की स्थितियों से बचने का सबसे अच्छा तरीका यही है कि अपनी प्रॉपर्टी किराए पर देने से पहले पूरी सावधानी बरतें और सारी कानूनी औपचारिकताएँ पूरी करें।

प्रॉपर्टी खाली कराने का आधार

लीज एग्रीमेंट की अवधि पूरी होने पर मकान-मालिक किराएदार से मकान खाली करा सकता है। या फिर यदि किराएदार किराया नहीं देता या मकान में किसी प्रकार की अवैध गतिविधि संचालित करता पाया जाता है, तो मकान-मालिक उससे अपना मकान खाली करा सकता है। यदि किराएदार आपकी अनुमति के बिना प्रॉपर्टी का कोई हिस्सा या पूरी प्रॉपर्टी अपनी ओर से किसी तीसरे व्यक्ति को किराए पर देता है, तो आप उससे प्रॉपर्टी खाली करा सकते हैं। हालाँकि किराएदार के चुनाव

में बहुत सावधानी बरतने और लीज एग्रीमेंट कराने के बावजूद भी कई बार धूर्त किराएदार से पाला पड़ जाता है। ऐसे किराएदार को हटाने के लिए कभी-कभी कुछ लोग ऐसे कदम उठाने की सलाह देते हैं, जो गैर-कानूनी होते हैं। उससे बचें। किराएदार को हटाने के लिए बिजली-पानी का कनेक्शन कटवा देना या बल-प्रयोग करना गैर-कानूनी होता है। इसलिए ऐसे तरीके अपनाने से बचें। तो फिर ऐसी स्थिति से निपटने के लिए क्या करें ?

पुलिस की भूमिका एक निश्चित सीमा तक ही होती है

मित्रो, हमेशा ध्यान रखें कि इस मामले में पुलिस की भूमिका सीमित होती है। यदि किराएदार किसी प्रकार की अवैध गतिविधि में लिप्त पाया जाता है, तो उस स्थिति में पुलिस आपकी मदद कर सकती है। परंतु यदि वह प्रॉपर्टी खाली करने या किराया देने से इनकार करता है, तो यह मामला पुलिस के अधिकार क्षेत्र में नहीं आता है। हाँ, यदि अदालत किराएदार को प्रॉपर्टी खाली करने का आदेश देती है, तो पुलिस उससे प्रॉपर्टी खाली कराएगी; यदि वह प्रॉपर्टी खाली करने से इनकार करता है, तो पुलिस बल प्रयोग करके उससे प्रॉपर्टी खाली कराएगी।

राज्य के नियुक्त प्राधिकरण से संपर्क करें

किराया नियंत्रण अधिनियम के अंतर्गत राज्य सरकार ने एक विशेष प्राधिकरण नियुक्त किया है, जो अपने अधिकार क्षेत्र में आनेवाले किराए की प्रॉपर्टी से जुड़े विवादों का निपटारा करता है। विवाद की स्थिति में कोई भी मकान-मालिक इस प्राधिकरण की मदद ले सकता है। उसे अपने साथ सारे पंजीकृत दस्तावेज ले जाने होंगे। प्राधिकरण दोनों पक्षों की बात सुनकर अपना फैसला देता है। इस प्रक्रिया में 5-6 माह का समय लग सकता है।

फैसले से संतुष्ट न होने की स्थिति में सिविल कोर्ट का दरवाजा खटखटाएँ

यदि कोई पक्ष प्राधिकरण के फैसले से संतुष्ट नहीं है, तो वह सिविल कोर्ट का दरवाजा खटखटा सकता है। इस स्तर पर कोर्ट का फैसला आने में एक से दो साल तक का समय लग जाता है। यदि उसके फैसले से भी कोई पक्ष संतुष्ट नहीं है, तो वह उच्च न्यायालय में अपनी अर्जी दे सकता है।

□

किराए की प्रॉपर्टी में सह-स्वामित्व

भारत में बहुत से लोग संयुक्त नाम से प्रॉपर्टी खरीदते हैं। पहले हम चर्चा कर चुके हैं कि संयुक्त नाम से प्रॉपर्टी खरीदने पर आयकर अधिनियम की धारा 80 (सी) और धारा 24 के अंतर्गत कर में बचत का लाभ मिलता है। अब हम चर्चा करेंगे कि किस प्रकार संयुक्त नाम से प्रॉपर्टी खरीदने पर आप आयकर अधिनियम, 1961 की धारा 26 के अंतर्गत लाभ उठा सकते हैं।

पहले हम आयकर अधिनियम, 1961 की धारा 26 के बारे में जान लें। आयकर अधिनियम की यह धारा दो या दो से अधिक व्यक्तियों के नाम संयुक्त स्वामित्ववाली प्रॉपर्टी से संबंधित है, जिससे रेंटल इनकम आ रही हो, जब प्रॉपर्टी जिस पर बिल्डिंग खड़ी हो या कुछ हिस्सा जमीन के रूप में हो, पर दो या दो से अधिक व्यक्तियों का संयुक्त स्वामित्व हो और उनका अलग-अलग शेयर निर्धारित हो तो उन व्यक्तियों को एसोसिएशन की श्रेणी में नहीं रखा जाएगा और प्रॉपर्टी से प्रत्येक व्यक्ति को होनेवाली आय की गणना उपरोक्त आयकर अधिनियम की धाराओं 22-25 के अनुसार होगी।

परिवार के दो या दो से अधिक व्यक्तियों के नाम संयुक्त रूप से रेजीडेंशियल, कॉमर्शियल या इंडस्ट्रियल प्रॉपर्टी खरीदने से उससे होनेवाली रेंटल इनकम पर कर की बचत की जा सकती है। संयुक्त स्वामित्व में प्रॉपर्टी खरीदने पर सेल डीड में स्पष्ट रूप से उल्लेख करना होता है कि प्रत्येक सह-स्वामी का प्रॉपर्टी में कितना शेयर होगा, साथ ही, इसके लिए जरूरी है कि प्रत्येक सह-स्वामी अपने शेयर के अनुसार प्रॉपर्टी में निवेश करे। यानी प्रॉपर्टी खरीदने में प्रत्येक सह-स्वामी अपना-अपना पैसा लगाएगा। यदि सह-स्वामी के पास पर्याप्त धनराशि नहीं है, तो वे किसी बैंक, गैर-बैंकिंग वित्तीय संस्था या मित्र, रिश्तेदार से संयुक्त होम लोन ले सकते हैं। यदि आप अपनी पत्नी से

लोन लेते हैं, तो यह सुनिश्चित करना होगा कि उसकी ब्याज दर बैंक लोन की ब्याज दर के प्राय: बराबर हो।

इस संबंध में आइए, श्री और मिसेज सक्सेना का उदाहरण लेते हैं, जो 50 लाख रुपए में एक मकान संयुक्त नाम से खरीदने जा रहे हैं। इसके लिए वे बैंक से 40 लाख रुपए का संयुक्त होम लोन ले रहे हैं। अब, प्रत्येक को अपने बचत खाते से 5-5 लाख रुपए (मार्जिन मनी के रूप में) मिलाने होंगे (क्योंकि मार्जिन मनी की कुल राशि 10 लाख रुपए होगी), ताकि रजिस्ट्री में दोनों के बराबर-बराबर शेयर का स्पष्ट उल्लेख हो। प्रॉपर्टी में संयुक्त सह-स्वामी की संख्या के संबंध में कोई निर्धारित सीमा नहीं है।

जब दो या दो से अधिक व्यक्ति किसी मकान/फ्लैट/शोरूम/ऑफिस के संयुक्त सह-स्वामी हों और प्रॉपर्टी किराए पर दे रखी हो, तो उससे होनेवाली आय को संस्थागत आय की श्रेणी में न रखकर व्यक्तिगत आय की श्रेणी में रखा जाता है और प्रत्येक सह-स्वामी को अलग-अलग आयकर रिटर्न फाइल करना होता है।

मान लीजिए, आप एक मकान अपने अकेले के नाम से खरीदते हैं और उसे पचास हजार रुपए मासिक किराए पर दे देते हैं। इस प्रकार प्रॉपर्टी से आपकी रेंटल इनकम छह लाख रुपए वार्षिक हुई। इसके अलावा, आपके पास व्यवसाय या नौकरी से भी आय आती है। मान लीजिए, रेंटल इनकम और व्यवसाय या नौकरी से प्राप्त आय को एक में मिला देने पर आपकी कुल आय 20% स्लैब के ऊपर पहुँच जाती है और आपका देय आयकर 30% के सर्वोच्च स्लैब पर पहुँच जाएगा।

अब, यदि वही प्रॉपर्टी आपने परिवार के किसी सदस्य (पत्नी, पिता, माता, भाई) के साथ मिलकर संयुक्त नाम से खरीदी होती, तो प्रत्येक की रेंटल इनकम 3 लाख रुपए वार्षिक होती। आपका इनकम टैक्स स्लैब अपेक्षाकृत नीचे होता और आपको कम कर चुकाना पड़ता। इस प्रकार आप हाउसिंग प्रॉपर्टी से होनेवाली आय पर आयकर की दर में कमी का लाभ उठा सकते हैं।

परंतु आयकर अधिनियम, 1961 की धारा 26 के प्रावधानों का लाभ लेने के लिए एक बात हमेशा ध्यान में रखें कि रेंटल इनकम प्रत्येक सह-स्वामी के नाम से अलग-अलग हो। यानी रेंटल इनकम किसी एक व्यक्ति/सह-स्वामी के नाम नहीं होनी चाहिए। इस प्रकार आयकर अधिनियम के प्रावधानों का पूरा-पूरा लाभ उठाते हुए अपनी रेंटल इनकम पर कर में कमी का फायदा लें।

□

गिफ्ट डीड एवं रिलिंक्विशमेंट डीड

एक दिन श्रीमती विमला देवी शर्मा, पत्नी स्व. श्री प्रकाश शर्मा, उम्र 45 वर्ष, बैंक में मेरे पास एक हाउसिंग लोन के लिए आईं। उनके पास लीज डीड की एक फोटोकॉपी थे, जिसमें तीन व्यक्तियों के नाम थे—पहला उनका अपना नाम यानी श्रीमती विमला देवी शर्मा, दूसरा श्री यश (पुत्र) उम्र 19 वर्ष और तीसरा मिस श्रेया (पुत्री) उम्र 23 वर्ष। उन्होंने मुझे बताया कि पहले प्रॉपर्टी उनके पति के नाम थी, उनकी मृत्यु के बाद स्थानीय विकास प्राधिकरण ने तीनों उत्तराधिकारियों के नाम एक लीज डीड जारी कर दी। अब उनकी बेटी विवाहित है। उन्होंने आगे बताया कि उनकी बेटी इस प्रॉपर्टी में कोई हिस्सा नहीं चाहती है। अंत में उन्होंने पूछा कि अब उन्हें क्या करना चाहिए?

उन्होंने मुझसे अपनी बेटी का हिस्सा अपने नाम ट्रांसफर कराने के लिए भी सुझाव माँगा। मित्रो, इस प्रकार के मामले में हमेशा सेल डीड उपयुक्त नहीं होती। खासकर तब, जब आप इसे अपने रिश्तेदारों को देना चाहते हों। इस तरह के मामले में गिफ्ट डीड या रिलिंक्विशमेंट (पृथक्करण) डीड की जरूरत पड़ती है। लेकिन यहाँ यह जान लेना जरूरी है कि ये दोनों डीड अलग-अलग हैं और दोनों के उद्देश्य और सीमाएँ भी अलग-अलग हैं। प्रॉपर्टी के हस्तांतरण में दोनों की अपनी अलग भूमिका होती है। इसलिए किसी फाइनेंशियल प्लानर या वकील से सलाह लेकर ही डीड तैयार कराएँ।

सेल डीड

अचल-संपत्ति के हस्तांतरण में काम आनेवाला यह सबसे आम दस्तावेज है। इसमें एक पक्ष खरीददार और दूसरा पक्ष विक्रेता होता है। सेल डीड में एक ओर से धनराशि का हस्तांतरण होता है। उप-पंजीयक के कार्यालय में इसका पंजीकरण

अनिवार्य होता है, जहाँ खरीददार को राज्य स्टांप अधिनियम के अनुसार निर्धारित स्टांप शुल्क अदा करना होता है।

गिफ्ट डीड/दान-पत्र

गिफ्ट डीड के माध्यम से आप धनराशि का आदान-प्रदान किए बिना अपनी संपत्ति गिफ्ट के रूप में किसी व्यक्ति को देकर स्वामित्व का हस्तांतरण कर सकते हैं। इसका ड्राफ्ट निर्धारित शुल्क के स्टांप पेपर पर तैयार किया जाता है, जिस पर दो गवाहों के हस्ताक्षर होते हैं। पंजीकरण अधिनियम, 1908 की धारा 17 के अंतर्गत इसका पंजीकरण कराना अनिवार्य है, जिसके बिना हस्तांतरण अवैध माना जाएगा। इस प्रकार के हस्तांतरण को बाद में बदला नहीं जा सकता। कहने का तात्पर्य है, अगर आप अपनी प्रॉपर्टी अपने किसी प्रियजन को गिफ्ट कर देते हैं, तो वह प्रॉपर्टी उसकी हो जाती है और आप इस संपत्ति हस्तांतरण को पलट नहीं सकते और न ही लाभार्थी से किसी प्रकार की धनराशि की माँग कर सकते हैं।

चल संपत्ति, जैसे—ज्वैलरी, पेंटिंग आदि गिफ्ट करने के लिए पंजीकरण अनिवार्य नहीं होता। लेकिन किसी खाते में इसकी प्रविष्टि और औपचारिक हस्तांतरण आवश्यक हाता है। हाँ, आप चाहें तो इसके समर्थन में एक गिफ्ट डीड तैयार कर सकते हैं। कुछ खास संबंधियों को यदि आप प्रॉपर्टी गिफ्ट करते हैं, तो उन्हें गिफ्ट की गई प्रॉपर्टी पर कोई कर नहीं चुकाना पड़ता; इनमें पत्नी/पति, पत्नी या पति के वंशज, माता या पिता के भाई-बहन और हिंदू अनडिवाइडेड फैमिली के मामले में परिवार का कोई भी सदस्य आ सकता है। लेकिन अन्य (उपरोक्त रिस्तों से अलग) व्यक्तियों को गिफ्ट की गई प्रॉपर्टी पर कर देय होता है।

फायदे

जैसाकि आपने ऊपर पढ़ा, कुछ विशेष संबंधियों को गिफ्ट की गई प्रॉपर्टी कर-मुक्त होती है। हाँ, निर्धारित स्टांप शुल्क अदा करना पड़ता है, जो अलग-अलग राज्य के प्रावधानों के अनुसार 1-8 प्रतिशत तक हो सकता है। किसी गैर-रिश्तेदार व्यक्ति को गिफ्ट की गई प्रॉपर्टी के लिए स्टांप ड्यूटी 5-11 प्रतिशत तक हो सकती है।

खामियाँ

यद्यपि गिफ्ट डीड को पलटा नहीं जा सकता, लेकिन कुछ परिस्थितियों में इसे अदालत में चुनौती दी जा सकती है। इसके लिए धोखाधड़ी, जालसाजी को सबसे

ज्यादा आधार बनाया जाता है। अंततः यदि प्रॉपर्टी गिफ्टिंग में आपके साथ कोई धोखाधड़ी होती है, तो आप मामले को अदालत में ले जा सकते हैं। इसके लिए आप प्रॉपर्टी गिफ्ट करनेवाले व्यक्ति के मानसिक रूप से स्वस्थ न होने या उसके नाबालिग होने जैसी परिस्थितियों को आधार बना सकते हैं। फैसला आपके पक्ष में आने पर गिफ्ट डीड में हुए प्रॉपर्टी हस्तांतरण को पलटा जा सकता है। कोई भी गिफ्ट डीड ऐसी नहीं है, जिसे अदालत में चुनौती नहीं दी जा सकती; लेकिन गिफ्ट डीड का ड्राफ्ट तैयार करते समय किसी वकील से परामर्श जरूर ले लें, ताकि उसे चुनौती दिए जाने का मौका कम-से-कम रह जाए। संयुक्त स्वामित्ववाली प्रॉपर्टी गिफ्ट नहीं की जा सकती। यदि कोई प्रॉपर्टी आप और आपकी पत्नी—दोनों के नाम पंजीकृत हैं, तो पत्नी की सहमति के बिना आप उसे गिफ्ट नहीं कर सकते।

पृथक्करण डीड/हक त्याग-पत्र/रिलिंक्विशमेंट डीड

पीछे हमने श्रीमती विमला देवी के मामले के बारे में पढ़ा। ऐसे मामलों में पृथक्करण डीड प्रभावी होती है। वैसे तो इसकी कानूनी औपचारिकताएँ गिफ्ट डीड की तरह ही होती हैं, लेकिन यह डीड गिफ्ट डीड से बिल्कुल अलग होती है। रिलिंक्विशमेंट डीड या पृथक्करण डीड एक कानूनी दस्तावेज है, जिसके अंतर्गत कोई व्यक्ति अपनी किसी पैतृक या वंशानुगत प्रॉपर्टी का कानूनी अधिकार किसी अन्य उत्तराधिकारी, जैसे—भाई, बहन, माता या पिता आदि को हस्तांतरित करता है। अंग्रेजी भाषा के शब्द 'रिलिंक्विशमेंट' का अर्थ होता है, किसी प्रॉपर्टी के स्वामी द्वारा प्रॉपर्टी पर से अपना अधिकार छोड़कर किसी अन्य उत्तराधिकारी या सह-स्वामी के नाम हस्तांतरित कर देना। इस प्रकार, इसमें एक सह-स्वामी का हिस्सा बढ़ जाता है।

अगर आप किसी प्रॉपर्टी में से अपना हिस्सा छोड़कर किसी अन्य सह-स्वामी को हस्तांरित करना चाहते हैं, तो इस दस्तावेज की जरूरत पड़ती है। परंतु ध्यान रहे कि इस प्रकार का प्रॉपर्टी हस्तांतरण भी बाद में पलटा नहीं जा सकता है, भले ही इसमें किसी तरह की धनराशि का आदान-प्रदान नहीं होता। प्रॉपर्टी के हस्तांतरण से संबंधित अन्य दस्तावेजों की तरह इसमें भी दोनों पक्षों के हस्ताक्षर होते हैं; और ध्यान रहे कि पंजीकरण अधिनियम, 1908 की धारा 17 के अंतर्गत पृथक्करण डीड का पंजीकरण अनिवार्य है। स्टांप ड्यूटी गिफ्ट डीड की तरह ही देय होती है। लेकिन इसमें गिफ्ट डीड की तरह प्रॉपर्टी कर-मुक्त नहीं होती। स्टांप ड्यूटी और कर-प्रॉपर्टी की कुल वैल्यू के आधार पर देय नहीं होता, बल्कि प्रॉपर्टी के उतने ही हिस्से पर देय होता है, जितना पृथक् किया जाता है।

फायदे—यह दस्तावेज प्राय: उस स्थिति में प्रभावी होता है, जब कोई व्यक्ति अपनी प्रॉपर्टी की वसीयत किए बिना मर जाता है और उसके मरने के बाद परिवार के सारे सदस्य प्रॉपर्टी में अपना-अपना हिस्सा चाहते हैं। ऐसी स्थिति में प्रॉपर्टी के सभी कानूनी उत्तराधिकारी अपने हिस्से की प्रॉपर्टी का हस्तांतरण किसी एक कानूनी उत्तराधिकारी के नाम करते हुए पृथक्करण डीड तैयार करवा सकते हैं। इसमें प्रॉपर्टी का हस्तांतरण करनेवाला व्यक्ति अपने हिस्से के बदले में दूसरे पक्ष (जिसके नाम प्रॉपर्टी का हस्तांतरण किया जा रहा है) से धनराशि भी ले सकता है। भारत में माता-पिता दोनों की मौत के बाद बेटियाँ पैतृक संपत्ति में से अपनी हिस्सेदारी छोड़कर भाइयों को हस्तांतरित करने के लिए प्राय: पृथक्करण डीड का सहारा लेती हैं।

खामियाँ—इसमें प्रॉपर्टी किसी भी तरह से करमुक्त नहीं होती, क्योंकि इसमें प्रॉपर्टी का हस्तांतरण गिफ्ट के आधार पर न होकर पृथक्करण के आधार पर होता है। इस प्रकार अगर आप धनराशि लेकर प्रॉपर्टी की पृथक्करण डीड कर रहे हैं, तो आपके द्वारा प्राप्त की गई धनराशि को 'कैपिटल गेन' माना जाएगा।

☐

प्रॉपर्टी बेचने से पहले क्या ध्यान में रखें?

अगर आप रियल एस्टेट में निवेश कर रहे हैं, तो यह जान लेना जरूरी है कि रियल एस्टेट में निवेश का लाभ तभी मिलता है, जब आप कम-से-कम 3-5 साल के लिए निवेश करें। रियल एस्टेट आपको रातोंरात अमीर नहीं बना सकता। इसमें निवेश करने के बाद आपको देखना होता है कि कब उसे भुनाना ठीक रहेगा।

फ्लिप के चक्कर में न पड़ें, तो अच्छा रहेगा। (फ्लिप का मतलब होता है, प्रॉपर्टी खरीदकर कीमत बढ़ने का इंतजार करना और कीमत बढ़ते ही उसे बेच देना।)

इसके लिए आपको मैक्रो (समष्टि) और माइक्रो (व्यष्टि) बाजार-चक्र को समझना होगा। रियल एस्टेट के फायदों और खामियों के बारे में जानना होगा। यह भी जानना होगा कि प्रॉपर्टी को कब बेचा जाए, ताकि उससे ज्यादा लाभ अर्जित किया जा सके।

हर उद्योग-क्षेत्र का अपना एक बाजार-चक्र होता है। इस चक्र के दौरान व्यवसाय कभी उच्चतम बिंदु पर होता है, तो कभी सबसे नीचे लुढ़क जाता है। रियल एस्टेट के क्षेत्र में भी ऐसा ही एक चक्र होता है। जब प्रॉपर्टी की कीमतें कम हों, तो खरीदने का काम करें और जब कीमतें तेजी पर हों तो बेचने का काम करना चाहिए। इसलिए बाजार-चक्र पर नजर रखें। लेकिन ध्यान रखें कि कीमतें तेजी पर होने के समय निवेश करना जोखिमपूर्ण हो सकता है, क्योंकि प्रॉपर्टी की कीमतों में इस प्रकार की तेजी के बाद अचानक मंदी का अंदेशा भी रहता है!

सफल निवेशक वही होता है, जो व्यष्टि और समष्टि बाजार-चक्र की बारीकियों को जानता है, कब निवेश करना है और कब उसे भुनाना है।

परंतु भारत में प्रॉपर्टी बाजार-चक्र प्रायः स्थिर रहता है। इसमें तेजी-मंदी की गति धीमी होती है। एक पेशेवर निवेशक इस तेजी-मंदी पर बराबर नजर रखता

है और तेजी का रुख देखते ही अपने निवेश को भुना लेता है। आप प्रॉपर्टी चाहे जितने समय के लिए खरीद रहे हों, हमेशा उसकी गुणवत्ता देखकर ही खरीदें; जैसे उसकी स्थिति, निर्माण-गुणवत्ता, उपलब्ध सुविधाएँ और अन्य स्थानों से जुड़ाव।

निवेशक को प्रॉपर्टी में निवेश के लिए अवधि तय कर लेनी चाहिए। वैसे, कम-से-कम दो साल की अवधि के लिए निवेश करना चाहिए। तभी उसमें कैपिटल गेन का लाभ मिल पाता है। अगर आपने प्रॉपर्टी पर होम लोन लिया है, और आयकर अधिनियम की धारा 80 (सी) का लाभ उठा रहे हैं, तो उस स्थिति में प्रॉपर्टी को कम-से-कम पाँच साल तक रोकें, क्योंकि बीच में बेचने पर आपके द्वारा होम लोन पर चुकाई गई मूलधन की रकम पर जो कुछ लाभ मिला है, वह सब वापस हो जाएगा।

लोन पर लागू प्री-पेमेंट शुल्क (लोन की अवधि पूरी होने से पहले उसकी अदायगी पर लगनेवाला शुल्क) के बारे में जान लें। आजकल नेशनल हाउसिंग बोर्ड द्वारा जारी दिशा-निर्देशों के बाद बैंक प्री पेमेंट शुल्क वसूल नहीं कर रहे हैं। साथ ही यह भी देखें कि निवेश अवधि के दौरान आपको उससे कितनी रेंटल इनकम हो रही है? प्रॉपर्टी को बेचने के समय उसकी साज-सज्जा पर ध्यान दें। दलाल के माध्यम से प्रॉपर्टी बेचने पर दलाली शुल्क भी देना पड़ता है, जो प्राय: प्रॉपर्टी की कुल बिक्री कीमत का 1-2 प्रतिशत होता है।

प्रॉपर्टी बेचने के तीन मूल कारण हो सकते हैं–

1. जब प्रॉपर्टी निवेश के लिए खरीदी गई हो, तो लाभ कमाने के लिए।
2. कई बार व्यक्ति परिवार छोटा होने या बजट की कमी के कारण पहले छोटा मकान या फ्लैट खरीद लेता है, बाद में परिवार का आकार बढ़ जाने या आर्थिक स्तर ऊँचा होने पर वह उस प्रॉपर्टी को बेच देता है और उसकी जगह पर दूसरा बड़ा मकान/फ्लैट खरीद लेता है। लेकिन ऐसी स्थिति में भी आयकर और स्टांप ड्यूटी से जुड़े पहलुओं को ध्यान में रखें।

अगर आप उपरोक्त दो में से किसी कारण से प्रॉपर्टी बेच रहे हैं, तो बाजार में प्रॉपर्टी की कीमतें तेजी पर होने के समय ही बेचें।

3. कई बार परिवार के किसी सदस्य की बीमारी, शादी या व्यवसाय में घाटा होने के कारण व्यक्ति को अचानक पैसों की जरूरत पड़ जाती है, तब उसे प्रॉपर्टी बेचनी पड़ सकती है।

जब भी प्रॉपर्टी बेचने का निर्णय लें, कुछ महत्त्वपूर्ण बातों को ध्यान में रखें, ताकि आपको प्रॉपर्टी की अच्छी कीमत मिले।

1. फ्लैट/मकान को पहले खाली कर दें—इसका कारण यह है कि भरा (ऑक्युपाइड) होने की स्थिति में मकान/फ्लैट खाली मकान से 25-40 प्रतिशत तक छोटा दिखाई देता है। उपयोग की स्थिति में देखने पर खरीददार अकसर समझ नहीं पाता कि उसे कहाँ कितना स्पेस मिलेगा। इसके अलावा, खाली स्थिति में होने पर खरीददार को लगता है कि वह मकान/फ्लैट खरीदकर तुरंत उसमें शिफ्ट हो सकता है। एक और महत्त्वपूर्ण बात यह है कि मकान/फ्लैट में रहते हुए यदि आप उसे बेचने की घोषणा करते हैं, तो खरीददार उसे देखने के लिए किसी भी समय आ सकते हैं; इससे आपकी प्राइवेसी (निजता) प्रभावित होगी। और फिर खरीददार बनकर कोई चोर-उचक्का भी मकान देखने के लिए आ सकता है, जो किसी बड़े नुकसान का कारण बन सकता है। इसलिए मकान खाली रखें; उसकी एक चाबी दलाल के पास छोड़ दें और एक चाबी अपने पास रखें।

2. मकान/फ्लैट की साज-सज्जा करा दें—बेचने के समय मकान की साज-सज्जा करा दें। सफेदी करा दें, दरवाजों और खिड़कियों पर पेंट करा दें। बिजली या पानी आदि की फिटिंग में कुछ कमी है, तो उसे ठीक करा दें। इससे प्रॉपर्टी देखने में साफ-सुथरी और व्यवस्थित लगेगी, जिसका खरीददार पर अच्छा प्रभाव पड़ेगा। यह सब करके आप अपनी प्रॉपर्टी की 10-20 प्रतिशत ज्यादा कीमत प्राप्त कर सकते हैं, जबकि इतना सब करने में प्रॉपर्टी की कीमत का 0.1 प्रतिशत या 1 प्रतिशत तक खर्च आता है। जरूरी लगे तो मकान की आंतरिक और बाह्य साज-सज्जा बदल दें।

3. मकान के अंदर और बाहर मौजूद कुछ खास-खास बातों की सूची बना लें—संभावित खरीददार को बताएँ कि मकान से कितना किराया आ सकता है, मकान में खास बात क्या है? जैसे—हवादार है, पूर्वमुखी है, परिवार के लिए शुभ है, बाजार, अस्पताल, स्कूल, पार्क निकट हैं, वगैरह-वगैरह। अपना मकान बेचने के लिए आपको स्वयं उसकी मार्केटिंग करनी होगी।

4. प्रॉपर्टी के दस्तावेजों की फोटोकॉपी हमेशा अपने पास रखें—मार्केटिंग का सबसे अच्छा तरीका यही होता है कि संभावित खरीददार के लिए दोबारा सोचने या बाद में सोचने का मौका न रह जाए। अगर अपने मकान/फ्लैट पर होम लोन ले रखा है, तो बैंक में सिक्योरिटी के रूप में जमा दस्तावेजों की एक सूची बना लें और उसे हमेशा अपने पास रखें।

5. **ग्राहक को कुछ अतिरिक्त सुविधा देने की बात करके लुभाने की कोशिश करें**—उसे रकम अदा करने के लिए दो माह का समय दे सकते हैं। कानूनी प्रक्रिया में लगनेवाला खर्च स्वयं वहन करने की बात कर सकते हैं।

6. **मकान बेचने का वास्तविक कारण न बताएँ**—संभावित खरीददार यह जानना चाहता है कि आप अपना मकान किस कारण से बेच रहे हैं? लेकिन उसे वास्तविक कारण न बताएँ। मान लीजिए, आपने बता दिया कि परिवार का कोई सदस्य बीमार है, उसके इलाज के लिए आपको पैसों की सख्त जरूरत है, जिसके कारण आपको मकान बेचना पड़ रहा है, तो उस स्थिति में संभावित खरीददार आपकी स्थिति का फायदा उठाते हुए आप पर ज्यादा मोल-भाव के लिए दबाव डाल सकता है। इसलिए उसे कुछ ऐसा कारण बताएँ, जैसे—परिवार बड़ा हो गया है इसलिए आपको दूसरा बड़ा मकान खरीदना है, या आप किसी नई कंपनी या दूसरे शहर में शिफ्ट होने जा रहे हैं। इससे आपके सौदे पर कोई नकारात्मक प्रभाव नहीं पड़ेगा।

7. **हमेशा उपयुक्त कीमत ही रखें**—प्रॉपर्टी की कीमत तय करने से पहले आस-पास की प्रॉपर्टी की कीमतों के बारे में पता लगा लें और कुछ दलालों से संपर्क करके मार्केट में चल रही कीमतों के बारे में भी जानकारी प्राप्त कर लें। फिर अपने स्वयं के मकान की स्थिति, जैसे—कॉर्नर प्लॉट, पूर्वमुखी, सामने 30 फीट का रोड या 60 फीट का रोड वगैरह-वगैरह, को ध्यान में रखते हुए उपयुक्त कीमत तय करें। खरीददार को बताएँ कि मकान को खरीदकर उसे निकट भविष्य में कीमत में अच्छा फायदा हो सकता है।

8. **संभावित खरीददार की हैसियत के बारे में भी जान लें**—कई बार संभावित खरीददार रकम का इंतजाम कर पाने की स्थिति में नहीं होता और मकान का सौदा पक्का कर लेता है। बाद में ऐन वक्त पर बैंक उसके खराब ट्रैक रिकॉर्ड के कारण लोन देने से इनकार कर देता है। इस प्रकार सौदा फँस सकता है। इसलिए ऐसी स्थिति में ग्राहक को सेल एग्रीमेंट करने से पहले बैंक लोन से संबंधित स्वीकृति-पत्र प्राप्त कर लेने के लिए कहें।

❑

प्रधानमंत्री आवास योजना

स्वतंत्रता के 75 वर्ष पूर्ण होने पर (सन् 2022) हमारे देश के प्रधानमंत्री श्री नरेंद्र मोदी चाहते हैं कि उस समय तक हर भारतीय के पास अपना घर हो। इसके लिए उन्होंने एक मिशन की शुरुआत की है, जिसको हम 'हाउसिंग फॉर ऑल बाई 2022' के नाम से जानते हैं।

इस मिशन को सफल बनाने के लिए उन्होंने जून 2015 में 'प्रधानमंत्री आवास योजना' (अरबन) की शुरुआत की। उस समय यह योजना केवल इकोनॉमिकली वीकर शेक्सन एवं लोअर इनकम ग्रुप के लिए थी, जिनमें उन्हें 6 लाख तक के लोन पर 6.5 प्रतिशत सब्सिडी प्रदान की जाती है।

अब इसमें मध्यम आय वर्ग को भी शामिल कर लिया है। इस वर्ग के लिए शुरू में यह योजना 1 जनवरी, 2017 से एक वर्ष के लिए लागू की गई है। इस योजना में 4315 कस्बों एवं शहरों को शामिल किया गया है।

इस योजना में मध्यम आर्य वर्ग को दो भागों में बाँटा गया है। मध्यम आय वर्ग-I एवं मध्यम आय वर्ग-II। यह एक क्रेडिट लिंक्ड सब्सिडी स्कीम है। इस योजना के अंतर्गत केंद्र सरकार ऋण धारकों को एम.आई.जी.-I के अंतर्गत 9 लाख रुपए तक की लोन राशि पर 4 प्रतिशत ब्याज सब्सिडी एवं एम.आई.जी.-II के अंतर्गत 12 लाख रुपए के लोन पर 3 प्रतिशत की सब्सिडी प्रदान करती है। यह सब्सिडी 20 वर्ष तक या लोन की अवधि जो भी कम हो, तक मिलेगी।

नेशनल हाउसिंग बैंक इस योजना में सेंट्रल नोडल एजेंसी के रूप में काम कर रहा है। यह इस स्कीम की प्रगति का आकलन एवं सब्सिडी प्रदान कर रहा है। इस योजना की मुख्य शर्त यह है कि लाभान्वित परिवार के किसी भी सदस्य के नाम पर संपूर्ण भारतवर्ष में कोई भी पक्का मकान नहीं होना चाहिए।

प्रधानमंत्री आवास योजना (मध्यम आय वर्ग)

	विषय	मध्यम आर्य वर्ग-I	मध्यम आय वर्ग-II
1.	प्रत्येक वर्ष हाउस होल्ड इनकम	6,00,001 रु. से 12,00,000 रु.	12,00,001 रु. से 18,00,000 रु.
2.	कॉरपेट एरिया	90 वर्गमीटर	110 वर्गमीटर
3.	ब्याज में छूट के लिए अधिकतम ऋण राशि	9 लाख रुपए	12 लाख रुपए
4.	ब्याज में छूट प्रतिशत प्रतिवर्ष	4 प्रतिशत	3 प्रतिशत
5.	अधिकतम ब्याज में छूट	2.35 लाख	2.30 लाख

इस योजना में भाग लेने के लिए दो तरह से आवेदन कर सकते हैं—

I. किसी भी जन सुविधा केंद्र (कॉमन सर्विस सेंटर) पर जाकर आवेदन कर सकते हैं।

II. सरकारी वेबसाइट pmaymis.gov.in पर लॉगइन कर आवेदन कर सकते हैं।

आवेदन की मंजूरी के पश्चात् बैंक में लोन के लिए आवेदन कर सकते हैं।

अतः सभी को इस योजना का लाभ उठाना चाहिए।

□

रियल एस्टेट में कैपिटल गेन

कैपिटल गेन क्या है?

जब कोई प्रॉपर्टी बेचने की बात आती है, तो एक शब्द अकसर सुनने को मिलता है—कैपिटल गेन, जिसे सुनकर प्रॉपर्टी विक्रेता खुश हो जाता है। गत वर्ष में किसी प्रॉपर्टी के हस्तांतरण से जो कुछ मौद्रिक लाभ प्राप्त होता है, उसे आयकर की गणना में 'कैपिटल गेन' शीर्षक के अंतर्गत दिखाया जाता है। यदि यह कैपिटल गेन आयकर अधिनियम की धाराओं 54, 54 बी, 54 डी, 54 ईसी, 54 एफ, 54 जी, 54 जीए या 54 जीबी के अंतर्गत कर-मुक्त नहीं है, तो उसे विक्रेता की उस वर्ष (जिसमें प्रॉपर्टी का हस्तांतरण होता है) की आय में जोड़कर उसपर कर वसूल किया जाता है। कैपिटल गेन 2 प्रकार का होता है—एक अल्पकालिक कैपिटल गेन और दूसरा दीर्घकालिक कैपिटल गेन।

कैपिटल एसेट (पूँजी परिसंपत्ति)—कैपिटल गेन में पूँजी परिसंपत्ति की महत्त्वपूर्ण भूमिका होती है। आयकर अधिनियम, 1961 की धारा 2(14) के अनुसार ऐसी सभी प्रकार की संपत्ति आती है, जो करदाता के पास होती है, चाहे वह उसके व्यवसाय/पेशे से जुड़ी हो या नहीं; लेकिन कुछ वस्तुओं, जैसे—खाद्य-भंडार, ट्रेड स्टॉक या व्यवसाय के लिए कच्चा माल, व्यक्तिगत उपयोग का सामान और कुछ कृषि-भूमि। लेकिन व्यक्तिगत उपयोग के लिए रखी गई ज्वैलरी कैपिटल गेन के अंतर्गत रखी जाती है। इस प्रकार, मकान, फ्लैट, पेंटाहाउस, फार्महाउस, दुकान, शोरूम और जमीन सबकुछ पूँजी परिसंपत्ति की परिभाषा के अंतर्गत आता है।

पूँजी परिसंपत्ति का हस्तांतरण—कैपिटल गेन तब होता है, जब प्रॉपर्टी का हस्तांतरण होता है। यह हस्तांतरण बिक्री, विनिमय या पृथक्करण के रूप में हो सकता है। संपत्ति हस्तांतरण अधिनियम, 1882 की धारा-5 में स्पष्ट किया

गया है कि जब कोई व्यक्ति (जीवित) किसी अन्य व्यक्ति (जीवित) को अपनी प्रॉपर्टी देकर स्वामित्व में परिवर्तन करता है, तो इसे 'संपत्ति का हस्तांतरण' कहा जाएगा। यदि यह हस्तांतरण बिक्री के माध्यम से होता है, तो संपत्ति की बिक्री से प्राप्त धनराशि को कैपिटल गेन के अंतर्गत रखा जाएगा और बिक्री कीमत पर स्टांप शुल्क भी वसूल किया जाएगा। यदि बिक्री कीमत सर्कल रेट से कम है, तो बेची गई प्रॉपर्टी का सर्कल रेट उसका 'डीम्ड सेल प्राइस' माना जाएगा। आयकर अधिनियम, 1961 की धारा 50 (सी) में स्पष्ट किया गया है कि करदाता द्वारा देय कैपिटल गेन की गणना के लिए संपत्ति के हस्तांतरण में प्रयुक्त धनराशि (जिस पर स्टांप ड्यूटी चुकाई जाती है) को संपत्ति का 'डीम्ड सेल प्राइस' माना जाएगा। यदि कोई करदाता कर-अधिकारी के समक्ष दावा करता है कि स्टांप मूल्यांकन प्राधिकरण या उप-पंजीयक कार्यालय द्वारा प्रॉपर्टी की जो वेल्यू स्टांप शुल्क के लिए निर्धारित की गई है, वह उसके मार्केट वैल्यू से ज्यादा है, तो उस स्थिति में कर अधिकारी प्रॉपर्टी के मूल्यांकन (वैल्यूएशन) का काम किसी मूल्यांकन अधिकारी को सौंप सकता है।

प्रॉपर्टी का हस्तांतरण उस तिथि को माना जाता है, जब उसका कब्जा एक व्यक्ति से दूसरे व्यक्ति के पास चला जाता है। यदि दो पक्षों के बीच सेल एग्रीमेंट हो चुका है और विक्रेता को प्रॉपर्टी की कीमत का भुगतान भी मिल चुका है, लेकिन सेल डीड नहीं हुई है या प्रॉपर्टी का हस्तांतरण नहीं हुआ है, तो उसे प्रॉपर्टी की बिक्री नहीं माना जाएगा। कर कानून में यह स्पष्ट किया गया है कि 'कैपिटल गेन' शीर्षक के अंतर्गत कर तभी देय होगा, जब गत वर्ष के दौरान कैपिटल (पूँजी) का हस्तांतरण होता है। हस्तांतरण नहीं, तो कैपिटल गेन नहीं।

अल्पकालिक कैपिटल गेन—यदि कोई व्यक्ति अचल संपत्ति खरीदने के 24 महीने के अंदर उसे बेच देता है, तो उससे प्राप्त आय को 'अल्पकालिक कैपिटल गेन' कहा जाएगा। 'अल्पकालिक कैपिटल गेन' में कोई कर की बचत नहीं होती, क्योंकि इसे करदाता की उस वर्ष की अन्य कर योग्य आय के साथ जोड़कर कुल आय पर कर की गणना की जाती है।

दीर्घकालिक कैपिटल गेन—यदि अचल संपत्ति (जमीन, भवन एवं आवासीय प्रॉपर्टी) को खरीदने या सेल डीड की तिथि से 24 माह से ज्यादा समय तक रखकर बेचा जाता है तो उससे प्राप्त होनेवाली आय 'दीर्घकालिक कैपिटल गेन' मानी जाएगी। परंतु आभूषण, डेब्ट ओरिएंटेड म्युचुअल फंड के मामले में यह समय 36 महीने हैं। 'दीर्घकालिक कैपिटल गेन' पर 20 प्रतिशत की दर से

कर देय होता है। मूल्य-वृद्धि सूचकांक का प्रयोग करके कैपिटल गेन की राशि का पता लगाया जाता है।

इस प्रकार, स्पष्ट हो जाता है कि प्रॉपर्टी खरीदने की तिथि से लेकर उसे बेचने की तिथि तक की अवधि के आधार पर कैपिटल गेन के अल्पकालिक या दीर्घकालिक होने का निर्धारण किया जाता है।

कैपिटल गेन बॉण्ड—दीर्घकालिक कैपिटल गेन पर कर चुकानेवाले निवेशकों के लिए 'कैपिटल गेन' बॉण्ड उपलब्ध होते हैं, जो करदाता के लिए कर-अदायगी में सहायक होते हैं। ये बॉण्ड आर.ई.सी. और एन.एच.ए.आई. द्वारा जारी किए जाते हैं और मूल रूप से दो प्रकार के होते हैं। अन्य प्रकार के बॉण्डों को इस श्रेणी में नहीं रखा जाता। सभी श्रेणी के निवेशक कैपिटल गेन बॉण्डों में निवेश करके आयकर अधिनियम, 1961 की धारा 54 (ईसी) के अंतर्गत अपनी कर-देयता का निपटारा कर सकते हैं। इसके लिए प्रॉपर्टी की बिक्री की तिथि से 6 माह के अंदर विशुद्ध कैपिटल गेन की राशि से कैपिटल गेन बॉण्ड खरीदकर कम-से-कम तीन साल की अवधि तक के लिए निवेश किया जाना चाहिए। इसमें निवेश की जा सकनेवाली अधिकतम राशि की सीमा 50 लाख रुपए है। यदि कोई प्रॉपर्टी दो भाइयों के नाम संयुक्त रूप से पंजीकृत है और इसे बेचकर उन्हें 1 करोड़ रुपए का कैपिटल गेन प्राप्त होता है, तो प्रत्येक भाई 50-50 लाख रुपए कैपिटल गेन बॉण्ड में निवेश कर सकेगा। मतलब, निवेश राशि की सीमा करदाता के लिए है, न कि कि प्रॉपर्टी के लिए।

इसके अलावा, कैपिटल गेन पर कर बचाने के लिए कोई व्यक्ति/हिंदू अविभक्त परिवार कुछ निश्चित परिस्थितियों में रेजीडेंशियल प्रॉपर्टी में भी निवेश कर सकता है। कैपिटल लॉस चाहे वह अल्पकालिक हो या दीर्घकालिक, को अगले आठ वर्षों के लिए आगे बढ़ाया जा सकता है।

कैपिटल गेन टैक्स

जैसा कि नाम से ही स्पष्ट है, कैपिटल गेन पर लगनेवाला टैक्स 'कैपिटल गेन टैक्स' कहलाता है। दीर्घकालिक कैपिटल गेन पर 20 प्रतिशत की दर से कर देय होता है। रेजीडेंसियल प्रॉपर्टी, भूखंड या इस तरह की अन्य परिसंपत्ति की बिक्री से कैपिटल गेन प्राप्त होता है। आयकर अधिकतम, 1961 की धारा 54 (एफ) के अनुसार यदि कोई व्यक्ति रेजीडेंशियल मकान के अतिरिक्त कोई अन्य परिसंपत्ति बेचता है, तो उसकी बिक्री से प्राप्त कुल विशुद्ध धनराशि (नेट सेल

कंसिडिरेशन) का निवेश नए रेजीडेंशियल मकान में करके वह 'कैपिटल गेन टैक्स' बचा सकता है।

आयकर अधिनियम, 1961 की धारा 54 के अनुसार, यदि कोई व्यक्ति रेजीडेंशियल मकान बेचता है, तो उससे होनेवाले कैपिटल गेन का नए रेजीडेंशियल मकान में निवेश करके और कर-कानून में उल्लिखित अन्य शर्तों को पूरा करके वह कैपिटल गेन टैक्स बचा सकता है। बशर्ते नई खरीदी गई रेजीडेंशियल प्रॉपर्टी को कम-से-कम तीन साल तक वह किसी अन्य व्यक्ति से हस्तांतरित न करे।

श्री 'अ' ने गोवा में एक रेजीडेंशियल प्रॉपर्टी खरीदी थी, जिसे उन्होंने 2 अप्रैल, 2014 को बेच दिया। उन्हें 15 लाख रुपए का कैपिटल गेन प्राप्त हुआ। अब कैपिटल गेन पर कर बचाने के लिए वे 1 अप्रैल, 2016 से पहले-पहले एक नई रेजीडेंशियल प्रॉपर्टी खरीदना चाहते हैं। इस पर उनके मन में एक प्रश्न उठ रहा है—नई प्रॉपर्टी किसके नाम से खरीदी जाए? मित्रो, इस प्रकार की स्थिति में आपको आयकर अधिनियम, 1961 की धारा 54 का पालन करना चाहिए, जिसमें स्पष्ट किया गया है कि यदि श्री 'अ' कैपिटल गेन टैक्स बचाना चाहते हैं, तो उन्हें अपने ही नाम से प्रॉपर्टी खरीदनी चाहिए, क्योंकि अपनी पत्नी या किसी अन्य के नाम से प्रॉपर्टी खरीदने की स्थिति में उन्हें कैपिटल गेन पर लगनेवाले कर में छूट नहीं मिलेगी। अगर आप किसी भूखंड (जो आपके नाम से पंजीकृत है) पर रेजीडेंशियल मकान बनाना चाहते हैं या खाली भूखंड खरीदकर उस पर मकान बनाना चाहते हैं, तो उस स्थिति में भी यही नियम लागू होगा।

श्री राजीव त्यागी को राजस्थान हाउसिंग बोर्ड की ओर से एक भूखंड वर्ष 2008 में आवंटित किया गया था। वर्ष 2013 में उन्होंने वह भूखंड श्री नरसी लाल के हाथ बेच दिया। अब उनमें पास 30 लाख रुपए का कैपिटल गेन आ गया। हालाँकि कर-योग्य कैपिटल गेन की गणना करते समय खाली भूखंड में निवेश के लिए लिये गए लोन की राशि पर ब्याज का लाभ उन्हें मिल सकता है।

अब उनके पास तीन विकल्प हैं
1. विशुद्ध कैपिटल गेन पर 20 प्रतिशत की दर से कर अदा करें।
2. तीन साल के बाद खाली भूखंड की बिक्री से होनेवाले कैपिटल गेन पर कर बचाने के लिए वे इस कैपिटल गेन से बॉण्ड खरीद सकते हैं, जिसे तीन साल अपने पास रखना होगा। इस उद्देश्य के लिए केवल दो ही बॉण्ड हैं—एक आर.ई.सी. द्वारा जारी और दूसरा एन.एच.ए.आई. द्वारा

जारी, जो आयकर अधिनियम की धारा 54 (ईसी) के प्रावधानों के अंतर्गत कर-मुक्त हैं। इस प्रकार उन्हें 30 लाख रुपए का 'कैपिटल गेन बॉण्ड' खरीदना होगा।

3. तीसरा विकल्प, जो दीर्घकालिक कैपिटल गेन से शत-प्रतिशत छूट प्राप्त करने के लिए है, इसके अंतर्गत श्री राजीव को खाली प्लॉट की बिक्री से प्राप्त पूरी-की-पूरी राशि का प्रयोग तीन वर्ष के अंदर अपने स्वयं के रहने के लिए या किराए पर देने के लिए एक रेजीडेंशियल मकान बनाने में कर दें। इसके अलावा, वह प्रॉपर्टी हस्तांतरण की तिथि से दो साल के अंदर पूरी धनराशि (जो प्रॉपर्टी की बिक्री से उन्हें प्राप्त हुई है) का निवेश नए मकान/फ्लैट में कर दें और आयकर अधिनियम, 1961 की धारा 54 (एफ) के प्रावधानों के अंतर्गत पूर्ण कर-मुक्ति का दावा कर दें। यदि पुराने भूखंड को बेचने से एक साल पहले नया मकान खरीद चुके हैं, तो कैपिटल पर टैक्स बचाने के लिए वे भूखंड की बिक्री से प्राप्त पूरी राशि को समायोजित कर सकते हैं। लेकिन ध्यान रहे कि यह अवधि एक वर्ष ही होनी चाहिए।

*श्री राजीव एक बुद्धिमान व्यक्ति हैं। उन्होंने सब हिसाब-किताब ठीक ढंग से लगा रखा है। चूँकि उनके बच्चे कॉलेज की पढ़ाई पूरी करके सेटल हो चुके हैं, इसलिए उन्होंने कैपिटल गेन टैक्स अदा कर दिया। उसके बाद उनके बैंक खाते में बड़ी रकम आ गई है। यदि वे पूरी धनराशि अपने स्वयं के नाम फिक्स डिपॉजिट करते हैं, तो आयकर के 30 प्रतिशत स्लैब में आने के कारण उन्हें कुल आय पर ज्यादा कर चुकाना पड़ेगा। इसलिए उन्होंने 10-10 लाख रुपए अपने बेटों को दे दिए, जो निम्न टैक्स स्लैब में आते हैं। इस प्रकार उन्होंने बहुत अच्छी फाइनेंशियल प्लानिंग की। मित्रो, ध्यान रखें कि कैपिटल गेन बॉण्ड उन्हीं लोगों के लिए उपयुक्त होते हैं, जो जीवन में जोखिम नहीं लेना चाहते। अगर आप अपने कैपिटल गेन का निवेश रियल एस्टेट, व्यवसाय या शेयर मार्केट में करके 12-15 प्रतिशत तक का रिटर्न कमाने की सामर्थ्य रखते हैं, तो कैपिटल बॉण्ड में निवेश न करें।

संपत्ति कर अधिनियम, 1957 की धारा 5 (vi) के अंतर्गत मूल्यांकन वर्ष 1999-2000 से सभी व्यक्तियों और हिंदू अनडिवाइडेड फैमिली को अपनी रिहाइश के लिए एक रेजीडेंशियल हाउस प्रॉपर्टी के साथ-साथ 500 वर्ग मी. क्षेत्रफल तक का एक खाली भूखंड रखने की छूट दे दी गई है।

मूल्य-वृद्धि सूचकांक (कॉस्ट इनफ्लेशन इंडेक्स)

मूल्य-वृद्धि सूचकांक का प्रयोग करके आप 'दीर्घकालिक कैपिटल गेन' पर काफी कर की बचत कर सकते हैं। यह सूचकांक 'दीर्घकालिक कैपिटल गेन' पर ही लागू होता है, 'अल्पकालिक कैपिटल गेन' पर नहीं।

इसकी गणना कैसे की जाती है ? दीर्घकालिक कैपिटल गेन की गणना के लिए एक सूत्र होता है—

सबसे पहले वह वित्तीय वर्ष निकालें, जिसमें प्रॉपर्टी खरीदी गई थी, फिर प्रॉपर्टी की कीमत (पंजीकरण व दलाली शुल्क सहित) और उस वर्ष का मूल्य-वृद्धि सूचकांक लिखें। अब उस वर्ष का मूल्य-वृद्धि सूचकांक से गुणा करें, जिस वर्ष प्रॉपर्टी बेची गई। उसके बाद प्रॉपर्टी के खरीद मूल्य की राशि को उस वर्ष की मूल्य-वृद्धि सूचकांक से गुणा करें, जिस वर्ष प्रॉपर्टी बेची गई। जितना आए, उसे प्रॉपर्टी के हस्तांतरणवाले वर्ष के मूल्य-वृद्धि सूचकांक से भाग कर दें। यदि कोई प्रॉपर्टी 1-4-1981 से पहले खरीदी जाती है, तो उस समय यानी 1-4-1981 की उसकी मार्केट वैल्यू को प्रॉपर्टी का अधिग्रहण मूल्य माना जाएगा और उसके मूल्य-वृद्धि सूचकांक को 1981-82 का मूल्य-वृद्धि सूचकांक माना जाएगा या फिर माना जाएगा कि प्रॉपर्टी 1 अप्रैल, 1981 को खरीदी गई थी। बजट 2017 में वित्तमंत्री ने प्रावधान किया कि जो प्रॉपर्टी 1-4-2001 से पहले खरीदी गई है। उस प्रॉपर्टी की 1-4-2001 की मार्केट वैल्यू को अधिग्रहण मूल्य माना जाएगा। इस प्रकार सेक्शन 48 में बेस वर्ष 1-4-1981 को 1-4-2001 से विस्थापित कर दिया है।

*कभी-कभी लोग कोई सोसाइटी भूखंड खरीदते हैं और 2 से 10 वर्ष बाद वहाँ स्थानीय विकास प्राधिकरण या नगर निगम का कैंप लगता है, जिसमें लीज की राशि और पंजीकरण शुल्क लेकर भूखंड-पट्टा/लीज डीड जारी कर दिया जाता है।

मतलब, प्रॉपर्टी के स्वामित्व के लिए जो भी धनराशि लगाई जाती है (लीज मनी, स्टांप ड्यूटी और पंजीकरण शुल्क व दलाली शुल्क, जो खरीद मूल्य का 1% तक हो सकता है), उसका समायोजन इसी तरह मूल्य-वृद्धि सूचकांक की सहायता से किया जा सकता है।

*कभी-कभी ऐसा होता है कि आप प्लॉट खरीदते हैं और बाद में उसपर मकान का निर्माण करते हैं, या फिर एक मंजिला मकान खरीदकर उसपर दूसरी मंजिल बनाते हैं। इस प्रकार संपत्ति के सुधार या निर्माण में जो लागत लगाई जाती है, उसका समायोजन इसी तरह मूल्य-वृद्धि सूचकांक की सहायता से किया जाता है।

भारत सरकार प्रतिवर्ष (वित्तीय वर्ष) मूल्य-वृद्धि सूचकांक की अधिसूचना जारी करती है। यहाँ वर्ष 1981-82 से लेकर वर्ष 2016-17 तक के मूल्य-वृद्धि सूचकांक को दरशाती हुई एक सारणी दी जा रही है—

वित्त वर्ष	मूल-वृद्धि सूचकांक	वित्त वर्ष	मूल्य-वृद्धि सूचकांक
1981–82	100	1999–2000	389
1982–83	109	2000–01	406
1983–84	116	2001–02	426
1984–85	125	2002–03	447
1985–86	133	2003–04	463
1986–87	140	2004–05	480
1987–88	150	2005–06	497
1988–89	161	2006–07	519
1989–90	172	2007–08	551
1990–91	182	2008–09	582
1991–92	199	2009–10	632
1992–93	223	2010–11	711
1993–94	244	2011–12	785
1994–95	259	2012–13	852
1995–96	281	2013–14	939
1996–97	305	2014–15	1024
1997–98	331	2015–16	1081
1998–99	351	2016–17	1125

मूल्य-वृद्धि सूचकांक से होनेवाले समायोजन की राशि के अलावा प्रॉपर्टी के सुधार और हस्तांतरण पर होनेवाले विभिन्न खर्चों, जैसे—स्टांप ड्यूटी, पंजीकरण शुल्क, दलाली शुल्क आदि को कुल बिक्री की राशि में से घटाया जाता है। इस प्रकार जो राशि आएगी, वह आपको अधिनियम की धारा 112 के अंतर्गत 'दीर्घकालिक कैपिटल गेन' या 'कैपिटल लॉस' मानी जाएगी।

उदाहरण—श्री राम ने वर्ष 1979 में 15 लाख रुपए में प्रॉपर्टी खरीदी और 1 मई, 2012 को उसे 1 करोड़ 50 लाख रुपए में बेच दिया। अब दीर्घकालिक कैपिटल गेन की गणना इस प्रकार की जाएगी—

कैपिटल गेन = शुद्ध बिक्री मूल्य - सूचकांकित अधिग्रहण मूल्य

सूचकांकित अधिग्रहण मूल्य =

$$\frac{\text{अधिग्रहण मूल्य} \times \text{हस्तांतरण वर्ष का मूल्य वृद्धि सूचकांक}}{\text{अधिग्रहण वर्ष या 1981-82, जो भी बाद में हो, के लिए मूल्य वृद्धि सूचकांक}}$$

ऊपर दिये गये उदाहरण में बिक्री मूल्य : रुपये 1,50, 00,000 रुपये/-

सूचकांकित अधिग्रहण मूल्य $= 1500{,}000 \times \dfrac{852}{100} = 128{,}80{,}000$

कैपिटल गेन =1,50,00,000–128,80,000/–=21,20,000 रुपये/-

उदाहरण—श्री शंभू सिंह ने 15-11-1990 को 1,09,000 रुपए में एक मकान खरीदा और उसे अपने नाम कराने के लिए उप. पंजीयक के कार्यालय में 10,000 रुपए पंजीकरण शुल्क अदा किया। इसके अलावा 1000 रुपए दलाल को दलाली शुल्क दिया। उसके बाद 6 मई, 2005 को उन्होंने मकान के सुधार में 1 लाख रुपए खर्च किए। 13 मार्च, 2013 को 15,00000 रुपए में मकान बेच दिया, जिस पर (1% के हिसाब से) प्रॉपर्टी डीलरों को 15 हजार रुपए कमीशन दिया। अब कैपिटल गेन की गणना किस प्रकार होगी ?

बिक्री मूल्य =15,00000 रुपए

घटा—1. बिक्री/हस्तांतरण पर खर्च = 15000 रुपए

2. मूल्य-वृद्धि सूचकांक के आधार पर अधिग्रहण मूल्य = (120000 × 852/182) = 561758 रु.

3. सुधार-कार्य की लागत = 100000 × 852/497 = 171428 रुपए

दीर्घकालिक कैपिटल गेन = 751814 रुपए

#पंजीकरण और दलाली शुल्क अधिग्रहण मूल्य के अंतर्गत आता है, इसलिए कुल अधिग्रहण मूल्य होगा 120000 रुपए (109000 +10000+1000)

इस प्रकार, शुद्ध बिक्री मूल्य हुआ = 1500000 – 15000

= 1485000 रुपए

उदाहरण—श्री 'अ' ने 1-9-1982 को एक प्रॉपर्टी 500000 रुपए में खरीदी

और उस पर 20000 रुपए पंजीकरण शुल्क अदा किया। 15-8-2008 को उनकी मृत्यु हो गई, जिसके बाद प्रॉपर्टी उनके बेटे श्री 'ब' के नाम हस्तांतरित हो गई। 15-11-2008 को प्रॉपर्टी की मार्केट वैल्यू 800000 रु. थी। श्री 'ब' ने 21-7-2013 को वह प्रॉपर्टी 6000000 रुपए में बेच दी। अब इस पर वर्ष 2013-14 (मूल्यांकन वर्ष 2014-15) के लिए दीर्घकालिक कैपिटल गेन/लॉस की गणना करनी है—

बिक्री मू. = 60,00000 रु.

घटा—1. मूल्य-वृद्धि सूचकांक के आधार पर

अधिग्रहण मू० * = 520000 × 939/109

= 4479633 रुपए

अतः दीर्घकालिक कैपिटल गेन = 152,0367 रु. होगा

* रुपये 20,000 जो कि प्रॉपर्टी खरीदने के दौरान पंजीकरण शुल्क के रूप में जमा कराए थे उसको प्रॉपर्टी अधिग्रहण मूल्य ने शामिल किया जाएगा। अतः प्रॉपर्टी अधिग्रहण मूल्य रुपये पाँच लाख बीस हजार होगा।

**मूल्य वृद्धि सूचकांक के आधार पर अधिग्रहण मूल्य=

$$\frac{\text{श्री 'अ' के द्वारा खरीद मूल्य} \times \text{हस्तांतरण वर्ष का मूल्य वृद्धि सूचकांक}}{\text{अधिग्रहण वर्ष (1982-83) का मूल्य सूचकांक}}$$

उदाहरण—श्री महेश ने वर्ष 1981 में एक प्रॉपर्टी 10,00000 रु. में खरीदी। वित्त वर्ष 2011-12 में उन्होंने उसे 68,50,000 रु. में बेच दिया। अब, दीर्घकालिक कैपिटल गेन की गणना इस प्रकार की जाएगी—

बिक्री मूल्य = 68,50000 रु.

घटा—1. मूल्य-वृद्धि सूचकांक के आधार पर अधिग्रहण मूल्य

= 10,000,000 × 785/100 = 78,50,000 रु.

दीर्घकालिक कैपिटल लॉस = 10,00000 रु.

यहाँ बिक्री मूल्य, मूल्य-वृद्धि सूचकांक के आधार पर निकाले गए अधिग्रहण मूल्य (7850000 रु.) से कम है।

इसलिए दीर्घकालिक कैपिटल गेन की बजाए दीर्घकालिक कैपिटल लॉस हो रहा है, जो 10,00000 रुपए है। इसे महेश के कुल दीर्घकालिक कैपिटल गेन के स्थान पर कर समायोजन के लिए रखा जा सकता है।

कभी-कभी आप कोई रेजीडेंशियल प्रॉपर्टी खरीदने के लिए होम लोन लेते हैं और उस पर आयकर अधिनियम की धारा 80 (सी) और 24 के अंतर्गत कर में बचत का लाभ उठाते हैं। लोन की अवधि के दौरान आप मासिक किस्त भरते

हैं। जब आप प्रॉपर्टी बेचते हैं, तो उस समय आपके मन में एक सवाल हो सकता है कि क्या इस मासिक किस्त की राशि (जिसमें लोन पर चुकाया गया ब्याज आता है) को प्रॉपर्टी के अधिग्रहण मूल्य में मिलाया जा सकता है? आप ऐसा नहीं कर सकते, क्योंकि आप लोन पर ब्याज की कटौती का लाभ आयकर अधिनियम की धारा 24 के अंतर्गत पहले ही उठा चुके हैं। इस प्रकार होम लोन के ब्याज की राशि की 'कैपिटल गेन टैक्स' में कोई भूमिका नहीं है।

ध्यान रखना चाहिए कि मूल्य-वृद्धि सूचकांक का फायदा अल्पकालिक कैपिटल गेन या लॉस के लिए नहीं होता। प्रॉपर्टी खरीदने की तिथि से यदि 2 वर्ष के अंदर उसे बेच दिया जाता है, तो उसे दीर्घकालिक कैपिटल गेन या लॉस की श्रेणी में नहीं रखा जाएगा।

मोहित सिंह ने 11 मार्च, 2011 को एक प्रॉपर्टी खरीदी और उसे 25-11-2011 को बेच दिया। खरीद मूल्य 15 लाख रुपए और बिक्री मूल्य 18 लाख रुपए था। इसक प्रकार लाभ 3 लाख रुपए हुआ। अब चूँकि यह 'अल्पकालिक कैपिटल गेन' है, इसलिए मूल्य-वृद्धि सूचकांक का फायदा इसमें नहीं मिलेगा और 3 लाख रुपए मोहित की आय में जोड़कर उस पर सामान्य दर से कर वसूल किया जाएगा।

कैपिटल गेन एकाउंट्स स्कीम

22 जून, 1988 को भारत सरकार ने दीर्घकालिक कैपिटल गेन प्राप्त करनेवाले लोगों के हित में 'कैपिटल गेन एकाउंट्स स्कीम' के नाम से एक लोकप्रिय स्कीम शुरू की। इस स्कीम का फायदा अनिवासी भारतीय, प्रोपराइटरशिप फर्म और हिंदू अविभक्त परिवार को भी मिल सकता है। 'अल्पकालिक कैपिटल गेन' के लिए यह स्कीम नहीं है।

यह स्कीम ऐसे लोगों के लिए फायदेमंद है, जिन्हें दीर्घकालिक कैपिटल गेन टैक्स बचाने के लिए दो वर्ष के अंदर कोई प्रॉपर्टी खरीदना चाहते हैं या तीन वर्ष के अंदर कोई मकान बनाना चाहते हैं।

मित्रो, कैपिटल गेन पर टैक्स बचाने के लिए आयकर अधिनियम, 1961 में अलग-अलग प्रावधान किए गए हैं। उनमें से एक प्रावधान यह है कि कैपिटल गेन की पूरी राशि का निवेश दो साल के अंदर नई रेजीडेंशियल प्रॉपर्टी में कर दिया जाए या तीन वर्ष के अंदर कोई मकान बनाने में कर दिया जाए।

स्पष्टीकरण—श्री 'अ' ने 2 अप्रैल, 2015 को अपनी प्रॉपर्टी बेच दी। अब इस स्कीम का फायदा उठाने के लिए उन्हें प्रॉपर्टी की बिक्री की तिथि से 2 वर्ष के

अंदर कोई नई रेजीडेंशियल प्रॉपर्टी खरीदनी होगी और अगर उनके पास पहले से कोई खाली भूखंड है और उसपर मकान बनाना चाहते हैं, तो मकान का निर्माण-कार्य तीन वर्ष के अंदर (यानी 1 अप्रैल, 2018 तक या उससे पहले) पूरा हो जाना चाहिए। लेकिन श्री 'अ' अभी तक तय नहीं कर पाए हैं कि प्रॉपर्टी खरीदनी है या भूखंड पर मकान बनाना है? मतलब, आयकर रिटर्न फाइल करने की अंतिम तिथि यानी 31 जुलाई, 2016 तक वह रेजीडेंशियल प्रॉपर्टी खरीदने या न खरीदने का निर्णय नहीं ले पाते हैं। अब ऐसी स्थिति में उन्हें किसी अधिकृत बैंक में 'कैपिटल गेन एकाउंट' खोलना चाहिए और उसमें 31 जुलाई, 2016 तक या उससे पहले धनराशि जमा करा देनी चाहिए। अगर वह प्रॉपर्टी 31 मार्च, 2016 को बेचते, तो उन्हें 31 जुलाई, 2016 को या उससे पहले यह एकाउंट खोलना होता। कारण यह कि वित्त वर्ष 2015-16 के लिए आयकर रिटर्न फाइल करने की अंतिम तिथि 31 जुलाई, 2016 है।

कैपिटल गेन एकाउंट केवल अधिकृत बैंक में ही खोला जाना चाहिए; इन बैंकों की ग्रामीण शाखाओं को यह खाता चलाने का अधिकार नहीं है।

'कैपिटल गेन एकाउंट्स स्कीम, 1988' के अंतर्गत एकाउंट संचालित करने के लिए सरकार ने 28 बैंकों को नामांकित किया है। उसके बाद आठ बैंकों को अन्य बैंकों के साथ मिला दिया गया है। यह एकाउंट स्वीकार करनेवाले बैंकों की सूची इस प्रकार है—एस.बी.आई., पंजाब नेशनल बैंक, बैंक ऑफ बड़ौदा, बैंक ऑफ इंडिया, केनरा बैंक, यूनियन बैंक ऑफ इंडिया, सेंट्रल बैंक ऑफ इंडिया, यूको बैंक, यूनाइटेड बैंक ऑफ इंडिया, देना बैंक, सिंडीकेट बैंक, इलाहाबाद बैंक, इंडियन बैंक, बैंक ऑफ महाराष्ट्र, इंडियन ओवरसीज बैंक, आंध्रा बैंक, कॉरपोरेशन बैंक, ओरियंटल बैंक ऑफ कॉमर्स, पंजाब ऐंड सिंध बैंक और विजया बैंक। इनके अतिरिक्त अन्य किसी बैंक को 'कैपिटल गेन एकाउंट' स्वीकार करने का अधिकार नहीं है।

दो तरह के डिपॉजिट एकाउंट होते हैं। पहला, डिपॉजिट सेविंग एकाउंट 'ए' (बचत खाता), जिसमें सेविंग डिपॉजिट के रूप में जमा स्वीकार किया जाता है और बैंक द्वारा पासबुक जारी किया जाता है। टर्म डिपॉजिट एकांउट 'बी' (सावधि जमा खाता), जिसकी अवधि पूरी होने पर ब्याज सहित राशि को दोबारा जमा किया जा सकता है, या ब्याज की रकम निकालकर शेष रकम को दोबारा जमा किया जा सकता है। 'कैपिटल गेन एकाउंट' खोलने के लिए किसी व्यक्ति को पहले बचत खाता खोलना होता है, उसके बाद वह सावधि खाता खोल सकता है। इन खातों में रकम एकमुश्त या किस्तों में जमा की जा सकती है।

मित्रो, ध्यान रहे कि फॉर्म 'ए' भरकर आपको केवल 'कैपिटल गेन एकाउंट' खोलना चाहिए। संबंधित बैंक अधिकारी से स्पष्ट कर लें कि यह केवल 'कैपिटल गेन एकाउंट' है। अन्यथा भविष्य में आप मुश्किल में पड़ जाएँगे। भारत में बहुत से लोग 'कैपिटल गेन टैक्स' बचाने के लिए सामान्य बचत खाता खुलवा लेते हैं। ऐसी गलती कभी न करें। आयकर अधिकारी पकड़ लेंगे।

डिपॉजिट एकाउंट—ए (बचत खाता) के अंतर्गत खाताधारक द्वारा समय-समय पर आहरण किया जा सकता है। सामान्यतया बचत खाते से धनराशि का हस्तांतरण करके सावधि खाता बनाया जाता है, लेकिन अवधि पूरी होने पर या उससे पहले आहरण के लिए उसे बचत खाते में हस्तांतरित करना पड़ता है। नामांकन के लिए, फॉर्म-'ई' भरना आवश्यक होता है। अगर खाताधारक को रेजीडेंशियल प्रॉपर्टी खरीदने के लिए आहरण करने की जरूरत पड़ती है, तो फॉर्म 'सी' पर आवेदन करना होता है। ऐसी स्थिति में ध्यान रहे कि आहरित राशि का उपयोग आहरण की तिथि से 60 दिनों के अंदर प्रॉपर्टी खरीदने या निर्माण-कार्य में होना चाहिए।

यदि खाताधारक नई प्रॉपर्टी खरीदने के लिए धनराशि का आहरण करता है और किसी कारण से सौदा कैंसल हो जाता है या उसमें विलंब होता है, तो आहरण के 60 दिनों के अंदर वह इस राशि को बचत खाते में जमा करा सकता है। सावधि जमा खाते में से रकम निकालने के लिए खाताधारक को पहले बचत खाता खोलना होगा और सावधि जमा खाते की रकम उसमें हस्तांतरित करनी होगी; तब बचत खाते में से सामान्य प्रक्रिया अपनाकर रकम निकाली जा सकेगी। 25,000 रुपए से ज्यादा रकम है, तो उसे रेखांकित डिमांड ड्राफ्ट के माध्यम से निकालना होगा, जो उस व्यक्ति के पक्ष में देय होगा, जिसे रकम का भुगतान किया जाना है। प्रथम आहरण के बाद अन्य आहरण के लिए फॉम-'डी' की प्रति पर आवेदन करना होता है।

□

दूसरे (एकाधिक) मकान का आपके लिए महत्त्व

अगर आपके पास रहने के लिए एक से ज्यादा मकान हैं, तो इससे पता चलता है कि आप आर्थिक दृष्टि से सुदृढ और खुशहाल हैं। मित्रो, रियल एस्टेट प्लानिंग के लिए परिवार के प्रत्येक सदस्य के नाम अलग-अलग प्रॉपर्टी होनी चाहिए। अगर आपके नाम एक मकान पहले से है और दूसरा मकान भी आप अपने नाम से खरीद लेते हैं, तो टैक्स के मामले में आपके लिए समस्या पैदा हो सकती है। इसलिए दूसरी प्रॉपर्टी अपने नाम से न खरीदकर परिवार के किसी अन्य सदस्य के नाम से खरीदें। कुछ लोग इस प्रकार की स्थिति से बचने के लिए एच.यू.एफ. (हिंदू अविभक्त परिवार) के नाम से प्रॉपर्टी खरीदते हैं।

जैसाकि आप जानते हैं, एक/पहली रेजीडेंशियल हाउस प्रॉपर्टी संपत्ति कर से पूरी तरह मुक्त होती है, प्रॉपर्टी चाहे छोटी हो या बड़ी। लेकिन दूसरी रेजीडेंशियल प्रॉपर्टी पर नियमानुसार संपत्ति कर देय होता है।

इसमें दूसरी नुकसान की बात आयकर अधिनियम, 1961 की धारा 80 (सी) और धारा 24 से जुड़ी है, जिसके अनुसार यदि आप दूसरा मकान अपने रहने के लिए खरीदना चाहते हैं, तो उसपर आप लोन के ब्याज के रूप में चुकाई गई रकम पर कर छूट का लाभ नहीं ले पाएँगे। आयकर कानून में स्पष्ट किया गया है कि 1 अप्रैल, 1999 को या उसके बाद रेजीडेंशियल प्रॉपर्टी के लिए लिये गए होम लोन पर धारा 24 के अंतर्गत 2 लाख रुपए वार्षिक तक की छूट का प्रावधान है। परंतु यदि कोई व्यक्ति होम लोन लेकर दूसरा मकान खरीदता है या खाली भूखंड पर मकान बनाता है (स्वयं के रहने के लिए) तो उसे होम लोन पर चुकाए जानेवाले ब्याज पर कर छूट का लाभ नहीं मिलेगा, क्योंकि ऐसी स्थिति में कर में छूट पहले मकान तक ही मिलती है।

इसके अलावा, यदि दूसरा मकान आप अपने नाम से खरीदते हैं, तो उसे आपके लिए आय अर्जित करनेवाले एक स्रोत के रूप में दिखाया जाएगा और इसके लिए एक निश्चित राशि आपकी आय में जोड़ दी जाएगी। इस प्रकार आपको ज्यादा कर चुकाना पड़ेगा। आयकर कानून में स्पष्ट किया गया है कि आपका पहला मकान कोई आय अर्जित नहीं करता, लेकिन उसके बाद दूसरे या तीसरे मकान को आय अर्जित करनेवाला स्रोत माना जाएगा और उसके अनुसार आपको उसपर कर देय होगा। इसलिए दूसरा मकान जब भी खरीदें, उसे अपने स्वयं के उपयोग के लिए नहीं, बल्कि किराए पर देने के लिए खरीदें। मित्रो, अपनी फाइनेंशियल प्लानिंग कुछ इस प्रकार तैयार करें कि परिवार के प्रत्येक सदस्य को एक-एक मकान मिले; इस प्रकार आप एक ओर संपत्ति कर से बचेंगे और दूसरी ओर होम लोन के मामले में भी ब्याज पर कर-छूट का लाभ मिलेगा।

❑

सीनियर सिटीजन होम
(वरिष्ठ नागरिक आवास)

भारतीय समाज में वरिष्ठ नागरिकों का अनुपात बढ़ता जा रहा है। दरअसल देश में बेहतर चिकित्सीय सुविधाओं की उपलब्धता से औसत प्रत्याशित आयु बढ़ी है और साथ ही संयुक्त परिवार की परंपरा टूटती जा रही है, जिसके परिणामस्वरूप समाज में वरिष्ठ नागरिकों की स्थिति संवेदनशील होती जा रही है।

वृद्धजनों के रहने और देखभाल के लिए अलग से टाउनशिप की जरूरत पड़ेगी। आजकल जो रिटायरमेंट होम बनाए जा रहे हैं, उनमें वरिष्ठ नागरिकों की बाकायदा देखभाल की जाती है।

प्राइवेट डेवलपर इस क्षेत्र में दिलचस्पी ले रहे हैं। जैसे-जैसे समृद्धिशाली भारतीय वरिष्ठ नागरिक इस श्रेणी में शामिल होते जा रहे हैं, वैसे-वैसे इस प्रकार की परियोजनाओं की माँग भी बढ़ती जा रही है। अब तक ऐसी कम-से-कम 30 परियोजनाएँ शुरू हो चुकी हैं और इतनी ही अन्य ड्राइंग बोर्ड पर हैं। ज्यादातर रिटायरमेंट होम महानगरों के उपनगरीय इलाकों में स्थित हैं, लेकिन ऐसे कुछ अन्य रिटायरमेंट होम कोयंबटूर, गोवा और देहरादून जैसे लोकप्रिय रिटायरमेंट स्थलों में भी विकसित किए जा रहे हैं।

इन हाउसिंग परियोजनाओं को वृद्धाश्रम नहीं समझा जाना चाहिए, जहाँ वृद्धजन दयनीय स्थिति में रहते हैं। आजकल के रिटायरमेंट होम शानदार टाउनशिप के रूप में विकसित हो रहे हैं, जहाँ उनके भोजन, स्वास्थ्य, सुरक्षा आदि का बाकायदा ध्यान रखा जाता है, ताकि वे जीवन के इस अंतिम पड़ाव का आनंद ले सकें।

इसकी बढ़ती माँग के क्या कारण हैं?

भारत में रिटायरमेंट होम की बढ़ती माँग के पीछे कई कारण हैं। भारत के जनसांख्यिकी अनुपात में वृद्धजनों की भागीदारी जल्दी ही बढ़नेवाली है, जिसकी

शुरुआत हो चुकी है। भारत को युवाओं का देश माना जाता है। यहाँ 60 वर्ष से ज्यादा उम्र के लोगों की संख्या 6 करोड़ (यानी कुल जनसंख्या का लगभग 8%) है, जो वर्ष 2030 तक दोगुनी हो जाएगी। देश की कुल जनसंख्या 1.8 प्रतिशत प्रतिवर्ष की दर से बढ़ रही है, जबकि वरिष्ठ नागरिकों की संख्या में 3.8% वार्षिक की दर से वृद्धि हो रही है। इस सुनहरे अवसर को देखते हुए आशियाना ग्रुप (उत्सव), एल.आई.सी. हाउसिंग फाइनेंस लिमिटेड (एल.आई.सी., एच.एफ.एल.केयर होम) और टाटा हाउसिंग डेवलपमेंट कंपनी लिमिटेड (बंगलौर में टाटा रिवा) जैसे बड़े-बड़े कॉरपोरेट ग्रुप इस क्षेत्र में उतर चुके हैं।

वर्तमान में भारत में रिटायरमेंट हाउसिंग की माँग लगभग 3 लाख इकाई है। इसमें व्यक्ति के बजट के अनुसार 300 वर्गफीट से लेकर 2500 वर्ग फीट तक के साइज उपलब्ध हैं। ऐसे एक साधारण अपार्टमेंट की कीमत 25–30 लाख रुपए हो सकती है, जबकि मध्यम साइज के अपार्टमेंट की अनुमानित कीमत 55–65 लाख रुपए है। अलग-अलग शहर या स्थान पर यह कीमत अलग-अलग हो सकती है। अच्छा पैसा खर्च करने की सामर्थ्य रखनेवाले लोगों के लिए लक्जरी विला है, जिनकी कीमत 1 करोड़ रुपए या इससे ऊपर हो सकती है। इसके अलावा विभिन्न सेवाओं के लिए अलग से चार्ज देना होता है। स्टैंडर्ड सेवाओं के लिए एक दंपती पर 5 हजार से 25 हजार रुपए और लक्जरी सेवाओं के लिए 30 हजार से 50 हजार रुपए तक खर्च बैठता है।

कई वरिष्ठ नागरिक आर्थिक दृष्टि से आत्मनिर्भर हैं और सेवा-निवृत्ति (रिटायरमेंट) के बाद उन्हें अपने प्रियजनों का सहयोग भी मिलता है, लेकिन उनके सामने सवाल यह होता है कि जब उनके बच्चे काम-धंधे के लिए किसी अन्य शहर या अन्य देश में जाकर रहने लगेंगे, तब उनका क्या होगा? स्वास्थ्य व सुरक्षा की चिंता तथा अकेलापन उन्हें रिटायरमेंट रिसॉर्ट की ओर आकर्षित कर रहा है, जहाँ उन्हें अपनी इन समस्याओं का हल मिल रहा है।

स्वास्थ्य व सुरक्षा की चिंता

आजकल शहरों में वृद्धजनों के खिलाफ अपराध तेजी से बढ़ रहे हैं। ऐसे में उनकी सुरक्षा की चिंता बहुत महत्त्वपूर्ण हो जाती है। ऐसे अनेक सहायता प्राप्त आवास केंद्रों में 24 घंटे सुरक्षा और सी.सी.टी.वी. कैमरों की सुविधा है। साथ ही आपातकालीन स्वास्थ्य सेवाएँ भी उपलब्ध हैं। दुर्घटना या अन्य चिकित्सीय आपातकाल की स्थिति में वरिष्ठ नागरिकों को तत्काल अस्पताल पहुँचाने या

प्राथमिक उपचार की व्यवस्था है। इस प्रकार की सुविधाओं से वरिष्ठ नागरिकों के साथ-साथ उनके बच्चों को भी काफी राहत मिली है, जो काम-धंधे के लिए दूसरे शहर या दूसरे देश में रह रहे हैं।

सीनियर सिटीजन होम खरीदने से पहले क्या सावधानियाँ बरतें?

सबसे पहले प्रोजेक्ट को अच्छी तरह देखभाल लें और वहाँ रहनेवाले लोगों से पता करें कि सेवा प्रदाता (टाउनशिप डेवलपर या ग्रुप) लिये गए शुल्क के अनुसार सुविधाएँ उपलब्ध करा रहा है या नहीं। प्राय: उसी ग्रुप की कोई अन्य कंपनी सेवा प्रदाता के रूप में कार्य करती है, लेकिन यदि सेवाएँ बाहर से ली जा रही हैं, तो सेवा प्रदाता की साख के बारे में जानकारी प्राप्त करें। और पता लगाएँ कि जो सुविधाएँ उपलब्ध कराई जा रही हैं, वे वहाँ रह रहे वरिष्ठ जनों की उम्मीद के मुताबिक हैं या नहीं। संभव हो तो डेवलपर कंपनी के अन्य पुराने हाउसिंग प्रोजेक्ट को जाकर देखें और वहाँ रहनेवाले लोगों से पूछें कि क्या वे संतुष्ट हैं? इन प्रोजेक्टों में वैसे तो कई तरह की सुविधाएँ उपलब्ध कराई जाती हैं, लेकिन वे सामान्य हाउसिंग प्रोजेक्ट की अपेक्षा काफी महँगी पड़ती हैं। बहुत महँगी सुख-सुविधाओं की ओर ध्यान देने की बजाय यह देखना चाहिए कि प्रोजेक्ट रेल और सड़क मार्ग से जुड़ा है या नहीं और कैंपस की परिधि में मूलभूत सुविधाएँ उपलब्ध हैं या नहीं?

प्रोजेक्ट में घर खरीदने से पहले सब हिसाब-किताब लगा लें। सेवाओं का शुल्क हर साल बढ़ेगा। चूँकि आपको अपनी खुद की बचत-पूँजी पर निर्भर रहना है, इसलिए अपने सामर्थ्य के अनुसार ही काम करें।

रिटायरमेंट होम खरीदने के लिए तीन तरीके

सीनियर सिटीजन के लिए जो हाउसिंग प्रोजेक्ट तैयार किए जा रहे हैं, वे वृद्धजनों की जरूरतों को ध्यान में रखकर तैयार किए जा रहे हैं। इनमें तीन तरह के फाइनेंशियल मॉडल ऑफर में हैं; उनमें से आप अपने लिए उपयुक्त मॉडल चुन सकते हैं।

आउटराइट सेल

आशियाना हाउसिंग और टाटा ग्रुप इस तरह के सीनियर सिटीजन होम उपलब्ध करा रहे हैं। रिटायरमेंट प्रोजेक्ट में फ्लैट 50 या 55 साल से ज्यादा उम्र के ग्राहकों को प्रति वर्ग फीट के हिसाब से बेचे जा रहे हैं। पूरा प्रोजेक्ट योग्य, कुशल

प्रोफेशनलों द्वारा संचालित किया जा रहा है। यहाँ सेवाएँ मासिक भुगतान योजना के आधार पर ऑफर की जा रही हैं। यहाँ रहनेवाले सीनियर सिटीजन के साथ उनके बच्चे नहीं रह सकते; हाँ, कुछ समय के लिए वे यहाँ रह सकते हैं। उनका कोई बेटा/बेटी, जिसकी उम्र 50 साल से कम है, यदि चाहे तो यहाँ घर खरीद सकता है; लेकिन स्थायी रूप से रहने की अनुमति सिर्फ वरिष्ठ नागरिकों को ही है।

डिपॉजिट मॉडल/पेबैक स्कीम

इसमें फ्लैट/विला के बिक्री मूल्य की 60-70 प्रतिशत राशि (यूनिट के साइज के अनुसार) जमा करा ली जाती है, जो सिर्फ रिहाइश शुल्क के रूप में होती है। इसके अलावा भोजन, पानी, बिजली आदि का खर्च अलग से लगता है। जमा की गई राशि सीनियर सिटीजन के उत्तराधिकारी को प्रशासनिक/निरस्तीकरण शुल्क काटकर वापस लौटा दी जाती है।

लाइफटाइम (आजीवन) लीज

इसमें ग्राहक से कुछ रकम लेकर उसे फ्लैट दे दिया जाता है और जब तक वह वहाँ रहता है, तब तक उससे मासिक किराया लिया जाता है, जिसमें किराए के साथ-साथ बिजली और पानी का शुल्क भी शामिल होता है। बाकी सुविधाओं (भोजन, स्वास्थ्य सेवा, सुरक्षा और सामाजिक कार्य) के लिए अलग से शुल्क वसूल किया जाता है। इसमें एक फायदा यह होता है कि यूनिट होल्डर को संपत्ति कर नहीं चुकाना पड़ता।

जीवन का आनंद लें!

जब व्यक्ति बूढ़ा हो जाता है, तो उसकी शारीरिक और मानसिक स्थिति उसे कई बार डिप्रेशन में डाल देती है। ऐसे में रेजीडेंशियल कॉम्पलेक्स में रहते हुए पड़ोसियों से बराबर मिलने-जुलने से उसे बहुत राहत मिलती है। रिटायरमेंट कॉम्पलेक्स में रहनेवाले अलग-अलग लोग भले ही एक परिवार के नहीं होते, लेकिन वे एक परिवार की तरह ही एक-दूसरे का साथ देते हैं, जिसकी वृद्धजनों को जरूरत होती है। इससे उनके जीवन की गुणवत्ता में सुधार आता है। आजकल काम-धंधे के लिए लोगों के दूसरे शहर/देश की ओर पलायन और संयुक्त परिवार की टूटती परंपरा के चलते देश में ऐसे सहायता-प्राप्त आवास-केंद्रों की जरूरत काफी बढ़ गई है।

कुछ समय पहले तक माता-पिता को रिटायरमेंट होम या वृद्धाश्रम में छोड़ना एक सामाजिक बुराई माना जाता था। लेकिन अब लोगों की सोच में बदलाव आया है। हालाँकि यह अवधारणा अभी शुरुआती चरण में है, लेकिन कम-से-कम अब इसे सामाजिक बुराई के रूप में नहीं देखा जाता।

अनिवासी भारतीयों की ओर से लक्जरी रिटायरमेंट होम की अच्छी-खासी माँग देखने को मिल रही है। इनमें ऐसे लोगों की संख्या ज्यादा है, जो विकसित देशों में रहते हुए वहाँ की उच्च श्रेणी की सुख-सुविधाओं के आदी हो चुके हैं या ऐसे लोग, जिनके बच्चे विदेश में जाकर बस गए हैं।

क्या यह एक अच्छा निवेश है?

क्या रिटायरमेंट होम में निवेश एक अच्छा निर्णय है? मित्रो, रिटायरमेंट होम मूल रूप से सेवा-निवृत्ति के बाद अपने स्वयं के रहने के लिए खरीदे जाते हैं। इसलिए इसे निवेश के माध्यम के रूप में न देखें। इससे आपको जो फायदे हो सकते हैं, उनपर ध्यान दें, मूल्य-वृद्धि के लाभ के चक्कर में न पड़ें।

आप जानते हैं कि निवेश में लाभ माँग और पूर्ति की स्थिति पर निर्भर होता है। इसपर आपको या आपके उत्तराधिकारी को मूल्य-वृद्धि का फायदा मिलेगा या नहीं, यह माँग और पूर्ति की स्थिति पर निर्भर है। आजकल सीनियर सिटीजन होम की पूर्ति सीमित है, जबकि ऐसे प्रोजेक्ट की माँग जोरों पर है। अगर यह रुख ऐसे ही बना रहा तो आपको अच्छा रिटर्न मिल सकता हो, लेकिन अगर पूर्ति बढ़ जाती है, तो हो सकता है, उतना अच्छा रिटर्न न मिले।

एक महत्त्वपूर्ण बात यह है कि बैंक इस तरह के रिटायरमेंट होम के लिए लोन नहीं देते, क्योंकि बकाएदार द्वारा लोन न चुका पाने की स्थिति में वे इन्हें 50 वर्ष से कम उम्र के लोगों को नहीं बेच सकते। यही कारण है कि बैंक रिटायरमेंट होम के लिए लोन नहीं दे रहे हैं। भारत में ज्यादातर लोग एक घर अपने बच्चों के नाम कर देते हैं। अगर आपने रिटायरमेंट होम खरीदा है, तो आप उसे अपने बच्चों के नाम भी कर सकते हैं, लेकिन ध्यान रहे कि वे उसमें तब तक नहीं रह सकते, जब तक उनकी उम्र 50-55 साल के ऊपर नहीं होती। यही एक कारण है, जिससे रिटायरमेंट होम की लोकप्रियता उतनी नहीं बढ़ पा रही है और सामान्य रेजीडेंशियल प्रॉपर्टी जितना निवेश लाभ भी नहीं मिल रहा है। विभिन्न डेवलपर इस तरह के प्रोजेक्ट के लिए शहर के बाहर के इलाके चुन रहे हैं, क्योंकि वहाँ जमीनें सस्ती मिल जाती हैं और इस प्रकार प्रोजेक्ट की लागत अपेक्षाकृत कम आती है।

अगर आप रिटायरमेंट होम खरीदकर उसमें रहना चाहते हैं, तो पहले कुछ दिन के लिए उस टाउनशिप में किराए के मकान में रह लें, ताकि स्थान परिवर्तन और स्थिति-परिवर्तन से आपको ज्यादा दिक्कत न हो।

हो सकता है कि आप चहल-पहल भरे माहौल में रहने के आदी हों और रिटायरमेंट होम में आने के बाद नए वातावरण और जीवन शैली के साथ सामंजस्य बैठाने में आपको दिक्कत महसूस हो। अच्छा तो यह होगा कि सदा के लिए किराए पर ही रहें। इससे एक फायदा यह भी होगा कि आप अपनी पूँजी उपयोग कहीं और करके नकदी बढ़ा सकते हैं। यदि सेवा प्रदाता ठीक ढंग से सेवाएँ नहीं दे रहा है, तो आप उसे छोड़ भी सकते हैं। लवासा में 'आशियाना उत्सव' ने रिटायरमेंट होम के रहन-सहन से परिचित कराने के लिए 'ट्रायल होम' बनाए हैं। जहाँ आप स्थायी रूप से इस समुदाय के साथ जुड़ने का निर्णय लेने से पहले आकर रह सकते हैं और सीनियर सिटीजन होम के रहन-सहन से परिचित हो सकते है। ये ट्रायल होम पूर्ण साज-सज्जा से युक्त 2 बी.एच.के. अपार्टमेंट हैं, जहाँ आगंतुकों या संभावित खरीददारों को निश्चित होकर आराम से रहने के लिए सब सुविधाएँ उपलब्ध हैं।

अपनी जरूरतों का हिसाब-किताब लगाएँ और फिर शिफ्टिंग का निर्णय लें

आपकी पसंद इस बात पर भी निर्भर हो सकती है कि वहाँ आपकी जरूरत के हिसाब से सुविधाएँ उपलब्ध हैं या नहीं? जैसे-जैसे आपकी उम्र बढ़ती है, वैसे-वैसे आपको ज्यादा देखभाल की भी जरूरत पड़ती है। आजकल जो रिटायरमेंट होम तैयार हो रहे हैं, उनमें ज्यादातर ऐसे हैं, जो ठीक-ठाक स्वास्थ्यवाले वरिष्ठ नागरिकों के लिए ही काम करते हैं। कुछ ऐसे लोगों के लिए हैं, जो अपना ज्यादातर काम स्वयं निपटाने में सक्षम होते हैं, बस कुछ छोटे-मोटे कामों के लिए मदद की जरूरत होती है, परंतु जिन लोगों को सभी कार्य के लिए मदद की जरूरत होती है, उनके लिए बहुत कम विकल्प हैं। इस अवस्था में व्यक्ति को पूर्णकालिक देखभाल की जरूरत होती है, जो काफी महँगी पड़ती है।

आप अपने खुद के मकान का क्या करेंगे, जो उसी शहर में है, जहाँ आप रिटायरमेंट होम में रहने जा रहे हैं? क्या उससे इतना पैसा आ सकता है, जिससे आप अपने लिए रिटायरमेंट होम खरीदकर उसमें आराम से रह सकें? लेकिन ऐसा करने से आपको उस स्थिति में कोई अन्य विकल्प नहीं मिल पाएगा, जब 50-60 साल

तक शहर में रहने के बाद वहाँ से दूर किसी रिटायरमेंट होम का रहन-सहन आपको रास नहीं आता। अपने प्रियजनों से अलग होकर रहने में आपको कैसा लगेगा ?

कुछ लोग अपने लिए रिटायरमेंट होम खरीदने के लिए अपना पूरा जीवन लगा देते हैं और शहर में स्थित अपने पुराने घर को भी बनाए रखते हैं। ऐसी स्थिति में वे लाखों की प्रॉपर्टी के मालिक तो होते हैं, लेकिन आपके लिए दवाई और अन्य जरूरत की चीजें खरीदने के लिए उनके पास पैसा नहीं होता। उस समय प्रॉपर्टी को गिरवी रखना एक अच्छा रास्ता हो सकता है। एक और समस्या यह होती है कि रिटायरमेंट होम में अन्य सामान्य रेजीडेंशियल प्रॉपर्टी की तरह तरलता नहीं होती; बैंक और वित्तीय कंपनियाँ भी इनपर लोन नहीं देती हैं, क्योंकि इस अवस्था में वरिष्ठ नागरिकों की आय का स्तर गिर चुका होता है। इसलिए रिटायरमेंट होम का विकल्प चुनने का निर्णय सोच-समझकर ही लें। इसके सकारात्मक और नकारात्मक पहलुओं पर अच्छी तरह विचार करके ही आगे कदम बढ़ाएँ।

□

रिवर्स मॉर्गेज लोन
(व्यतिक्रमिक बंधक ऋण)

समाज के सभी वर्गों और अलग-अलग आयु-वर्ग के लोगों की जरूरतों को ध्यान में रखने की अपनी प्रतिबद्धता दिखाते हुए बैंकों ने वरिष्ठ नागरिकों के लिए एक खास प्रोडक्ट निकाला है, व्यतिक्रमिक बंधक या गिरवी ऋण (रिवर्स मॉर्गेज लोन)।

बुढ़ापे की अवस्था अपने साथ कई तरह की दिक्कतें भी लेकर आती है। जब व्यक्ति वृद्ध हो जाता है, तो उसकी आय का स्रोत बंद हो जाता है या कम रह जाता है और इस कारण दूसरों पर उसकी निर्भरता बढ़ जाती है। एक ओर स्वास्थ्य सेवाएँ महँगी हैं और दूसरी ओर सामाजिक सुरक्षा की स्थिति बहुत नाजुक है। इसके चलते वरिष्ठ नागरिकों के लिए जीवन के इस सुनहरे पड़ाव में सम्मानपूर्वक जीवनयापन करना एक चुनौती बन गया है। ऐसे में अपने जीवन-स्तर को बनाए रखने और आर्थिक जरूरतों को पूरा करने के लिए आय का एक नियमित स्रोत बहुत जरूरी हो जाता है।

इससे वरिष्ठ नागरिकों, जिनके पास अपनी प्रॉपर्टी है, की मौजूदा आय को बढ़ाने के लिए एक पूरक स्रोत मिल जाता है। वरिष्ठ नागरिक जिस प्रॉपर्टी पर लोन लेना चाहता है, वह उसका स्थायी और मूल निवास-स्थान होना चाहिए और वह प्रॉपर्टी कम-से-कम 20 साल तक चलने की स्थिति में होनी चाहिए। लोन की राशि का उपयोग किसी प्रकार व्यापार या व्यवसाय में नहीं किया जाना चाहिए, व्यतिक्रमिक बंधक या गिरवी के माध्यम से जो धनराशि मिलती है, उसे लोन माना जाता है, न कि आय; इसलिए इसमें किसी प्रकार का कर देय नहीं होता।

रिवर्स मॉर्गेज लोन के अंतर्गत नॉन-रिकोर्स मॉर्गेज लोन की कई श्रेणियाँ आती हैं, जिनसे वरिष्ठ नागरिकों को अपनी होम इक्विटी पर नियमित नकदी प्राप्त करने

में मदद मिलती है और उसे तब तक कोई राशि चुकानी नहीं पड़ती है, जब तक वह मकान को बेचता नहीं है या उसकी मृत्यु नहीं हो जाती है।

चूँकि सेवा-निवृत्ति के बाद अधिकांश बचत राशि होम इक्विटी पर खर्च हो जाती है, इसलिए बुढ़ापे में आय बढ़ाने के लिए रिवर्स मॉर्गेज लोन एक अच्छा साधन बन सकता है।

अधिकतर वरिष्ठ नागरिकों के मामले में स्थिति ऐसी होती है कि उनके पास जो रिहायशी प्रॉपर्टी होती है, वही प्राय: उनकी कुल प्रॉपर्टी होती है, जिसमें तरलता न होने के कारण वरिष्ठ नागरिकों को उससे कोई मदद नहीं मिल पाती। व्यतिक्रम बंधक या रिवर्स मॉर्गेज में ऐसे वरिष्ठ नागरिक, जिनकी नियमित आय का स्रोत नहीं है, अपनी हाउस प्रॉपर्टी किसी बैंक या हाउसिंग फाइनेंस कंपनी के पास गिरवी रख सकते हैं। बदले में बैंकर उन्हें आजीवन (अधिकतम 20 वर्ष तक) एक निश्चित राशि हर महीने देता है। लोन की राशि और उसपर लगनेवाले ब्याज की कुल संभावित राशि प्रॉपर्टी की मार्केट वैल्यू का 70-90 प्रतिशत तक होती है, जिसकी अधिकतम सीमा 1 करोड़ रुपए है। यह रकम मासिक आधार पर बकाएदार के बचत खाते में हस्तांतरित कर दी जाती है।

हाउस प्रॉपर्टी गिरवी होने के बावजूद बकाएदार दंपति आजीवन उसमें रह सकता है और बैंकर की ओर से एक नियमित आय भी प्राप्त कर सकता है। इसके अलावा चूँकि बकाएदार को इस लोन की चुकौती के लिए कोई भुगतान नहीं करना होता है, इसलिए उसे इसके बारे में कोई चिंता करने की जरूरत नहीं होती। बकाएदार की मृत्यु के बाद या उससे पहले जब कभी वह बंधक प्रॉपर्टी छोड़कर किसी अन्य संस्था में या रिश्तेदार के पास रहने के लिए चला जाता है, तो बैंकर उस प्रॉपर्टी को बेचकर अपनी रकम निकाल लेता है।

भारतीय समाज में वरिष्ठ नागरिकों की संख्या बढ़ रही है और साथ ही उनकी निर्भरता भी बढ़ रही है। बेहतर चिकित्सीय सुविधाओं की उपलब्धता से एक ओर लोगों की औसत प्रत्याशित आयु बढ़ी है और दूसरी ओर संयुक्त परिवार की टूटती परंपरा के कारण वरिष्ठ नागरिकों को जीवन के इस पड़ाव में दूसरों पर निर्भरता भी बढ़ रही है। उन्हें अपनी जरूरतें पूरी करने के लिए पेंशन/अन्य आय के अलावा नियमित आय के एक अतिरिक्त स्रोत की जरूरत पड़ती है। चूँकि एक वरिष्ठ नागरिक जीवन भर की बचत का एक बड़ा हिस्सा रिहायशी प्रॉपर्टी में लगा देता है, इसलिए वृद्धावस्था में अपने जीवन-स्तर को बनाए रखने के लिए और अन्य जरूरतें पूरी करने के लिए व्यतिक्रम बंधक लोन एक अच्छा विकल्प हो सकता है।

यह लोन वरिष्ठ नागरिक को अकेले या पत्नी/पति के जीवित होने की स्थिति में दोनों को संयुक्त रूप से मिल सकता है। इसमें प्रथम बकाएदार की उम्र कम-से-कम 60 साल और जीवनसाथी की उम्र 55 वर्ष या अधिक होनी चाहिए। उधार ली गई राशि उसी स्थिति में देय होगी, जब (पति-पत्नी में से) अंतिम जीवित बकाएदार की मृत्यु हो जाती है या वह प्रॉपर्टी को बेचकर किसी अन्य संस्था में या रिश्तेदार के पास स्थायी रूप से रहने के लिए चला जाता है।

यहाँ 'स्थायी' रूप से का अर्थ यह हुआ कि बकाएदार या उसका साथी लगातार 1 साल तक उस मकान में न रहा हो। इस संबंध में बैंक सब औपचारिक कागजी काररवाई पूरी करके या तो प्रॉपर्टी को बेचकर उससे अपने लोन और ब्याज की रकम निकाल लेता है या फिर बकाएदार का उत्तराधिकारी यदि बकाया रकम अदा कर दे, तो प्रॉपर्टी उसे दे देता है।

इसके लिए बकाएदार या उसके उत्तराधिकारियों को पहले यह अधिकार होता है कि वे लोन और ब्याज की रकम अदा करके प्रॉपर्टी अपने पास रख सकते हैं। इसके लिए बैंक की ओर से 6 माह का समय भी दिया जाता है। यदि लोन और ब्याज की अदायगी के बाद कोई रकम शेष रह जाती है, तो वह बकाएदार के कानूनी उत्तराधिकारी पर देय मानी जाएगी। बकाएदार को हर साल नवंबर महीने में संपत्ति बीमा नवीनीकरण का प्रूफ, कर भुगतान और जीवन प्रमाण-पत्र की प्रतियाँ जमा करानी होती हैं। जीवन प्रमाण-पत्र में वैवाहिक स्थिति और स्थायी निवास का पता और उस वर्ष के 31 अक्टूबर की तिथि को बकाया राशि की पुष्टि से संबंधित जानकारियाँ भी होती हैं। लोन की स्वीकृति के समय बैंक बकाएदार के कानूनी उत्तराधिकारियों की एक सूची भी माँगता है। उधारकर्ता से एक वसीयतनामा भी बनवाया जाता है। लोन की राशि के भुगतान को लेकर कानूनी उत्तराधिकारियों में विवाद न उत्पन्न हो, इसके लिए प्रॉपर्टी की विरासत और बैंक लोन की रकम चुकाने के बाद यदि कोई राशि शेष बचती है, तो वह किसे मिलनी चाहिए, इन सब बातों का उल्लेख वसीयतनामे में होना चाहिए।

उदाहरण—श्री रामसिंह, उम्र 65 साल, एक प्राइवेट कंपनी से सेवानिवृत्त हुए हैं और उनकी पत्नी श्रीमती नीता रानी, उम्र 59 साल, दोनों सेक्टर-10 चंडीगढ़ में अपने स्वयं के मकान में रह रहे हैं। यह मकान उन्होंने 12 साल पहले 40 लाख रुपए में अपने नाम से खरीदा था। वर्तमान में उसकी मार्केट वैल्यू 1 करोड़ रुपए है। उनके पास बैंक में एक पाँच लाख रुपए का फिक्स्ड डिपॉजिट भी है।

श्री बंता सिंह, पुत्र श्री रामसिंह यू.के. जाकर बस गए हैं और अपने माता-पिता के बारे में नहीं सोचते हैं।

श्रीमती नीता एक गंभीर बीमारी से ग्रस्त हैं; उनके इलाज में 5 लाख रुपए लगने हैं। इससे पहले अपने बेटे की पढ़ाई में श्री रामसिंह अपनी सारी गाढ़ी कमाई खर्च कर चुके हैं। अब उनके पास न अपनी बीमार पत्नी के इलाज के लिए पैसे हैं और न ही भविष्य में किसी प्रकार की कमाई का जरिया है। उन्हें किसी ने बैंक से व्यतिक्रम बंधक लोन लेने की सलाह दी, जिसमें 12% की दर से ब्याज लगाया जाता है। अब उनके मन में दो प्रश्न हैं—

पहला प्रश्न—अगर वह अपना 5 लाख रुपए का फिक्स्ड डिपॉजिट पत्नी के इलाज में लगा देते हैं, तो व्यतिक्रम बंधक लोन में उन्हें प्रतिमाह कितनी राशि मिलेगी?

यहाँ लोन की संभावित राशि है 80 लाख रुपए (प्रॉपर्टी की मार्केट वैल्यू का 80%), जिसमें बंधक लोन की अवधि पूरी होने तक का ब्याज भी शामिल है।

उत्तर—इसका हल बहुत आसान है। चार्ट में 12% वाला स्तंभ देखिए और पता लगाइए कि कितने महीनों के लिए लोन की जरूरत है (यहाँ 240 महीने)। आप पाएँगे कि प्रति एक लाख रुपए लोन पर उन्हें 101 रुपए मिलेंगे। इस प्रकार, बैंक द्वारा प्रतिमाह 8080 रुपए का भुगतान किया जाएगा।

लोन की राशि (80 लाख रुपए) × प्रति एक लाख रुपए पर बैंक द्वारा प्रतिमाह देय राशि (101 रुपए)।

दूसरा प्रश्न—अगर वह अपनी पत्नी के इलाज के लिए अपना 5 लाख रुपए का फिक्स्ड डिपॉजिट नहीं लगाते, तो क्या उन्हें 5 लाख रुपए की एकमुश्त रकम मिल जाएगी? और उसके बाद उन्हें बैंक से प्रतिमाह (20 साल तक) कितनी राशि मिलेगी?

उत्तर—जी हाँ, उन्हें 5 लाख रुपए की एकमुश्त राशि मिल सकती है, लेकिन उस स्थिति में उनका मासिक भुगतान कम हो जाएगा। ऐसे में लोन की राशि को दो हिस्सों में बाँट दिया जाता है। एक हिस्सा मौजूदा जरूरत के लिए एकमुश्त राशि के रूप में मिल जाएगा और दूसरे हिस्से की राशि मासिक भुगतान के लिए प्रयोग में लाई जाएगी।

रियल एस्टेट एवं एस्टेट प्लानिंग • 165

प्रति एक लाख रुपए लोन पर मासिक भुगतान

महीनों की सं.	ब्याज दर (प्रतिशत में)									
	10.00%	10.75%	11.00%	11.25%	12.00%	12.50%	12.75%	13.00%	13.50%	14.00%
12	7958	7931	7921	7012	7885	7867	7858	7873	7830	7812
24	3781	3753	3744	3735	3707	3689	3680	3671	3653	3635
36	2393	2366	2357	2348	2321	2304	2295	2286	2269	2251
48	1703	1677	1668	1659	1633	1616	1608	1599	1583	1566
60	1291	1266	1258	1249	1224	1208	1200	1192	1167	1160
72	1019	995	987	979	955	939	932	924	909	894
84	827	803	796	788	765	750	743	736	721	707
96	684	662	654	647	625	611	604	507	584	570
108	575	553	546	539	518	505	499	492	470	467
120	483	468	461	454	435	422	416	410	398	386
132	419	399	393	386	368	356	350	344	339	322

महीनों की सं.	ब्याज दर (प्रतिशत में)									
144	362	343	337	331	313	302	297	291	281	290
156	315	297	291	285	260	258	253	248	238	223
168	275	258	252	247	231	222	217	212	203	194
180	241	225	220	215	200	191	186	182	173	165
192	213	197	192	188	174	165	161	157	149	141
204	188	173	169	164	151	143	139	135	128	121
216	167	153	148	144	132	124	121	117	110	104
228	148	135	131	125	115	108	105	102	95	89
240	132	119	116	112	101	94	91	88	82	77

□

एन.आर.आई.से प्रॉपर्टी खरीदते वक्त क्या ध्यान में रखें?

श्री आशीष दत्त, जो एक टेलीकॉम कंपनी में कार्यरत हैं, ने पिछले रविवार को मुझे फोन किया और जानना चाहा कि क्या वे किसी अनिवासी भारतीय (एन.आर.आई.) से प्रॉपर्टी खरीद सकते हैं? अगर हाँ, तो इसमें क्या सावधानियाँ बरतनी होंगी? उनके पड़ोस में एक मकान है, जो किसी अनिवासी भारतीय महिला के नाम है।

मैंने उन्हें बताया कि हाँ, खरीद सकते हैं। कोई भी व्यक्ति अनिवासी भारतीय से प्रॉपर्टी खरीद सकता है, लेकिन प्रॉपर्टी खरीदने से पहले खरीददार को एक जटिल प्रक्रिया से गुजरना पड़ता है, क्योंकि एक अनिवासी भारतीय को पैसे भेजना सामान्य क्रय-विक्रय प्रक्रिया के अंतर्गत नहीं आता है। भारतीय रिजर्व बैंक और फेमा (फॉरन एक्सचेंज मैनेजमेंट एक्ट) ने किसी भी व्यक्ति को किसी पूर्व अनुमति के बिना अनिवासी भारतीय/पी.आई.ओ. से प्रॉपर्टी खरीदने की अनुमति दे रखी है।

लेकिन अनिवासी भारतीय से प्रॉपर्टी खरीदने से पहले कुछ सावधानियाँ बरतना जरूरी है।

सबसे पहले तो अनिवासी भारतीय और उसकी प्रॉपर्टी के बारे में कुछ जानकारी प्राप्त कर लेनी चाहिए, क्योंकि कभी-कभी ऐसा होता है कि कोई अनिवासी भारतीय स्वयं को भारतीय निवासी बताकर प्रॉपर्टी का सौदा कर लेता है और जो पैसे मिलते हैं, उसपर कोई कर चुकाए बिना वह अपने देश वापस चला जाता है। यदि उसने भारत में कैपिटल गेन टैक्स नहीं चुकाया है तो खरीददार के लिए एक बड़ी समस्या पैदा हो जाएगी। इसलिए यह सुनिश्चित कर लें कि विक्रेता अनिवासी भारतीय ही है। इसके लिए विदेश में जाकर बसने से पहले के उसके निवासस्थान पर जाकर जानकारी प्राप्त की जा सकती है। उसके पड़ोसियों से

पूछताछ की जा सकती है और जरूरी हो तो उसका पासपोर्ट भी देखा जा सकता है। इसके अलावा भारत में उसके भूतपूर्व/नियोजक या उसके काम-धंधे से जुड़े अन्य लोगों से जानकारी हासिल की जा सकती है।

साथ ही प्रॉपर्टी की भी अच्छी तरह जाँच-पड़ताल कर लेनी चाहिए कि उसका असली स्वामी वही व्यक्ति है या कोई और है, और उसपर कोई विवाद तो नहीं चल रहा है।

अगर सौदा बड़ा है, तो उसके बारे में दो समाचार-पत्रों, एक स्थानीय दैनिक और एक राष्ट्रीय दैनिक में विज्ञापन प्रकाशित करवा देना चाहिए कि आप यह प्रॉपर्टी खरीद रहे हैं, यदि किसी को इसपर कोई आपत्ति है, तो वह इस विज्ञापन के 30 दिनों के अंदर संपर्क कर सकता है। इससे आपको प्रॉपर्टी पर किसी विवाद के बारे में पता चल जाएगा।

प्रॉपर्टी बेचने या खरीदने के लिए अनिवासी भारतीय का बार-बार भारत आना संभव नहीं होता। इसलिए वह प्रायः किसी व्यक्ति के नाम एक पावर ऑफ एटॉर्नी तैयार करा लेता है, जो भारत में उसकी प्रॉपर्टी की बिक्री में महत्त्वपूर्ण भूमिका अदा करता है।

दस्तावेज तैयार कराने के लिए अनिवासी भारतीय का भारत में व्यक्तिगत रूप से मौजूद होना जरूरी नहीं है। भारत में अपने किसी एजेंट या रिश्तेदार (जिसके पास पावर ऑफ एटॉर्नी है) के माध्यम से सारे दस्तावेज तैयार करा सकता है।

पावर ऑफ एटॉर्नी

इस दस्तावेज के माध्यम से एक व्यक्ति किसी अन्य व्यक्ति को अपने स्थान पर अधिकृत करता है। अधिकृत व्यक्ति उसकी ओर से क्या-क्या कर सकता है, इसका उल्लेख डीड में होता है। इस प्रकार, अधिकार देनेवाले व्यक्ति को प्रिंसिपल या प्रदाता तथा जिसे अधिकार दिया जाता है, उसे एटॉर्नी या प्रतिनिधि कहा जाता है।

अनिवासी भारतीयों द्वारा प्रायः दो तरह के पावर ऑफ एटॉर्नी जारी किए जाते हैं—जनरल पावर ऑफ एटॉर्नी और स्पेशल पावर ऑफ एटॉर्नी, जनरल पावर ऑफ एटॉर्नी में एटॉर्नी (प्रतिनिधि), प्रिंसिपल (प्रदाता) की ओर से विभिन्न प्रकार के लेन-देन कर सकता है, जैसे—बैंक का लेन-देन, प्रॉपर्टी का लेन-देन आदि; जबकि स्पेशल पावर ऑफ एटॉर्नी के माध्यम से एटॉर्नी को कुछ विशेष लेन-देन का अधिकार दिया जाता है।

एक अनिवासी भारतीय भारत में या विदेश में पावर ऑफ एटॉर्नी जारी कर

सकता है। पावर ऑफ एटॉर्नी स्टांप पेपर या सादे कागज पर (जैसा संबंधित देश में लागू हो) तैयार किया जाता है। अनिवासी भारतीय को देश के कांसुलेट ऑफिसर या नोटरी के समक्ष उसपर हस्ताक्षर करना होता है, जिसे कांसुलेट ऑफिसर या नोटरी द्वारा सत्यापित किया जाता है।

मित्रो, यदि कभी आपको ऐसी जरूरत पड़े, तो पावर ऑफ एटॉर्नी को भारतीय कांसुलेट ऑफिसर से सत्यापित कराएँ, इससे उसकी प्रामाणिकता और बढ़ जाती है। उसके बाद पावर ऑफ एटॉर्नी के दस्तावेज को भारत में भेजना होता है; यहाँ तीन माह के अंदर उसे न्याय-निर्णय के लिए प्रस्तुत किया जाता है।

पावर ऑफ एटॉर्नी का न्याय-निर्णय

इस प्रक्रिया के अंतर्गत पावर ऑफ एटॉर्नी को संबंधित क्षेत्र के रजिस्ट्रार (पंजीयक) के कार्यालय में पंजीकरण के लिए भेजा जाता है। न्याय-निर्णय की प्रक्रिया पूरी होने के बाद उसमें उलट-फेर करके उसका किसी प्रकार से दुरुपयोग नहीं किया जा सकता। पंजीकरण के बाद दस्तावेज पंजीकरण विभाग में रहता है, जिसकी प्रति वर्षों बाद भी कार्यालय से प्राप्त की जा सकती है।

अनिवासी भारतीय चाहे तो पावर ऑफ एटॉर्नी तैयार करा ले और जब कभी भारत आए, तो उसका पंजीकरण करा ले। पावर ऑफ एटॉर्नी के पंजीकरण के लिए स्टांप शुल्क देश के अलग-अलग राज्यों में अलग-अलग है।

आयकर अधिनियम की धारा 195 की भूमिका

खरीददार को आयकर अधिनियम, 1961 की धारा 195 के बारे में जानकारी होनी चाहिए, जो किसी अनिवासी भारतीय से प्रॉपर्टी खरीदने के मामले में लागू होती है। इसके अनुसार, विक्रेता को भुगतान किए जाने से पहले टी.डी.एस. काटना चाहिए।

धारा 195 में स्पष्ट किया गया है कि कोई व्यक्ति यदि किसी अनिवासी भारतीय को कर-योग्य राशि का नकद या चेक या ड्राफ्ट द्वारा भुगतान करता है, तो वह भुगतान की जानेवाली राशि पर चालू दर से टी.डी.एस. कटेगा।

मित्रो, याद रहे कि धारा 194-1 (ए), जो रियल एस्टेट के लेन-देन में टी.डी.एस. की कटौती से संबंधित है, किसी व्यक्ति से 50 लाख रुपए से अधिक कीमत की प्रॉपर्टी खरीदने पर लागू होती है। इस पर 1% की दर से टी.डी.एस. कटता है। अनिवासी भारतीय से प्रॉपर्टी खरीदने पर यह धारा लागू नहीं होती।

धारा 195 के अनुसार किसी अनिवासी भारतीय को भुगतान करते समय चालू दर से टैक्स काटा जाएगा। चालू दर की परिभाषा वित्त अधिनियम की धारा 2 (37 ए) 111 के अंतर्गत स्पष्ट की गई है। वर्तमान में प्रभावी दर बिक्री मूल्य का 20% है। मतलब अनिवासी भारतीय से प्रॉपर्टी खरीदने पर 20% की दर से टी.डी.एस. कटेगा, बिक्री मूल्य की राशि चाहे जितनी हो।

उदाहरण के लिए—यदि आप अनिवासी भारतीय श्री डिसूजा से 50 लाख रुपए में कोई प्रॉपर्टी खरीदते हैं, जिस पर उन्हें 20 लाख रुपए का कुल कैपिटल गेन होता है, तो इस स्थिति में काटे जानेवाले टी.डी.एस. की राशि 10 लाख रुपए होगी (कुल बिक्री मूल्य का 20%) और शेष 40 लाख रुपए की राशि ही श्री डिसूजा को मिलेगी।

कैपिटल गेन न होने की स्थिति में टी.डी.एस. का क्या प्रावधान है?

श्री डिसूजा आयकर अधिनियम के प्रावधानों के अंतर्गत टैक्स बचत बॉण्ड या नई प्रॉपर्टी में निवेश करके कैपिटल गेन पर लगनेवाला कर बचा सकते हैं। यदि कैपिटल गेन की राशि का पुनर्निवेश किया जाता है तो इस स्थिति में श्री डिसूजा की कैपिटल गेन राशि कम हो जाएगी और यदि कैपिटल गेन की पूरी राशि का पुनर्निवेश कर दिया जाता है, तो उन्हें कोई कर देय नहीं होगा। उस स्थिति में श्री डिसूजा बिक्री मूल्य की राशि पर टी.डी.एस. न काटने की बात भी कर सकते हैं।

✦ आयकर अधिनियम की धारा 195 (2) के अनुसार के संबंध में आप अपने मूल्यांकन अधिकारी से बात करके उससे कम/शून्य टी.डी.एस. का प्रमाण-पत्र ले सकते हैं, क्योंकि आपको कोई कैपिटल गेम नहीं हो रहा है या कैपिटल गेन काटे गए टी.डी.एस. की राशि से कम है।

✦ इसके अलावा, धारा 195 (3) के अंतर्गत श्री डिसूजा भी अपने मूल्यांकन अधिकारी से बात करके प्रमाण-पत्र प्राप्त कर सकते हैं। यदि उनके पास ऐसा प्रमाण-पत्र आ जाता है, तो आप टी.डी.एस. काटे बिना उन्हें भुगतान कर सकते हैं। लेकिन ऐसा प्रमाण-पत्र न होने की स्थिति में टी.डी.एस. कटेगा, चाहे प्रॉपर्टी नुकसान से ही क्यों न बेची जा रही है।

इससे अलग, ज्यादातर स्थितियों में अनिवासी भारतीय के भुगतान से कटनेवाला टी.डी.एस. ज्यादा ही होता है। उस स्थिति में अनिवासी भारतीय को भारत में आयकर रिटर्न फाइल करनी होगी और शेष रकम के रिफंड (वापसी) के लिए दावा प्रस्तुत करना होगा।

टी.डी.एस. काटने की प्रक्रिया

अनिवासी भारतीय को भुगतान करते समय आपको कुल बिक्री मूल्य की राशि पर टी.डी.एस. काटना होता है। श्री डिसूजा की बात करें, तो उन्हें 50 लाख रुपए पर 20% की दर से 10 लाख रुपए कटेगा। इस प्रकार के लेन-देन के समय आपको पैन कार्ड रख लेना चाहिए। इस प्रकार काटे गए टी.डी.एस. को उस महीने (जिसमें टी.डी.एस. काटा गया है) के अंत से 7 दिनों के अंदर अधिकृत बैंक में जमा कराना आपकी जिम्मेदारी होती है।

टी.डी.एस. जमा कराने के बाद निर्धारित तिथि के अंदर आपको इलेक्ट्रॉनिक विधि से टी.डी.एस. रिटर्न फाइल करनी चाहिए, जिसमें श्री डिसूजा का नाम, पता, पैन कार्ड नंबर आदि विवरण भरने होंगे। इस प्रकार, इलेक्ट्रॉनिक विधि से टी. डी.एस. रिटर्न फाइल करने के बाद 15 दिनों के अंदर आप श्री डिसूजा के नाम फॉर्म 16 (ए) पर टी.डी.एस. सर्टिफिकेट जारी कर सकते हैं। मित्रो, ध्यान रहे कि यदि आप टी.डी.एस. नहीं काटते हैं या काटे गए टी.डी.एस. को अधिकृत बैंक में जमा नहीं कराते हैं, तो आपको आयकर अधिनियम 1961 की धारा 201 के अंतर्गत कर डिफॉल्टर माना जाएगा और उसपर आपको ब्याज व जुरमाना देना पड़ेगा।

टी.डी.एस. रिफंड के लिए दावा

यह बात स्पष्ट है कि यदि बिक्री मूल्य की राशि पर टी.डी.एस. काटा जा रहा है, तो उसे आयकर विभाग में जमा कराना अनिवार्य है। अब श्री डिसूजा संबंधित मूल्यांकन वर्ष की आयकर रिटर्न में बिक्री और कैपिटल गेन का पूरा विवरण भरकर आयकर निभाग से टी.डी.एस. रिटर्न का दावा कर सकते हैं। यह दावा उन्हें निर्धारित तिथि के अंदर करना होगा। रिटर्न सफलतापूर्वक फाइल होने पर यदि अन्य सारे विवरण सही-सही भरे गए हैं तो आयकर विभाग की ओर से श्री डिसूजा को टी. डी.एस. रिफंड मिल जाएगा।

अंत में, यदि आप किसी अनिवासी भारतीय से प्रॉपर्टी खरीद रहे हैं और यह सारी प्रक्रिया आपको बहुत जटिल लग रही है, तो उस स्थिति में आप किसी चार्टर्ड एकाउंटेट की मदद ले सकते हैं।

□

एस्टेट प्लानिंग क्या है?

विधिवत् रियल एस्टेट प्लानिंग करने के बाद अगला कदम होता है—विधिवत् एस्टेट प्लानिंग। एस्टेट प्लानिंग किसी व्यक्ति के उत्तराधिकार एवं वित्तीय मामलों के विधिवत् व्यवस्थापन व नियोजन की प्रक्रिया है, जो उस व्यक्ति की इच्छानुसार उसके जीवनकाल या मरणोपरांत की परिस्थितियों को ध्यान में रखकर तैयार की जाती है। इससे व्यक्ति अपने साथ-साथ अपने परिवार की वित्तीय सुरक्षा भी सुनिश्चित कर सकता है।

एस्टेट प्लानिंग में एस्टेट स्वामी की इच्छाओं को ध्यान में रखते हुए यह व्यवस्था की जाती है कि व्यक्ति की प्रॉपर्टी का लाभ उसके द्वारा चुने गए लाभार्थी को मिले, जिसमें कम-से-कम कर और कम-से-कम अदालती काररवाई की जरूरत पड़े।

भारत में एस्टेट ड्यूटी की शुरुआत वर्ष 1953 में हुई थी और वर्ष 1985 में बंद कर दी गई। वर्तमान में देश में कोई एस्टेट ड्यूटी या एस्टेट कर का प्रावधान नहीं है, जबकि कई अन्य देशों में ऐसा प्रावधान है। अब निकट भविष्य में यदि एस्टेट ड्यूटी पुनः लागू भी होती है, तो इसके नियोजन के लिए एस्टेट प्लानिंग एक बेहतरीन साधन होगा। ट्रस्टी द्वारा एस्टेट प्लानिंग मूल रूप से ट्रस्टी की मृत्यु के बाद उसकी हस्तांतरित प्रॉपर्टी पर लगनेवाले कर के नियोजन के लिए की जाती है।

कुछ लोगों का ऐसा मानना हो सकता है कि एस्टेट प्लानिंग की जरूरत तो सेवानिवृत्ति या वृद्धावस्था के दौरान ही पड़ती है, जब व्यक्ति को अपनी मृत्यु के बाद की परिस्थितियों को ध्यान में रखते हुए अपनी वित्तीय सुरक्षा और प्रॉपर्टी का उपयुक्त बँटवारा सुनिश्चित करना होता है, जबकि सच यह है कि एस्टेट प्लानिंग की शुरुआत उसी समय हो जानी चाहिए, जब आपके पास प्रॉपर्टी आती है।

किसी व्यक्ति का एस्टेट (संपदा) उसकी वह पूरी संपत्ति होती है, जिसका

वह (मृत्यु के समय) स्वामी होता है। मृत्यु के समय व्यक्ति अपनी संपत्ति को अपने साथ तो लेकर जा नहीं सकता, इसलिए उसके भावी प्रबंधन के लिए वह एस्टेट प्लानिंग तैयार करता है।

अब सवाल यह उठता है कि एस्टेट प्लानिंग का ड्राफ्ट किससे तैयार कराया जाए? पुस्तक के अध्यायों को पढ़कर आपको इस संबंध में मदद मिलेगी। इसके लिए आप किसी प्रमाणित फाइनेंशियल प्लानर या वकील की मदद भी ले सकते हैं।

एस्टेट प्लानिंग के माध्यम से व्यक्ति एक ओर अपनी संपदा की सुरक्षा सुनिश्चित कर सकता है और दूसरी ओर अपनी मृत्यु के बाद अपनी इच्छा के अनुसार उसका नियंत्रण व प्रबंधन भी सुनिश्चित कर सकता है। यदि उपयुक्त प्लानिंग न की जाए, तो जीवन भर की मेहनत बेकार जा सकती है।

ऐसी बात नहीं है कि एस्टेट प्लानिंग सिर्फ धनाढ्य लोगों के लिए ही है। वस्तुत: इसकी जरूरत ऐसे सभी लोगों के लिए है, जिनके पास अपनी प्रॉपर्टी है और जो अपनी मृत्यु के बाद की स्थिति के लिए यह सुनिश्चित करना चाहते हैं कि किसको, कब और कितना मिलना चाहिए! ज्यादा धन-संपदावाले व्यक्तियों को इससे कर बचाने में मदद मिलती है, जबकि कम धन-संपदावाले व्यक्तियों को इससे अपनी और अपने परिवार की वित्तीय सुरक्षा सुनिश्चित करने में मदद मिलती है।

उपयुक्त एस्टेट प्लानिंग में निम्न प्रश्नों के उत्तर निहित होने चाहिए—

- मेरी बीमारी की स्थिति में क्या होगा?
- मेरे शारीरिक या मानसिक रूप से अक्षम हो जाने पर मेरी देखभाल कैसी हो, इसका निर्णय कौन करेगा?
- मैं अपनी प्रॉपर्टी का विभाजन किस प्रकार करूँगा?
- यदि में कुछ न करूँ तो क्या होगा?
- क्या बड़े-बड़े बिलों का भुगतान करना पड़ेगा?
- इन बिलों के भुगतान के लिए पैसा कहाँ से आएगा?
- क्या संपदा की प्रबंधन लागत कम हो सकती है?
- दोनों पति-पत्नी के जीवनयापन के लिए क्या पर्याप्त परिसंपत्ति है?
- मेरे बच्चों के आर्थिक बोझ को कम करने के लिए क्या कोई रास्ता है?
- क्या मैं अपने पौत्र/पौत्रियों की शिक्षा में कुछ मदद कर सकता हूँ?
- क्या मैं अपनी ही चैरिटेबल संस्था को कुछ अनुदान भेंट कर सकता हूँ?

एस्टेट प्लानिंग का उद्देश्य और आवश्यकता

एस्टेट प्लानिंग इतनी महत्त्वपूर्ण क्यों है ? क्योंकि इससे आपके कई महत्त्वपूर्ण उद्देश्य पूरे होते हैं, जैसे—संपदा का उपयुक्त और सामंजस्यपूर्ण हस्तांतरण, जिससे आपको अपनी धन-संपत्ति का अपनी इच्छानुसार चुने गए व्यक्ति/व्यक्तियों को हस्तांतरण सुनिश्चित करने में मदद मिलती है; साथ ही, इसके जरिए आप यह भी सुनिश्चित कर सकते हैं कि आपके साथ कोई अनहोनी होने या कार्य करने में अक्षम होने पर आपके नाबालिग बच्चों की देख-रेख कौन करेगा ?

इसका एक मूल उद्देश्य व्यक्ति की मृत्यु के बाद उसकी पत्नी का जीवनयापन सरल बनाना होता है, जिसके पास कोई नौकरी नहीं होती और दो या अधिक बच्चों के पालन-पोषण पढ़ाई-लिखाई की जिम्मेदारी होती है। ऐसे में यदि पति ने उपयुक्त एस्टेट प्लानिंग कर रखी है, तो पत्नी को दिक्कत नहीं होगी, क्योंकि उसमें बच्चों की देखभाल और पढ़ाई-लिखाई के लिए उपयुक्त व्यवस्था होगी। यदि पति-पत्नी युवा हैं, तो एस्टेट प्लानिंग से उन्हें अभी से वित्तीय सुरक्षा मिलनी शुरू हो जाएगी। यदि पति-पत्नी दोनों को सेवानिवृत्ति के बाद नियोजक की ओर से कुछ मिल रहा है, तो भी किसी एक की मृत्यु से पारिवारिक आय कम हो जाती है। उस स्थिति में भी एस्टेट प्लानिंग से मदद मिलेगी।

ज्यादातर एस्टेट प्लानिंग में जीवित पत्नी/पति के लिए व्यवस्था के बाद दूसरा प्रमुख उद्देश्य बच्चों के लिए उपयुक्त व्यवस्था सुनिश्चित करना होता है। छोटी संपदा के मामले में सामान्यतया पूरी संपदा पहले जीवित पत्नी/पति को हस्तांतरित किए जाने और बाद में उसकी मृत्यु के बाद उसके बच्चों में बाँटी जाने की व्यवस्था होती है। बड़ी संपदा के मामले में बच्चों में प्रॉपर्टी के बँटवारे के लिए एस्टेट प्लानिंग की शुरुआत तभी हो जाती है, जब पति-पत्नी दोनों जीवित होते हैं।

आजकल चूँकि भारतीय परिवारों में तलाक और पुनर्विवाह की बात आम हो गई है; ऐसे में कुछ परिवार ऐसे भी मिलेंगे, जिनमें एक ही दंपती के अलग-अलग विवाह से उत्पन्न बच्चे होंगे। ऐसे में सवाल उठता है कि क्या सभी बच्चों को समान रूप से हिस्सा मिलेगा ? अगर पति/पत्नी की मृत्यु के बाद सारी जायदाद किसी एक जीवित पत्नी या पति को मिल जाती है, तो जायदाद का बँटवारा सब बच्चों में होगा या पूरी जायदाद को वह अपने सगे बच्चों में ही बाँटेगी/बाँटेगा ? ऐसे दंपतियों के मामले में एस्टेट प्लानिंग बहुत जरूरी हो जाती है। इसका एक सरल हल यह होता है कि संपदा किसी ट्रस्ट को दे दी जाए, जो मृतक की जीवित पत्नी/पति और अन्य लाभार्थियों के लिए यथा-निर्देश व्यवस्था करे।

एस्टेट प्लानिंग में सबसे पहले तो व्यक्ति को यह सच्चाई स्वीकार करनी होती है कि जीवन क्षण-भंगुर है, लेकिन बहुत कम लोग इस सच्चाई को आसानी से स्वीकार कर पाते हैं। कई बड़े-बड़े और सफल प्रोफेशनल हैं, जो उच्चस्तरीय अंतरराष्ट्रीय व्यावसायिक और वित्तीय माहौल में काम कर रहे हैं, लेकिन जीवन की इस सच्चाई को स्वीकार न कर पाने के कारण वे एस्टेट प्लानिंग को कभी अमल में नहीं लाते।

आखिरकार मुखिया (जो पारिवारिक संपदा का स्वामी होता है) की मृत्यु के बाद उसके परिवार के सदस्यों को सबकुछ झेलना पड़ता है। उनके जीवन-स्तर में कमी आ जाती है और उनके सामने एक वित्तीय अनिश्चितता की स्थिति आ जाती है। ऐसे में परिवार के भविष्य को सुरक्षित करने और जीवनकाल के दौरान तथा उसके बाद भी अपनी इच्छा के अनुरूप उपयुक्त वित्तीय प्रबंधन के लिए एस्टेट प्लानिंग सबसे पहला न्यायिक कदम होता है।

❑

एस्टेट प्लानिंग में बीमा का महत्त्व

एस्टेट प्लानिंग में जीवन-बीमा बहुत महत्त्वपूर्ण होता है। यह आपके परिवार को खोई हुई आय या आय के स्रोत का एक दीर्घकालिक स्थानापन्न उपलब्ध कराता है और साथ ही, तात्कालिक खर्चों जैसे—मेडिकल बिल और अंतिम संस्कार आदि के लिए भी आवश्यक राशि की व्यवस्था कराता है। इसके अलावा, जीवन-बीमा से व्यक्ति में सुरक्षा की भावना भी बनी रहती है, क्योंकि वह जानता है कि यदि उसे कुछ हो जाता है, तो उसका परिवार कम-से-कम आर्थिक रूप से असुरक्षा की स्थिति में नहीं आएगा। जीवन-बीमा प्रायः सभी प्रकार की एस्टेट प्लानिंग में उपलब्ध है—पढ़ाई के खर्च के लिए, व्यवसाय के वित्त-पोषण के लिए और कभी-कभी रिटायरमेंट प्लान के वित्त-पोषण के लिए भी।

बीमित व्यक्ति की मूत्यु की स्थिति में उसके लाभार्थी को बीमा की जो राशि मिलती है, वह सामान्यतया करमुक्त होती है।

जब कोई व्यक्ति लोन लेकर कोई प्रॉपर्टी खरीदता है, तो उसे समय पर चुकाना उसकी जिम्मेदारी बन जाती है। लेकिन कई बार कुछ अनहोनी घट जाती है, जैसे बीमारी या दुर्घटना के कारण शारीरिक अक्षमता, मृत्यु या प्राकृतिक आपदा। यदि व्यक्ति का बीमा नहीं हुआ है, तो उस स्थिति में उसके पविारवालों के सामने एक ही विकल्प रह जाता है—प्रॉपर्टी को बेचकर उससे लोन अदा करें। इस प्रकार, मृतक के परिवार को एक साथ दो-दो नुकसान उठाने पड़ते हैं, एक ओर परिवार का कमाऊ सदस्य नहीं रहा और दूसरी ओर, उसके सिर पर से छत भी चली गई।

अतः होम लोन लेनेवाले व्यक्ति को दो प्रकार की बीमा-योजना के बारे में सोचना चाहिए—

1. होम लोन की राशि के बराबर राशि का बकाएदार का स्वयं का जीवन-बीमा

परिवार का मुखिया ही प्रायः परिवार का प्रमुख कमाऊ सदस्य होता है। अपने सपनों का घर बनाने के लिए वह होम लोन लेता है और वेतन/व्यावसायिक आय का एक बड़ा हिस्सा उसकी मासिक किस्त भरने में लगा देता है। यदि उसकी असमय मृत्यु हो जाती है, तो लोन की मासिक किस्त रुक जाती है। तब बैंक उसके कानूनी उत्तराधिकारी को लोन की बकाया राशि चुकाने के लिए कहता है। अगर परिवारवाले लोन की रकम नहीं अदा कर पाते, तो बैंक उनकी प्रॉपर्टी बेच देता है। इस प्रकार परिवार को एक ओर अपना कमाऊ सदस्य खोना पड़ा और दूसरी ओर उसका घर भी नहीं रहा। यदि व्यक्ति का होम लोन कवर होता है तो उसकी मृत्यु की स्थिति में बीमा-कंपनी की ओर से बैंक को बकाया राशि का भुगतान कर दिया जाता है और उसके परिवारवालों को प्रॉपर्टी वापस मिल जाती है।

यह बीमा सामान्यतया दो प्रकार का होता है—

(अ) ट्रेडिशनल टर्म प्लान (ब) टेलरमेड-डिक्रीजिंग टर्म इंश्योरेंस प्लान।

(अ) ट्रेडिशनल टर्म प्लान—निम्न प्रीमियमवाला एक विशुद्ध बीमा प्लान है, जिसमें रिटर्न नहीं होता। बीमित व्यक्ति की मृत्यु की स्थिति में उसके लाभार्थियों को पूरी बीमा राशि का भुगतान कर दिया जाता है। मान लीजिए, किसी व्यक्ति को लाइफ कवर के लिए 30 लाख रुपए के टर्म प्लान की जरूरत है और अब वह 20 लाख रुपए का होम लोन ले लेता है। ऐसे में उसका कम-से-कम 50 लाख रुपए का कवर होना चाहिए, तब उस व्यक्ति की असमय मृत्यु की दशा में उसके परिवारवालों को 50 लाख रुपए की राशि मिलेगी, जिसमें से 20 लाख रुपए से वे होम लोन चुका सकते हैं और शेष रकम अपने जीवनयापन के लिए उपयोग में ला सकते हैं। इस प्रकार के प्लान का मुख्य फायदा यह होता है कि इसमें बीमा राशि का पूरा-पूरा भुगतान मिल जाता है।

(ब) टेलरमेड-डिक्रीजिंग टर्म इंश्योरेंस प्लान—यह एक ह्रासमान टर्म बीमा प्लान है, जिसमें बीमा की प्रीमियम राशि अधिक होती है और एकमुश्त प्रीमियम जमा करना होता है, लेकिन इसमें बीमित व्यक्ति को कोई परिपक्वता लाभ नहीं मिलता है। 18-65 वर्ष आयु-वर्ग के लोग यह प्लान ले सकते हैं। लोन की अवधि पूरी होने के साथ ही बीमा कवरेज भी बंद हो जाता है।

बीमा कवर होने के बाद सरेंडर वैल्यू किसी भी समय उपलब्ध हो सकती है, बशर्ते लोन की पूरी रकम उसकी अवधि पूरी होने से पहले अदा कर दी गई हो। इस

प्लान में नामांकन अनिवार्य होता है। इसमें आयकर अधिनियम की धारा 80 (सी) के अंतर्गत कर-बचत का लाभ भी मिलता है। इस पॉलिसी में बीमा लेनेवाले व्यक्ति को 'ग्रुप मेंबर' और लोन देनेवाले बैंक को 'मास्टर पॉलिसी होल्डर' कहा जाता है।

प्रमुख विशेषताएँ

- लोन की पूरी अवधि तक उसकी कुल बकाया रकम के बराबर रकम का बीमा कवर।
- बकाएदार की मृत्यु की स्थिति में शेष रकम का भुगतान बीमा कंपनी द्वारा सीधे बैंक को किया जाता है, जिससे पूरे परिवार को सुरक्षा-स्वतंत्रता रहती है, लेकिन ओवरड्यू राशि, यदि कोई है, तो वह इसमें कवर नहीं होती।
- बीमा प्रीमियम पर आयकर अधिनियम की धारा 80 (सी) के अंतर्गत कर छूट का लाभ मिलता है, जिसकी ओवरऑल सीलिंग 1,50,000 रु. है।
- बीमित व्यक्ति की मृत्यु की स्थिति में मिलनेवाली बीमा राशि आयकर अधिनियम की धारा 10(10) डी के अंतर्गत कर-मुक्त होती है।
- बकाएदार को मृत्यु से सुरक्षा देता है।
- बकाएदार की 70 वर्ष की उम्र या अंतिम अदायगी की तिथि तक, या दोनों में से जो पहले हो, बीमा कवर मिलता है। सामान्यतया लोन भी किसी व्यक्ति को 70 वर्ष की उम्र तक ही स्वीकृत किए जाते हैं।
- लोन की पूरी अवधि के लिए सिंगल प्रीमियम।
- प्रीमियम की राशि को पूरा करने के लिए बैंक अतिरिक्त लोन की व्यवस्था कर सकता है।
- सरल प्रक्रिया।
- देय प्रीमियम का निर्धारण लोन की राशि, अदायगी की अवधि और बकाएदार की उम्र के आधार पर।

बीमा कवर में न आनेवाली स्थितियाँ

- मृत्यु यदि बीमा कवर शुरू होने के प्रथम 45 दिनों के अंदर हो।
- मृत्यु यदि बीमा कवर शुरू होने के प्रथम 12 माह के दौरान आत्महत्या के कारण हो।

कौन सा प्लान सबसे अच्छा? मित्रो, कई बार जब मैं अपने ग्राहकों को

होम लोन बीमा प्लान के बारे में बताता हूँ, तो वे मुझसे पूछते हैं कि कौन सा प्लान सबसे अच्छा है—ट्रेडिशनल टर्म प्लान या फिर वन टाइम टेलरमेड-डिक्रीजिंग टर्म इंश्योरेंस प्लान ? होम लोन को कवर करने के लिए आपको टर्म प्लान लेना चाहिए। इसके कई फायदे हैं—टर्म प्लान टेलरमेड-डिक्रीजिंग टर्म प्लान की अपेक्षा सस्ते हैं। इसके अलावा विभिन्न बीमा कंपनियों द्वारा ऑफर किए जानेवाले टर्म प्लान में प्रीमियम और बीमा राशि के विकल्प अपेक्षाकृत सरल हैं। दूसरी ओर टेलरमेड-डिक्रीजिंग टर्म इंश्योरेंस प्लान में सिंगल प्रीमियम का विकल्प ही उपलब्ध है। इस प्रकार ग्राहक चुकाए जानेवाले प्रीमियम का हिसाब नहीं लगा पाता और बाजार में उपलब्ध अन्य प्लान की अपेक्षा ज्यादा प्रीमियम राशि जमा करनी पड़ जाती है।

टेलरमेड-डिक्रीजिंग टर्म इंश्योरेंस प्लान की एक और खामी यह है कि इसमें भुगतान सिंगल प्रीमियम के माध्यम से होता है। अगर आप लोन की अवधि पूरी होने से पहले, यानी 15 साल की अवधि वाले लोन की पूरी अदायगी 10 साल में कर देते हैं, तो आगे की पाँच वर्ष की अवधि के लिए आपने जो प्रीमियम जमा कर रखा है, उसका आपको कोई लाभ नहीं मिलेगा, क्योंकि उसका रिफंड नहीं होता या होता भी है तो उसकी राशि बहुत कम हो जाती है।

इसके अलावा, अगर आप होम लोन को एक बैंक से किसी अन्य बैंक में ट्रांसफर करना चाहें तो होम लोन प्रोटेक्शन प्लान लेने में काफी दिक्कत आती है। चूँकि टर्म कवर होम लोन की अवधि से अलग होता है, इसलिए आप इसे अपनी जरूरत के अनुसार संशोधित कर सकते हैं।

2. आवास बीमा

बैंक से होम लोन लेने की स्थिति में प्राय: सभी बैंकों में प्रॉपर्टी का बीमा अनिवार्य कर दिया गया है। कुछ आपदाएँ मनुष्य के नियंत्रण में नहीं हैं, जैसे— भूकंप, भूस्खलन, आगजनी, साइक्लोन, बिजली गिरना आदि। यदि इनमें से किसी कारण से मकान को क्षति पहुँचती है, तो एक आम आदमी के लिए उसे दोबारा बनाना एक मुश्किल काम हो जाता है। इसलिए ऐसी स्थिति को कवर करने के लिए हमें एक सुरक्षा की आवश्यकता होती है।

सिंपल कवर (आगजनी एवं संबद्ध आपदा पॉलिसी)

यह पॉलिसी आगजनी, भूकंप, साइक्लोन, आतंकवाद आदि के कारण मकान के ढाँचे और मटीरियल को पहुँचनेवाली क्षति को कवर करता है। यह मकान

की मार्केट वैल्यू की बजाए उसके जीर्णोद्धार में लगनेवाली लागत पर आधारित होती है। मान लीजिए, कोई मकान ठीक/ठाक स्थिति में है और अचानक किसी आपदा के कारण वह क्षतिग्रस्त हो जाता है। अब उसकी मरम्मत और जीर्णोद्धार के लिए धनराशि की जरूरत है, तो बीमा कंपनी उसकी मरम्मत या जीर्णोद्धार में लगनेवाली लागत को वहन करेगी, न कि उसके पूरे निर्माण-कार्य में लगी लागत को। उपरोक्त आपदाओं के कारण जब कभी कोई मकान क्षतिग्रस्त होता है, तो उस स्थिति में बीमा ही एकमात्र मददगार होता है। यद्यपि मकान किसी व्यक्ति के लिए सबसे कीमती संपत्ति होती है और भारत में आवास बीमा काफी सस्ता भी है, तथापि बहुत कम लोग मकान का बीमा कराते हैं। इसमें मात्र 2 हजार रुपए वार्षिक खर्च करके आप अपने मकान को विभिन्न प्रकार की आपदाओं से कवर प्रदान कर सकते हैं। यहाँ ध्यान रखें कि आप मकान का बीमा उसकी प्रॉपर्टी वैल्यू के लिए नहीं, बल्कि उसकी जीर्णोद्धार लागत के लिए कराते हैं। यह लागत 1000 रुपए प्रतिवर्ग फुट से लेकर 2500 रुपए प्रति वर्ग फीट तक हो सकती है। मकान की सामग्री का भी बीमा होना चाहिए।

फायर (आगजनी) बीमा पॉलिसी आगजनी और कुछ अन्य आपदाओं से प्रॉपर्टी को होनेवाली आर्थिक क्षति को कवर करती है। यह प्लान टैरिफ एडविसरी कमेटी (टी.ए.सी.) के अधीन एक टैरिफ द्वारा संचालित-नियंत्रित होता है। फायर इंश्योरेंस में कवर होनेवाली सामग्री व स्थितियाँ इस प्रकार हैं—

1. **भवन**—भवन में लगी या रखी सामग्री (मशीनरी, उपकरण, पूरक सामान), माल, कच्चा माल, तैयार या अर्धनिर्मित माल, फैक्टरी या गोदाम में रखा पैकिंग मटीरियल, बिल्डिंग में लगे बिजली के सामान/उपकरण, खुले में रखा माल, रहने का स्थान और वहाँ रखा सामान, फर्नीचर फिटिंग व फिक्सचर, बिल्डिंग के अंदर या बाहर लगी पाइपलाइन और कंपाउंड।

2. विस्फोट, विमान दुर्घटना, बिजली गिरना, तूफान, साइक्लोन, टायफून, झंझावात, सूखा और बाढ़, भूस्खलन, दंगा, बुश-फायर, किसी वाहन (रेल/रोड) या जानवर से टक्कर, हड़ताल और आतंकी हमले के कारण होनेवाली क्षति।

हाउस होल्डर पॉलिसी

चोरी और सेंधमारी के खिलाफ कवर अपेक्षाकृत महँगा तो है, लेकिन इसका महत्त्व भी उतना ही ज्यादा है। अगर आपका बजट इजाजत दे, तो इसमें कुछ और धाराएँ जोड़कर इसका कवरेज और बढ़ाया जा सकता है।

आगजनी एवं संबद्ध आपदा पॉलिसी उपरोक्त अलग-अलग आपदाओं को कवर करती है। आप इसे किसी आपदा विशेष से सुरक्षा कवर के लिए भी ले सकते हैं, लेकिन ज्यादातर बीमा कंपनियाँ एक व्यापक जोखिम कवरवाला प्लान लेने के लिए प्रोत्साहित करती हैं।

कुछ लोग सोचते हैं कि अगर वे किराए के मकान में रह रहे हैं, तो उन्हें होम इंश्योरेंस की क्या जरूरत है? यह बात ठीक है, लेकिन उन्हें भी सामानों की चोरी या किसी प्राकृतिक आपदा के कारण होनेवाली क्षति से सुरक्षा के लिए होम इंश्योरेंस की जरूरत है। ये आधारभूत कवर ज्यादा महँगे नहीं पड़ते। जब आप जी-तोड़ मेहनत करके मकान खरीद सकते हैं, तो क्या मकान और उसमें रखे कीमती सामानों की सुरक्षा की दिशा में एक कदम और नहीं चल सकते?

बीमा प्लान लेते समय निम्न सावधानियाँ बरतें

1. अगर आप होम लोन से कोई प्रॉपर्टी खरीदते हैं, तो उसी बीमा कंपनी को प्राथमिकता दें, जिसके साथ आपके बैंकर का टाई-अप है। इसका एक फायदा यह होगा कि आपदा या क्षति की स्थिति में बैंक सीधे बीमा कंपनी से दावा माँग सकता है।

2. प्रीमियम की अवधि लोन की अवधि के बराबर होनी चाहिए। सिंगल प्रीमियम होने पर कुछ डिस्काउंट मिलता है।

3. हाउस इंश्योरेंस के मामले में ध्यान रखें कि मकान की लागत में जमीन की लागत शामिल नहीं की जानी चाहिए, क्योंकि जमीन क्षतिग्रस्त नहीं होती।

4. घर में रखे कीमती सामानों (ए.सी., एल.ई.डी.) का बीमा रिप्लेसमेंट वैल्यू के आधार पर कराएँ।

5. अगर आपके परिवारवाले कोई नई ज्वैलरी या इलेक्ट्रॉनिक आइटम खरीदते हैं, तो बीमा कंपनी को सूचित करें और ऐसी चीजों को खास मौके पर प्रयोग में लाने के बाद बैंक लॉकर में रखवा दें।

□

वसीयतनामा (विल)

वसीयतनामा एक कानूनी दस्तावेज है, जिसमें कोई व्यक्ति अपनी प्रॉपर्टी के संबंध में अपनी इच्छा की कानूनी घोषणा करता है, जो उसकी मृत्यु के बाद प्रभावी होता है। इस प्रकार वसीयतनामा व्यक्ति की मृत्यु के बाद की परिस्थितियों के लिए होता है। वसीयत लिखना एक परंपरागत तरीका है, जिसके माध्यम से कोई व्यक्ति अपनी सारी धन-संपदा को अपनी भावी पीढ़ी को हस्तांतरित करता है।

वसीयत कोई भी व्यक्ति लिख सकता है। कुछ लोगों में यह भ्रम रहता है कि वसीयत लिखना अमीरों-धनाढ्यों का काम है। लेकिन ऐसा नहीं है। सच यह है कि जो भी व्यक्ति यह चाहता है कि जो कुछ उसके पास है, वह उसकी मृत्यु के बाद उसके उत्तराधिकारियों को मिलने में कोई दिक्कत न आए, वह वसीयत लिख सकता है। कोई भी वयस्क व्यक्ति, जो अपनी परिसंपत्ति को अपनी इच्छानुसार अपने उत्तराधिकारियों में बाँटना चाहता है, उसे वसीयत लिखनी चाहिए। यह संपत्ति किसी भी तरह की हो सकती है—भू-संपत्ति, सोना, वित्तीय निवेश, नकदी या कोई कलात्मक वस्तु। जरूरी नहीं कि वसीयत स्टांप पेपर पर ही लिखी जाए, या उसे पंजीकृत कराया जाए। आप एक सादे कागज पर भी लिख सकते हैं। वह भी उतनी ही वैधानिक होगी, जितनी किसी वकील के द्वारा तैयार कराई गई वसीयत होती है। बशर्ते उस पर आपके हस्ताक्षर होने चाहिए और दो गवाहों द्वारा सत्यापित होना चाहिए। वसीयत लिखनेवाला इसे हाथ से भी लिख सकता है या चाहे तो टाइप कर सकता है। अगर उस पर आपके और दो गवाहों के हस्ताक्षर मौजूद हैं, तो वह पूरी तरह से एक कानूनी दस्तावेज होगी।

वसीयत आप स्वयं भी लिख सकते हैं, लेकिन ध्यान रहे कि वसीयत का लेख साफ, स्पष्ट होना चाहिए। हाँ, अगर आपकी परिसंपत्तियों का मामला थोड़ा जटिल हो, तो वसीयत का ड्राफ्ट तैयार कराने के लिए आप किसी पेशेवर वकील की मदद ले सकते हैं।

इससे वसीयत की भाषा में कोई ऐसी अस्पष्टता नहीं रह जाएगी, जो भविष्य में किसी तरह के विवाद का कारण बने। इसके अलावा उस स्थिति में सबकुछ कानून की परिधि में भी होगा।

अगर व्यक्ति बूढ़ा और कमजोर है, तो उसे स्वयं लिखने की बजाए टाइप कराना चाहिए, इससे उसके उत्तराधिकारियों में विवाद नहीं होगा।

वसीयत पैतृक संपदा के स्वाभाविक उत्तराधिकार कानून का हनन नहीं कर सकती। दूसरे शब्दों में, कोई व्यक्ति वसीयत लिखकर किसी पैतृक संपदा से उसके कानूनी वारिस को वंचित नहीं कर सकता है। मान लीजिए, किसी हिंदू व्यक्ति को अपने पिता से 50 लाख रुपए मिले हैं। अगर उसके चार उत्तराधिकारी हैं, तो उस 50 लाख रु. में उसका अपना हिस्सा 20% ही होगा। बाकी उसके चारों उत्तराधिकारियों का हिस्सा होगा। अब वह अपने हिस्से के 10 लाख रुपए की वसीयत अपनी इच्छानुसार तैयार कर सकता है, लेकिन शेष 40 लाख रुपए वह अपने चार स्वाभाविक उत्तराधिकारियों के अतिरिक्त किसी अन्य को नहीं दे सकता। आपके पास चाहे ढेर सारी संपदा है या थोड़ी संपदा है, उसके उपयुक्त बँटवारे के लिए आप वसीयत लिख सकते हैं।

वसीयत इतनी महत्त्वपूर्ण क्यों?

- अगर आपको कुछ हो जाता है और आपने पहले वसीयत नहीं लिखी है, तो उस स्थिति में आपकी धन-संपदा के आवंटन से संबंधित कुछ निश्चित नियम हैं, जिनके आधार पर ही आपकी धन-संपदा का आवंटन आपके उत्तराधिकारियों में होगा; ऐसे में हो सकता है कि आवंटन उस तरह न हो, जैसा आप चाहते थे।

- अविवाहित पार्टनर, जिन्होंने सिविल पार्टनरशिप पंजीकृत नहीं कराई है, वसीयत न होने की स्थिति में एक-दूसरे की संपत्ति नहीं ले सकते; इससे किसी एक पार्टनर की मृत्यु की स्थिति में दूसरे पार्टनर के लिए गंभीर समस्या पैदा हो सकती है।

- अगर आपके बच्चे हैं, तो आपको वसीयत लिखने की जरूरत पड़ेगी, ताकि आपकी या पत्नी की, या दोनों की मृत्यु के बाद की स्थिति में उनके लिए आपकी इच्छा के अनुसार उनके लिए उपयुक्त व्यवस्था हो।

- उपयुक्त परामर्श के आधार पर वसीयत तैयार करके आप अपनी संपत्ति का कर भी बचा सकते हैं।

- अगर आपकी परिस्थितियाँ बदल चुकी हैं, तो ऐसे में आपको यह सुनिश्चित करने के लिए वसीयत लिखनी चाहिए कि आपकी धन-संपदा का वितरण आपकी इच्छा के अनुसार हो। उदाहरण के लिए, यदि आप पति-पत्नी अलग हो गए हैं और आपका पार्टनर किसी और के साथ रह रहा है; उस स्थिति में आपको अपनी पुरानी वसीयत बदलने की जरूरत पड़ सकती है। अब आप जो नई वसीयत लिखेंगे, उससे पुरानी वसीयत, जो आप पहले लिख चुके हैं, स्वयं ही अवैध हो जाएगी।

वसीयत की विशेषताएँ

वसीयत के माध्यम से कोई व्यक्ति कानूनी तौर पर यह सुनिश्चित करता है कि उसकी मृत्यु के बाद उसकी जायदाद का आवंटन उसकी घोषित इच्छा के अनुसार हो। यह एक ऐसा कानूनी दस्तावेज है, जिसे एक बार तैयार कराने के बाद यदि आप बदलना चाहें तो बदल भी सकते हैं। यह एक गोपनीय दस्तावेज होता है, जिसे (वसीयत लिखनेवाले के जीवनकाल के दौरान) प्रकट नहीं किया जाना चाहिए।

वसीयत की दो मुख्य विशेषताएँ होती हैं—

1. यह वसीयत लिखनेवाले व्यक्ति की मृत्यु के बाद प्रभावी होती है।
2. इसे वसीयत लिखनेवाला (अपने जीवनकाल के दौरान) जब चाहे, बदल सकता है।

वसीयत सामान्यतया जायदाद के आवंटन के उद्देश्य के लिए लिखी जाती है, लेकिन दूसरी तरह की परिस्थितियों में प्रतिनिधि नियुक्त करने, ट्रस्ट बनाने और नाबालिग बच्चों का संरक्षक नियुक्त करने के लिए भी यह दस्तावेज तैयार किया जा सकता है।

एक महत्त्वपूर्ण बात यह है कि वसीयत की सामग्री में ऐसी बातें ही होनी चाहिए, जो वसीयत लिखनेवाले की मृत्यु के बाद प्रभावी हों और अपने जीवनकाल के दौरान वह उसे जब चाहे, बदल सके। भारतीय उत्तराधिकार अधिनियम, 1925 की धारा 63 में स्पष्ट किया गया है कि वसीयत लिखनेवाला व्यक्ति अपनी इच्छा के अनुसार जब चाहे, उसे बदल सकता है।

कोई व्यक्ति जब वसीयत लिखे बिना मर जाता है, तो उसकी मृत्यु के बाद उसकी जायदाद नियमानुसार उसके कानूनी उत्तराधिकारियों को मिल जाती है। ध्यान रहे कि कानूनी उत्तराधिकारी में व्यक्ति के निकट संबंधी—पति या पत्नी, बच्चे, माता-पिता आदि आते हैं। अधिकतर लोग ऐसे हैं, जो चाहते हैं कि उनकी मृत्यु

के बाद उनकी जायदाद का आवंटन उनकी इच्छा के अनुसार हो। इसलिए वसीयत लिखना जरूरी हो जाता है।

वसीयत की विषय-सामग्री

सॉलिसिटर के पास जाते समय, समय और पैसा बचाने के लिए आपको चाहिए कि वसीयत की विषय-सामग्री से संबंधित मुख्य-मुख्य बिंदुओं को ध्यान में रखें। ऐसे कुछ प्रमुख बिंदु इस प्रकार हो सकते हैं—

- आपके पास कुल कितनी चल और अचल संपत्ति है, जैसे—बचत राशि, व्यक्तिगत पेंशन, म्युचुअल फंड निवेश, शेयर, प्रॉपर्टी, बीमा पॉलिसी, बैंक और बिल्डिंग सोसाइटी खाते।
- वसीयत में आप किसे-किसे अपनी जायदाद देना चाहते हैं? उन सब लाभार्थियों की एक सूची बना लें। यदि कुछ धन किसी चैरिटी/ट्रस्ट को देना चाहते हैं, तो उसके बारे में पहले से सोच लें।
- आपके नाबालिग बच्चों (यदि हैं) की देखभाल कौन करेगा?
- आपकी मृत्यु के बाद वसीयत को प्रभावी करनेवाले कौन लोग होंगे?

इसके अलावा, वसीयत लिखने के कुछ अन्य फायदे भी हैं

1. जब कोई व्यक्ति वसीयत लिखे बिना मर जाता है, तो उसके निकट संबंधियों में यह दुविधा बनी रहती है कि पता नहीं कोई वसीयत लिखी है या नहीं; और यदि वसीयत मिल जाती है, तो एक सवाल बना रहता है कि यह अंतिम वसीयत है या कोई अन्य वसीयत भी है?
2. वसीयत पूरी तरह से एक निजी दस्तावेज होती है। इसके माध्यम से वसीयत लिखनेवाले व्यक्ति की अपने परिवार के विभिन्न सदस्यों के प्रति भावनात्मक गहराई प्रकट होती है और उसके अनुसार ही वह अपनी जायदाद में उन्हें हिस्सेदार बनाता है; अन्यथा जायदाद का आवंटन नियमानुसार होता है।
3. प्रॉपर्टी से जुड़े कई प्रकार के झगड़े वसीयत की मदद से शांत हो जाते हैं।
4. वसीयत के माध्यम से व्यक्ति अपने बच्चे के लिए अपनी इच्छा के अनुसार संरक्षक नियुक्त कर सकता है। ध्यान रहे कि माता-पिता में से किसी एक की मृत्यु की स्थिति में जीवित माता या पिता को कानूनी तौर पर बच्चे का संरक्षक बनने का अधिकार होता है। लेकिन यदि माता-पिता दोनों की मृत्यु

हो गई हो, तो उस स्थिति में वसीयत ही एकमात्र माध्यम होती है, जिससे बच्चे का संरक्षक चुनने में मदद मिलती है। यह विषय बच्चे के भविष्य से जुड़ा होने के कारण बहुत महत्त्वपूर्ण है, इसलिए संरक्षक चुनने से पहले उससे इस विषय पर विस्तारपूर्वक चर्चा कर लेना जरूरी होता है।

5. वसीयत में व्यक्ति अपने परिवार के अलग-अलग सदस्यों की जरूरत और परिस्थितियों को ध्यान में रखकर जायदाद का आवंटन सुनिश्चित करता है; जबकि उत्तराधिकार कानून यह सब नहीं देखता। उदाहरण के लिए, मान लीजिए, किसी के दो बेटे हैं; एक स्वस्थ है और काम-धंधा करता है, जबकि दूसरा विकलांग है; ऐसे में उत्तराधिकार कानून के अनुसार माता-पिता की मृत्यु के बाद दोनों बेटों को जायदाद में एक समान हिस्सेदारी मिलेगी। जबकि वसीयत के माध्यम से कोई पिता अपने विकलांग बेटे या विधवा बेटी के लिए विशेष प्रावधान कर सकता है। इतना ही नहीं, वसीयत में कोई व्यक्ति अपने वफादार नौकर, नर्स, जरूरतमंद मित्र आदि के लिए भी प्रावधान कर सकता है। जबकि उत्तराधिकार कानून के अंतर्गत ऐसे लोगों को लाभार्थी नहीं बनाया जा सकता।

6. मान लीजिए आपका कोई ऐसा बेटा है, जो निकम्मा है और धोखाधड़ी करके आपकी इच्छा के विरुद्ध घर छोड़कर भाग गया है, या किसी अपराध में संलिप्त है; उस स्थिति में यदि आपकी वसीयत नहीं है, तो आपकी मृत्यु के बाद वह भी आकर जायदाद पर अपना दावा पेश कर सकता है। इसी तरह, पति को छोड़कर अलग रहनेवाली पत्नी भी पति की मृत्यु के बाद उसकी जायदाद पर दावा पेश कर सकती है।

वसीयत की खामियाँ

परंतु वसीयत लिखने के कुछ नुकसान भी हैं; जो प्राय: मनोवैज्ञानिक ही होते हैं। कई बार वसीयत लिख देने के बाद व्यक्ति जीवन में दिलचस्पी खो देता है।

वसीयत न होने की स्थिति में जायदाद का आवंटन उत्तराधिकार कानून के अनुसार होता है। हिंदुओं, बौद्ध, जैन और सिखों के लिए उत्तराधिकार का कानून हिंदू उत्तराधिकार अधिनियम, 1956 में दिया गया है। ईसाइयों के मामले में भारतीय उत्तराधिकार अधिनियम, 1925 लागू होता है। मुसलिमों का अपना अलग कानून है। इसी तरह, पारसियों के लिए अलग से उत्तराधिकार कानून है।

वैधानिक वसीयत के लिए आवश्यक बातें

- वसीयत लिखनेवाले की उम्र न्यूनतम 18 वर्ष या अधिक होनी चाहिए। नाबालिग की सोच-समझ परिपक्व नहीं होती, इसलिए वह वसीयत लिखने के लिए योग्य नहीं होता।
- विवाहित महिला वसीयत के माध्यम से कोई प्रॉपर्टी छोड़ सकती है, जिसका अपने जीवनकाल के दौरान वह स्वामित्व परिवर्तन कर सकती है।
- स्वस्थ मानसिक स्थितिवाला व्यक्ति ही वसीयत लिख सकता है, यानी वसीयत लिखनेवाले व्यक्ति में इतनी समझ होनी चाहिए कि वह स्वयं जान सके कि क्या लिख रहा है और किसके लिए लिख रहा है।
- वसीयत किसी प्रकार के दबाव में नहीं, बल्कि स्वेच्छा से लिखी जाए।
- मूक, बधिर और दृष्टिहीन व्यक्ति वसीयत लिख सकता है, बशर्ते उसे इसकी जानकारी हो।
- मानसिक रूप से विक्षिप्त व्यक्ति उस समयांतराल में वसीयत लिख सकता है, जब वह सामान्य स्थिति में हो।

वसीयत लिखते समय होनेवाली सामान्य गलतियाँ

- वसीयत को कानूनी तौर पर वैध बनाने के लिए अनावश्यक औपचारिकताओं की जानकारी न होना।
- जायदाद का पूरा विवरण ध्यान में न रख पाना।
- इस संभावना को ध्यान में न रख पाना कि वसीयत प्रभाव में आने से पहले लाभार्थी की मृत्यु हो सकती है।
- विवाह, रजिस्टर्ड सिविल पार्टनरशिप और तलाक या संबंध-विच्छेद से वसीयत पर पड़नेवाले प्रभाव के बारे में जानकारी न होना।
- उन कानूनों के बारे में जानकारी न होना, जो आश्रितों को जायदाद में समान हिस्सेदारी का दावा पेश करने का अधिकार प्रदान करते हैं। इसका मतलब हुआ कि इन कानूनों को ध्यान में न रखा जाए, तो वसीयत में किए गए प्रावधान को चुनौती भी दी जा सकती है।
- यह जानकारी न होना कि सॉलिसिटर की मदद कब ली जानी चाहिए।

वसीयत का ड्राफ्ट कैसे तैयार किया जाए?

वसीयत का ड्राफ्ट तैयार करने से पहले एकांत कमरे में आराम से बैठ जाएँ। वसीयत में क्या-क्या शामिल करना है, उसके बारे में सोचें। सबसे पहले कागज और पेंसिल लें और उसपर अपनी सारी चल और अचल संपत्ति की एक सूची बना लें। अचल संपत्ति में भूखंड, मकान, फ्लैट, फार्महाउस, औद्योगिक जमीन, वाणिज्यिक जमीन, कारखाना आदि आते हैं। अन्य सब प्रकार की संपत्तियाँ चल संपत्ति में आती हैं।

अब अपने उन सब प्रियजनों की सूची तैयार करें और तय करें कि आप उनमें से किन्हें अपनी वसीयत में लाभार्थी बनाना चाहते हैं? सूची में व्यक्तियों का पूरा नाम लिखें, जैसा उनके पैनकार्ड, पासपोर्ट या हाईस्कूल की मार्कशीट पर अंकित होता है। साथ में पिता का नाम भी लिखें, ताकि संयुक्त परिवार होने की स्थिति में नाम का कनफ्यूजन न हो।

उसके बाद अपनी पारिवारिक जिम्मेदारियों, प्रतिबद्धताओं या किसी व्यक्ति के प्रति कुछ देनदारी है, तो उसे लिख लें। परिवार में यदि कोई अविवाहित या तलाशशुदा बेटी है, तो निकट भविष्य में उसके विवाह के लिए पैसों की जरूरत पड़ेगी, इसलिए उसके लिए प्रावधान करें। परिवार में यदि कोई भतीजा/भतीजी अनाथ है, और वह आपके पास रह रहा/रही है; या फिर कोई अक्षम या विकलांग है, तो वसीयत में उसके लिए कुछ प्रावधान करें, ताकि उसका जीवनयापन आसान हो सके। इन सब जिम्मेदारियों और दायित्वों को ध्यान में रखते हुए कागज पर लिख लें, ताकि दायित्वों के निर्वहन में आपसे कहीं कुछ छूट न जाए।

अगर आपका कोई होम लोन या अन्य किसी तरह का लोन है, तो उसके लिए प्रावधान करें; उसकी अदायगी के लिए परिवार के किस सदस्य को क्या परिसंपत्ति देनी है, उसे तय करके कागज पर लिख लें।

अब एक ओर परिसंपत्तियों का नाम और दूसरी ओर संबंधित लाभार्थी का नाम लिखते हुए एक सूची बनाएँ। इसमें यह ध्यान रखें कि कोई आइटम या लाभार्थी का नाम छूट न जाए।

इस प्रकार आपकी वसीयत का प्रारूप तैयार है।

वसीयत का ड्राफ्ट कौन तैयार करे? आप स्वयं या आपका वकील?

वसीयत लिखने के लिए आप किसी वकील की सेवा ले सकते हैं या चाहें तो स्वयं भी लिख सकते हैं। इसके लिए अलग से कोई निश्चित प्रारूप या भाषा नहीं

है, इसलिए इसे आप स्वयं भी लिख सकते हैं। कोई पेशेवर वकील, फाइनेंशियल प्लानर या कोई भी साक्षर व्यक्ति आपकी वसीयत लिख सकता है, लेकिन जरूरी यह है कि वसीयत लिखनेवाला व्यक्ति आपके हित और भावनाओं को ध्यान में रख सके। वसीयत के ड्राफ्ट आपको कानून की पुस्तकों और इंटरनेट पर भी मिल जाएँगे।

हिंदू, जैन, बौद्ध और सिख द्वारा तैयार की गई वसीयत लिखवानेवाले व्यक्ति द्वारा या उसके निर्देशानुसार उसकी उपस्थिति में किसी अन्य व्यक्ति द्वारा हस्तांतरित होनी चाहिए और साथ ही कम-से-कम दो गवाहों द्वारा सत्यापित भी होनी चाहिए। मुसलिमों के लिए यह नियम लागू नहीं होता।

वसीयत की भाषा सरल व स्पष्ट होनी चाहिए, जो एक आम आदमी की समझ में आ सके। उसमें तकनीकी शब्दों का प्रयोग नहीं होना चाहिए।

क्रियान्वयक/एक्जिक्यूटर

वसीयत में एक क्रियान्वयक का उल्लेख भी होता है, जो वसीयत के क्रियान्वयन की जिम्मेदारी वहन करता है। इस प्रकार वसीयत लिखनेवाले व्यक्ति की मृत्यु के बाद क्रियान्वयक की भूमिका शुरू हो जाती है। वसीयत के अनुसार जायदाद की सारी चीजों/परिसंपत्तियों को इकट्ठा करना, सारी कागजी काररवाई पूरी करना, कर्ज और कर का भुगतान करना तथा मृतक (वसीयत लिखनेवाले व्यक्ति) के अंतिम संस्कार का प्रबंध कराना, ये जिम्मेदारियाँ क्रियान्वयक की होती हैं; इनके लिए उसे जायदाद में से उपयुक्त धनराशि आवंटित की जाती है। लाभार्थी को प्रॉपर्टी का हस्तांतरण और अन्य भुगतान उसी के माध्यम से होता है।

वसीयत में किसी व्यक्ति (महिला या पुरुष) या व्यक्तियों के एसोसिएशन को क्रियान्वयक के रूप में नियुक्त किया जा सकता है। इसके लिए प्राय: किसी रिश्तेदार, मित्र या सॉलिसिटर या एकाउंटेंट और बैंक को क्रियान्वयन के रूप में नामांकित किया जाता है।

क्रियान्वयक का यह अधिकार और कर्तव्य होता है कि वह वसीयत के निर्देशानुसार जायदाद का आवंटन सुनिश्चित करे। चूँकि क्रियान्वयक की जिम्मेदारी महत्त्वपूर्ण होती है, इसलिए इस भूमिका के लिए किसी ईमानदार व्यक्ति को ही नियुक्त करना चाहिए, जो वसीयत तैयार करानेवाले व्यक्ति के परिवार का शुभचिंतक हो और वह यह जिम्मेदारी वहन करने के लिए तैयार हो। क्रियान्वयक की उम्र वसीयत तैयार करानेवाले व्यक्ति की उम्र से कम होनी चाहिए।

आप एक से अधिक या चार की संख्या तक क्रियान्वयक भी नामांकित कर सकते हैं, ताकि किसी एक, दो या तीन की मृत्यु की स्थिति में भी वसीयत का क्रियान्वयन सुनिश्चित हो। वसीयत के लाभार्थियों में से भी किसी को क्रियान्वयक के रूप में नामांकित किया जा सकता है। यदि वसीयत के क्रियान्वयन के समय तक कोई क्रियान्वयक न रह जाए, तो उस स्थिति में कानूनी सलाह लेनी चाहिए।

गवाह

वसीयत पर कम-से-कम दो गवाहों के हस्ताक्षर होने चाहिए। इसलिए वसीयत का ड्राफ्ट शुरू करने से पहले गवाह के बारे में भी सोच-विचार कर लें। गवाहों के हस्ताक्षर के बिना वसीयत अवैध मानी जाएगी। गवाही में लाभार्थी के अलावा अन्य किसी व्यक्ति (महिला या पुरुष) को लिया जा सकता है। गवाहों के चुनाव के लिए भी वही सावधानी बरती जानी चाहिए, जो क्रियान्वयक के चुनाव में बरती जाती है, यानी गवाह उस व्यक्ति को बनाया जाए, जो ईमानदार हो और वसीयत तैयार करानेवाले व्यक्ति से कम उम्र का हो तथा बिना किसी दबाव के वसीयत पर हस्ताक्षर करने के लिए तैयार हो। साथ ही, वसीयत के पंजीकरण और क्रियान्वयन के समय उसका उपस्थित होना जरूरी होता है।

सॉलिसिटर/वकील

वसीयत का ड्रॉफ्ट किसी सॉलिसिटर से तैयार कराना या उसपर सॉलिसिटर की गवाही होना जरूरी नहीं है। आप स्वयं भी अपनी वसीयत तैयार कर सकते हैं। हाँ, यदि ड्राफ्ट तैयार होने के बाद किसी सॉलिसिटर को एक बार दिखा लिया जाए, तो अच्छा रहता है, क्योंकि इससे आपको पता चल जाएगा कि आप वसीयत के माध्यम से, जो कुछ, जैसा चाहते हैं, वैसा ही होनेवाला है, या उसमें कहीं कुछ गलती तो नहीं हो रही है ? जो आपके न रहने पर परिवार के लिए समस्या का कारण बन जाए।

कुछ परिस्थितियों में सॉलिस्टिर की सेवा लेने की सलाह दी जाती है, जो इस प्रकार है–

- जब वसीयत में किसी व्यवसाय का मामला शामिल हो।,
- जब प्रॉपर्टी में कोई ऐसा व्यक्ति हिस्सेदार हो, जो आपकी पत्नी/पति या सिविल पार्टनर नहीं है।

- जब परिवार में वसीयत पर दावा रखनेवाले कई सदस्य हों, जैसे—दूसरी पत्नी या पहली पत्नी के बच्चे।
- जब आप भारतीय नागरिक न हों।
- आप किसी आश्रित के लिए प्रावधान कर रहे हों, जो अपना खयाल स्वयं नहीं रख सकता हो।
- जब आपका स्थायी घर भारत में न हो।
- जब आप भारत में रह रहे हों और वसीयत में कोई विदेशी प्रॉपर्टी शामिल हो।

□

इ-विल (इलेक्ट्रॉनिक वसीयत)

पहले आप शेयर को उसके भौतिक रूप में ही देखा और सुना करते थे; लेकिन अब इंटरनेट का जमाना है, आपको डीमेट शेयर ही देखने को मिलेंगे। टेक्नोलॉजी इतनी तेज गति से विकसित हो रही है कि आजकल इ-बैंकिंग, इ-शॉपिंग, इ-बुकिंग, इ-स्टांपिंग के अलावा आप ऑनलाइन इंश्योरेंस प्लान भी खरीद सकते हैं। अब आप इंटरनेट साइट पर वसीयत भी तैयार कर सकते हैं। हाल में दो इ-विल राइटिंग सेवाएँ शुरू की गई हैं। उनमें से एक एन.एस.डी.एल. इ-गवर्नेंस इंफ्रास्ट्रक्चर और मुंबई स्थित वारमंड ट्रस्टीज ऐंड एक्जीक्यूटर्स के संयुक्त उपक्रम में कार्य कर रही है। इसके द्वारा लॉन्च किए गए प्रोडक्ट का नाम है, ईजी विल, जो एन.एस.डी.एल. (www.ezeewill.com) पर उपलब्ध है। दूसरी सेवा एच.डी.एफ.सी. सिक्योरिटीज लिमिटेड और लीगल जिनी के संयुक्त उपक्रम में संचालित हो रही है। इनसे ऑनलाइन वसीयत तैयार कराने में मदद मिलेगी। इन सेवा प्रदाता उपक्रमों का उद्देश्य वसीयत लिखने की प्रक्रिया को सरल बनाना है।

इ-विल का ड्राफ्ट तैयार करने की प्रक्रिया

इ-विल की ड्राफ्टिंग शुरू करने से पहले कुछ तैयारी करने की जरूरत होती है। वसीयत में शामिल की जानेवाली सभी संपत्तियों/परिसंपत्तियों की सूची, (पिता के नाम सहित) उन सभी व्यक्तियों के नामों की सूची, जिन्हें आप वसीयत में लाभार्थी बनाना चाहते हैं; साथ ही, परिवार में अविवाहित/तलाकशुदा बेटे/बेटी के लिए उपयुक्त प्रावधान, परिवार के विकलांग सदस्य (यदि कोई है) के लिए प्रावधान। इस तैयारी के बाद आप इ-विल की ड्राफ्टिंग शुरू कर सकते हैं। उसके लिए आपको एक लॉगइन आई.डी. बनाकर उसे रजिस्टर करना होता है और फिर क्रेडिट/डेबिट कार्ड या नेट बैंकिंग के माध्यम से ऑनलाइन शुल्क अदा करना होता

है। उसके बाद आपको अपने बारे में सामान्य विवरण भरने होते हैं, जैसे—लिंग, उम्र, पेशा, धर्म, भारतीय या अनिवासी भारतीय आदि।

अब चौथे चरण में आपको परिवार के सारे सदस्यों का विवरण तथा जायदाद के विवरण के साथ-साथ यह दरशाना होता है कि उसमें से आप किस सदस्य को क्या और कितना देना चाहते हैं ? ध्यान रहे कि एक-एक चरण की सूचना भरने के बाद उसे सेव करते रहना जरूरी है, ताकि डाटा सेवा प्रदाता की वेबसाइट पर सेव हो जाए। अब, सबमिट विकल्प पर क्लिक करें और निर्धारित प्रारूप पर वसीयत बनाएँ। सेवा प्रदाता कंपनी उसे अपने विशेषज्ञों के पास भेजेगी। जो विल (वसीयत) का डाफ्ट तैयार करेंगे। यह ड्राफ्ट आपके द्वारा चुने गए विकल्प के अनुसार इ-मेल, स्पीड पोस्ट या अन्य माध्यम से आपके पास भेजा जाएगा। आप कहीं भी रहते हुए विल का ड्राफ्ट तैयार करा सकते हैं। इसके लिए आपको काफी समयांतराल मिलता है। उदाहरण के लिए, एच.डी.एफ.सी. सिक्योरिटीज आपके द्वारा शुल्क का भुगतान किए जाने के बाद जरूरी विवरण भरने के लिए 60 दिन का समय देता है।

वसीयत लिखने से संबंधित जरूरतें और कानून अलग-अलग मामलों और अलग-अलग समुदायों के लिए अलग-अलग हो सकते हैं।

इ-विल सर्विस प्रदाता कंपनियों के पास अपने विशेषज्ञ होते हैं, जो संबंधित व्यक्ति के धर्म और समुदाय के लिए लागू उत्तराधिकार अधिनियम के प्रावधानों को ध्यान में रखते हैं।

तेजी से बदलते वैश्विक परिदृश्य को देखते हुए आजकल इ-विल सर्विस प्रदाता कंपनियाँ आपको भौतिक परिसंपत्ति के साथ-साथ डिजिटल और इंटेलेक्चुअल संपत्तियों को भी वसीयत में शामिल करने की सुविधा प्रदान कर रही हैं।

सेवा प्रदाता को सारे विवरण भेजने के बाद इ-वसीयत तैयार होने की पूरी प्रक्रिया में लगभग 2 सप्ताह का समय लगता है।

जब आप सेवा प्रदाता को सारे विवरण भरकर भेज देते हैं, तो वह उसके आधार पर एक ड्राफ्ट तैयार करके आपके पास देखने के लिए भेजता है, ताकि कहीं कुछ गलती न रह जाए और आप यह सुनिश्चित कर सकें कि वसीयत के माध्यम से आप जो कुछ और जैसा चाहते हैं, वह सब वैसा ही है।

अगर फाइनल कॉपी में भी कोई गलती रह जाती है या आप बाद में कुछ बदलाव करना चाहते हैं, तो आपको बस डॉक्यूमेंट (दस्तावेज) सुधार या बदलाव करके उसे अपलोड और रीसेंड करना होता है और सर्विस प्रदाता कंपनी उसके आधार पर एक फ्रेश ड्राफ्ट तैयार करके आपके पास भेज देगी। लेकिन यदि मूल ड्राफ्ट

आपसे खो जाता है, तो आपको दोबारा फॉर्म भरकर पूरी प्रक्रिया दोहरानी पड़ेगी।

इ-विल (वसीयत) के साथ ऑफर की जानेवाली कुछ एड-ऑन ऑफर (अतिरिक्त) सेवाएँ भी हैं, जैसे—वसीयत का पंजीकरण, क्रियान्वयक की नियुक्ति, जिससे वसीयत का क्रियान्वयन सुविधाजनक हो जाता है।

क्या यह सुरक्षित है?

यह सेवा प्रदान करनेवाली दोनों ही कंपनियाँ बड़े पैमाने पर संवेदनशील डाटा हैंडलिंग के लिए जानी जाती हैं। इ-विल राइटिंग प्रक्रिया बिल्कुल वैसी ही है, जैसे ऑनलाइन ट्रेडिंग पर आधारित लेन-देन। ग्राहक द्वारा दी जानेवाली सूचनाओं को सुरक्षित रूप से कंपनी के डाटा बेस पर अंकित किया जाता है और वसीयत ग्राहक को डिलीवर करने के बाद उन्हें डिलीट कर दिया जाता है।

इसमें खर्च कितना आता है?

ये सेवाएँ ऑनलाइन वसीयत बनाने की अवधारणा को बढ़ावा देने के लिए शुरू की गई हैं। अगर आप किसी वकील से वसीयत तैयार कराते हैं, तो आपको 15 से 25 हजार रुपए तक खर्च करने पड़ सकते हैं। यह विकल्प ऐसे ग्राहकों के लिए उपयुक्त है, जिन्हें अत्यधिक कानूनी सहायता की जरूरत होती है और उसके लिए उनका वकील के सीधे संपर्क में रहना जरूरी हो जाता है। इस प्रकार, आपको कैसी और कितनी कानूनी सहायता की जरूरत है, उसके अनुसार शुल्क कुछ कम या ज्यादा हो सकता है। दूसरी ओर, इ-विल तैयार कराने में मात्र 4 हजार रुपए का खर्च आता है। अतिरिक्त समीक्षा के लिए 250 रुपए प्रति समीक्षा अतिरिक्त शुल्क लगता है। बाद में बदलवाने की स्थिति में मूल वसीयत पर लगे शुल्क पर 40% छूट दी जाती है। अगर आप वसीयत की हार्ड कॉपी अपने पास मँगाना चाहते हैं, तो एन.एस.डी.एल. इसके लिए 500 रुपए वसूल करेगा। हालाँकि अभी कुछेक शहरों में ही हार्ड कॉपी भेजने की व्यवस्था है।

वसीयत लिखित रूप में होनी चाहिए और उसपर दो गवाहों के सामने लिखनेवाले के हस्ताक्षर होने चाहिए; साथ ही उन दोनों गवाहों के हस्ताक्षर भी वसीयत लिखनेवाले व्यक्ति के सामने होने चाहिए।

अलग-अलग प्रॉपर्टी और अलग-अलग व्यक्तियों के लिए अलग-अलग वसीयत तैयार करें

अगर आपके पास एक से अधिक प्रॉपर्टी है और कानूनी उत्तराधिकारी भी एक से अधिक हैं, तो उस स्थिति में वसीयत के क्रियान्वयन में कोई दिक्कत न

आए, इसके लिए आपको कुछ महत्त्वपूर्ण बातों को ध्यान में रखना जरूरी हो जाता है। डॉ. के. वाई. मनोहर एक सेवानिवृत्त फिजीशियन हैं और मुंबई में रहते हैं। अब उनकी उम्र 68 वर्ष हो चुकी है और उन्हें लगता है कि अब उन्हें वसीयत तैयार कर देनी चाहिए। अन्यथा उनकी मृत्यु के बाद सारी चल और अचल संपत्ति उनके कानूनी उत्तराधिकारियों में समान अनुपात में बँट जाएगी। उनके दो बेटे और एक बेटी हैं, सबकी शादी हो चुकी है। केंद्र सरकार में अपने सेवाकाल के दौरान उन्होंने तीन प्रॉपर्टी, तीन अलग-अलग स्थानों पर खरीदी थीं, जिनमें से एक उनका बँगला भी है, जिसमें वे अपनी पत्नी कमला और सबसे छोटे बेटे के साथ रहते हैं। इसके अलावा एक मकान दिल्ली में और एक जयपुर में है।

सबसे बड़े बेटे श्री राजीव एक बहुराष्ट्रीय कंपनी में जनरल मैनेजर हैं और दूसरा बेटा रेस्तराँ चेन चलाता है। डॉ. मनोहर को वसीयत तैयार करने के बारे में कुछ जानकारी है और वे यह भी जानते हैं कि अपनी संपत्ति को अपनी इच्छानुसार परिवार के सदस्यों में बाँटना हर व्यक्ति का अधिकार होता है। और एक दिन वे वसीयत का ड्राफ्ट तैयार करने बैठ गए। वसीयत में उन्होंने अपने तीनों बच्चों के नाम एक-एक प्रॉपर्टी का उल्लेख किया था। सामान्यतया कोई भी व्यक्ति ऐसी ही वसीयत बनाता। इस प्रकार उन्होंने अपनी पूरी प्रॉपर्टी बाँट दी। तीनों बेटों-बेटी को एक-एक प्रॉपर्टी मिलनी थी। अब वसीयत को पंजीकृत कराना था। सितंबर 2014 में मुझे किसी निजी काम से मुंबई जाना पड़ा। चूँकि डॉ. मनोहर से मेरी जान-पहचान थी, इसलिए उन्होंने मुझे फोन करके रात के खाने पर बुलाया। खाने के बाद उन्होंने मुझे वसीयत के बारे में बताया और पूछने लगे कि वसीयत सही लिखी है या नहीं? अब एक सर्टिफाइड फाइनेंशियल प्लानर के लिए उन्हें सबकुछ समझाना कोई बड़ी बात नहीं थी।

इस सवाल पर चर्चा करने से पहले मैं आपको कुछ अन्य महत्त्वपूर्ण बातें बताना चाहता हूँ, क्योंकि मैं हाउसिंग लोन से भी जुड़ा रहा हूँ। कभी-कभी कोई ग्राहक ऐसा आता है, जो किसी प्रॉपर्टी की वसीयत और अन्य दस्तावेजों की फोटाकॉपी पकड़ाते हुए बताता है कि इस प्रॉपर्टी को वह खरीदने जा रहा है। बातचीत के दौरान वह बताता है कि चूँकि एक से अधिक अलग-अलग प्रॉपर्टी और अलग-अलग व्यक्तियों के लिए एक ही वसीयत तैयार की गई थी, इस कारण प्रॉपर्टी विक्रेता वसीयत की मूल प्रति देने की स्थिति में नहीं है। अब, ऐसे में होम लोन स्वीकार करना या न करना लोन मैनेजर के विवेक पर निर्भर करता है।

अब, डॉ. मनोहर के प्रश्न के उत्तर में मेरा कहना है कि अलग-अलग बच्चों

और अलग-अलग प्रॉपर्टी के लिए अलग-अलग वसीयत तैयार कराई जाए। यानी एक संपत्ति, एक वारिस और एक वसीयत। मैंने उन्हें तीनों बच्चों के लिए तीन स्वतंत्र वसीयत तैयार करने की सलाह दी।

इस प्रकार की वसीयत तैयार करने का एक मुख्य फायदा यह होता है कि अलग-अलग सदस्य को बिना किसी भेदभाव के अलग-अलग प्रॉपर्टी मिल जाती है। डॉ. मनोहर ने तीनों प्रॉपर्टी और तीनों बच्चों के लिए एक ही वसीयत तैयार की थी, जबकि तीनों प्रॉपर्टी अलग-अलग स्थित हैं। ऐसे में डॉ. मनोहर की मृत्यु के बाद जब कभी उनके बेटों या बेटी में से कोई या तीनों अपने हिस्से की प्रॉपर्टी बेचना चाहेंगे तो कई तरह की दिक्कतों का सामना करना पड़ेगा। एक दिक्कत तो यही आएगी कि वे संभावित खरीददार को प्रॉपर्टी का मूल दस्तावेज नहीं दे पाएँगे, क्योंकि तीनों प्रॉपर्टी के लिए एक ही दस्तावेज है। ऐसी स्थिति में संभावित खरीददार के मन में सौदे को लेकर धोखाधड़ी की शंका भी आ सकती है। इसके अलावा खरीददार को ऐसी प्रॉपर्टी पर होम लोन स्वीकृत कराने में भी दिक्कत आएगी।

मैंने वसीयत का ड्राफ्ट पढ़ा और उसका विश्लेषण करने के बाद उन्हें सुझाव दिया कि उन्हें पहली वसीयत अपने बड़े बेटे श्री राजीव के नाम बनाते हुए उन्हें दिल्ली स्थित अपना रेजीडेंशियल हाउस आवंटित करना चाहिए। दूसरी वसीयत बेटी के नाम तैयार करनी थी, जो जयपुर में अपने पति के साथ रहती है; इस वसीयत के माध्यम से उसे जयपुर स्थित फ्लैट आवंटित किया जा सकता था। डॉ. मनोहर ने मुझे बताया भी था कि जयपुर में प्रॉपर्टी उन्होंने मूल रूप से अपनी बेटी के लिए ही खरीदी थी। मैंने उन्हें सुझाव दिया कि प्रत्येक वसीयत में अलग से एक बात जोड़ दें कि अन्य प्रॉपर्टी के लिए उनके पास अलग से वसीयत है।

सबसे छोटे बेटे श्री अनिल अपने परिवार सहित डॉ. मनोहर और उनकी पत्नी के साथ रह रहे थे। अब तीसरी वसीयत बननी थी, मुंबई स्थित रेजीडेंशियल प्रॉपर्टी के लिए। मैंने डॉ. मनोहर को कुछ तथ्यों के बारे में बताया, जो उनकी अपनी सुरक्षा और उनकी मृत्यु के बाद उनकी पत्नी की सुरक्षा से जुड़े थे। उनकी पत्नी उनसे उम्र में 5 वर्ष छोटी थीं।

किसी व्यक्ति की मृत्यु के बाद बुढ़ापे में उसकी पत्नी की देखभाल उसका बेटा/बेटी करता है। लेकिन सब लोग एक जैसे नहीं होते। कुछ बेटे-बेटियाँ ऐसे भी होते हैं, जो वसीयत के जरिए प्रॉपर्टी मिल जाने के बाद बूढ़ी माँ को वृद्धाश्रम में रहने के लिए मजबूर कर देते हैं, या फिर घर में बहुत थोड़ी सी जगह में अपमानजनक स्थिति में किसी तरह गुजारा करने के लिए मजबूर कर देते हैं। यह किसी भी वृद्ध

व्यक्ति के लिए बहुत भयावह स्थिति होती है। और मित्रो, ऐसा किसी के भी साथ हो सकता है।

इस प्रकार की स्थिति से बचने के लिए मैंने डॉ. मनोहर को वसीयत में कुछ ऐसी बातें जोड़ने की सलाह दी, जो सबसे छोटे बेटे के लिए थीं। मैंने उन्हें बताया कि वसीयत में स्पष्ट रूप से यह बात भी लिखें कि उनकी पत्नी श्रीमती कमला को रहने और अन्य कामों के लिए वही सब स्थान या कमरे उपयोग में लाने के लिए मिलेंगे, जो वे अपने पति की मृत्यु से पहले उपयोग में लाया करती थीं, जैसे—ड्राइंग रूम, गेस्ट रूम, बेडरूम, टॉयलेट, बाथरूम, प्रेयर रूम आदि। इस तरह की बात किसी भी पति को अपनी वसीयत में जरूर लिखनी चाहिए, ताकि उसकी मृत्यु के बाद उसकी पत्नी अपने अधिकारों से वंचित होकर जीवनयापन करने के लिए मजबूर न हो।

चौथी और अंतिम वसीयत चल-संपत्ति के लिए बनती थी—बैंक बैलेंस, शेयर, म्युचुअल फंड, फिक्स्ड डिपॉजिट और ज्वैलरी आदि।

अब वसीयत का काम पूरा हुआ। वसीयत हमेशा इसी तरह बननी चाहिए। इस पूरी प्रक्रिया की वीडियो-रिकॉर्डिंग होनी चाहिए और उप-पंजीयक के कार्यालय में वसीयत का पंजीकरण होना चाहिए।

वसीयत कहाँ रखें?

वसीयत तैयार करके आप घर में, किसी सॉलिसिटर के पास या बैंक में रख सकते हैं।

वसीयत में फेर-बदल

वसीयत लिखनेवाला व्यक्ति जरूरत पड़ने पर उसमें कभी भी बदलाव कर सकता है। अगर ज्यादा बदलाव करना है, तो नई वसीयत बनाना ज्यादा अच्छा रहता है। नई वसीयत की शुरुआत में उल्लेख होना चाहिए कि इस वसीयत से अब तक की सभी वसीयतों को निष्प्रभावी किया जाता है। उसके बाद पुरानी वसीयत को नष्ट कर दिया जाना चाहिए।

क्रोड़-पत्र/कोडीसिल

क्रोड़-पत्र वसीयत में कुछ नया जोड़ने के लिए होता है, जैसे—अलग से कुछ नकद राशि का उल्लेख करने के लिए, क्रियान्वयक या संरक्षक का नाम बदलने के लिए या कोई नया लाभार्थी शामिल करने के लिए।

वसीयत में वैसे तो कितने ही क्रोड़-पत्र जोड़े जा सकते हैं, लेकिन सीधे-सरल फेरबदल के लिए ही क्रोड़-पत्र का उपयोग ठीक रहता है। अगर फेर-बदल जटिल है, तो क्रोड़-पत्र लगाने की बजाए नई वसीयत बनाना ही बेहतर रहता है। क्रोड़-पत्र पर भी वसीयत लिखनेवाले का हस्ताक्षर होना चाहिए और वसीयत की तरह ही अलग से या उन्हीं दो गवाहों के हस्ताक्षर होने चाहिए। गैर-पंजीकृत या अनधिकृत क्रोड़-पत्र या वसीयत को निष्प्रभावी करने के लिए जरूरी है कि वसीयत लिखनेवाला व्यक्ति या तो दूसरी वसीयत लिखे या फिर अलग से क्रोड़-पत्र पर उसके निष्प्रभावी होने का उल्लेख करे; या फिर वसीयत लिखनेवाला व्यक्ति स्वयं या उसकी उपस्थिति में कोई अन्य व्यक्ति उसे फाड़कर या जलाकर नष्ट करे।

वसीयत खो जाने भर से उसे निष्प्रभावी या निरस्त नहीं माना जाता; लेकिन जब वसीयत लिखनेवाला व्यक्ति स्वयं इरादतन उसे नष्ट कर देता है, तो वह निरस्त या निष्प्रभावी मान ली जाती है।

गैर-पंजीकृत वसीयत के प्रभाव में आने के आद उस पर अलग से लिखी या जोड़ी या बदली गई पंक्ति या शब्द को तब तक प्रभावी नहीं माना जाएगा, जब तक उससे यह न लगे कि वसीयत का लेख कहीं अपूर्ण या अस्पष्ट हो रहा है। हाँ, अगर उसके नीचे, बाईं ओर हाशिए पर या उसके अगल-बगल कहीं वसीयत लिखनेवाले व्यक्ति के हस्ताक्षर मौजूद हैं, तो उसे शेष वसीयत के साथ उसी तरह प्रभावी माना जाएगा।

गैर-पंजीकृत वसीयत के बारे में, जैसाकि पीछे स्पष्ट कर दिया गया है, वसीयत लिखनेवाला व्यक्ति नई वसीयत या क्रोड़-पत्र लिखकर या कोई अन्य औपचारिक काररवाई करके, या इरादतन स्वयं या उसकी उपस्थिति में कोई अन्य व्यक्ति जलाकर या फाड़कर नष्ट कर दे, तो उसे निष्प्रभावी मान लिया जाता है। ऐसे मामले में जरूरी नहीं है कि उस समय वसीयत लिखनेवाला व्यक्ति दूसरी नई वसीयत तैयार ही करे।

वसीयत उस स्थिति में निरस्त या निष्प्रभावी मान ली जाती है, जब वसीयत लिखनेवाला व्यक्ति शादी कर ले। हाँ, ऐसी वसीयत, जो नियुक्ति के अधिकार का प्रयोग करके तैयार की जाती है, उस स्थिति में जब संबंधित प्रॉपर्टी नियुक्त किए गए क्रियान्वयक या प्रशासक या अन्य अधिकृत व्यक्ति के पास नहीं जाती है, उसपर यह नियम लागू नहीं होता है।

हिंदू, बौद्ध, सिख और जैन समुदाय के व्यक्तियों के मामले में यह नियम लागू नहीं होता।

कोई वसीयत जब एक बार वैधानिक रूप से निरस्त/निष्प्रभावी हो जाती है,

तो वह दोबारा तभी प्रभाव हो सकती है, जब वसीयत लिखनेवाला व्यक्ति इरादतन निर्धारित औपचारिकताएँ पूरी करते हुए या उस पर क्रोड़-पत्र संलग्न करके उसे पुन: प्रभावी करे। जब कोई वसीयत या क्रोड़-पत्र पहले आंशिक रूप से और फिर पूर्ण रूप से निष्प्रभावी या निरस्त किया जाता है, तो उस स्थिति में उसे पुन: प्रभावी तभी माना जाएगा, जब वसीयत या क्रोड़-पत्र में ऐसा स्पष्ट उल्लेख किया गया हो, जिससे पता चले कि वसीयत या क्रोड़-पत्र को इरादतन पुन: प्रभावी किया गया है।

वसीयत प्रमाण-पत्र (प्रोबेट)

यह सक्षम न्यायालय द्वारा प्रमाणित वसीयत की प्रति होती है। इससे प्रमाणित होता है कि यह मृतक द्वारा तैयार की गई अंतिम वसीयत है, जो फलाँ तिथि को लिखी गई है। वसीयतनामा प्रमाण-पत्र पर न्यायालय की मुहर होती है और उसके साथ वसीयत की एक प्रति संलग्न होती है। कुछ परिस्थितियों में वसीयत में नियुक्त प्रशासक/क्रियान्वयक वसीयत प्रमाण-पत्र न होने की स्थिति में वसीयत के प्रावधानों को क्रियान्वित नहीं कर सकता है। अगर मृतक अपने पीछे ऐसी सिक्योरिटीज छोड़ जाता है, जिनके लिए नामांकित व्यक्तियों की संख्या ज्यादा होती है और उसके बँटवारे को लेकर उनमें आपस में विवाद होता है, तो उस स्थिति में भी वसीयत प्रमाण-पत्र जरूरी हो सकता है। ऐसे मामले में वसीयत प्रमाण-पत्र प्राप्त होने तक संबंधित परिसंपत्ति को ट्रस्ट में रखा जा सकता है और वसीयत प्रमाण-पत्र प्राप्त होने पर उसे वसीयत के अनुसार आवंटित किया जा सकता है। वसीयत या नामांकन न होने की स्थिति में उत्तराधिकार का कानून लागू होता है।

आवेदन—वसीयत प्रमाण-पत्र प्राप्त करने के लिए वकील के माध्यम से सक्षम न्यायालय में आवेदन करना पड़ता है। (उच्च कीमत की अचल संपत्ति के मामले में उच्च न्यायालय से वसीयत प्रमाण-पत्र जारी करवाने की जरूरत पड़ सकती है।)

दस्तावेज—इसके लिए न्यायालय प्राय: वसीयत लिखनेवाले व्यक्ति की मृत्यु का प्रमाण-पत्र और यह सबूत माँगता है कि वसीयत मृतक व्यक्ति द्वारा ही लिखी गई है; साथ ही, यह सबूत भी लगाना होता है कि यह मृतक द्वारा लिखी गई अंतिम वसीयत है।

अधिसूचना—वसीयत प्रमाण-पत्र के लिए आवेदन प्राप्त होने के बाद न्यायालय मृतक के अन्य निकट संबंधी को वसीयत प्रमाण-पत्र पर आपत्ति (यदि कोई है) का दावा प्रस्तुत करने के लिए अधिसूचना जारी करता है। इस संबंध में

वह प्रमाण-पत्र को सार्वजनिक रूप से प्रकाश में लाने के लिए अखबार में प्रकाशित कराने का निर्देश भी जारी करता है।

शुल्क—वसीयत प्रमाण-पत्र जारी करने के लिए न्यायालय शुल्क की निर्धारित राशि वसूल कर सकता है। उदाहरण के लिए, महाराष्ट्र में 50 हजार रुपए से कम मूल्य की परिसंपत्ति के लिए न्यायालय 25 रु. का शुल्क वसूल करता है; 50 हजार रुपए से 2 लाख रुपए तक की परिसंपत्ति के लिए 4 प्रतिशत और 2 लाख रुपए से अधिक मूल्य की परिसंपत्ति के लिए 7.5 प्रतिशत शुल्क वसूल करता है। इसकी अधिकतम सीमा 75 हजार रुपए निर्धारित की गई है। ध्यान रहे कि वसीयत प्रमाण-पत्र वसीयत में नियुक्त किए क्रियान्वयक को ही प्रदान किया जा सकता है।

अगर जायदाद का आवंटन सुनिश्चित करने के लिए क्रियान्वयक मौजूद नहीं है, तो वसीयत प्रमाण-पत्र के लिए आवेदन करने से पहले न्यायालय में क्रियान्वयक नियुक्त करने के लिए आवेदन करना चाहिए। वसीयत में अगर मुंबई, कोलकाता या चेन्नई की अचल संपत्ति शामिल है, तो उसके लिए प्रमाण-पत्र जरूरी हो जाता है। वसीयत प्रमाण-पत्र जारी करनेवाले न्यायालय का इतना काम होता है कि मृतक की अंतिम वसीयत के रूप में जो दस्तावेज उसके समक्ष प्रस्तुत किया जा सकता है, वह विधिवत् क्रियान्वित और सत्यापित हो। न्यायालय यह भी देखता है कि वसीयत लिखने के समय, वसीयत लिखनेवाला व्यक्ति मानसिक रूप से स्वस्थ था या नहीं। स्वामित्व और कब्जे पर किसी प्रकार के विवाद के लिए उसका कोई उत्तरदायित्व नहीं होता।

अप्राधिकृत वसीयत—भारतीय उत्तराधिकार अधिनियम की धारा 63 के प्रावधानों के अंतर्गत तैयार की गई वसीयत 'अप्राधिकृत वसीयत' कहलाती है।

प्राधिकृत वसीयत—उपरोक्त अधिनियम की धारा-66 के अंतर्गत युद्ध अभियान में तैनात किसी सैनिक द्वारा या ऐसे अभियान में शामिल किसी वायु सैनिक द्वारा या समुद्री सीमा पर तैनात किसी नौसैनिक द्वारा तैयार की गई वसीयत 'प्राधिकृत या विशेषाधिकार प्राप्त वसीयत' कहलाती है। अधिनियम में स्पष्ट किया गया है कि ऐसी वसीयत पूरी-पूरी व्यक्ति के अपने हस्तक्षेप में लिखी जा सकती है; उस स्थिति में इसका हस्ताक्षरित या सत्यापित होना जरूरी नहीं होता; या इसे पूर्ण या आंशिक रूप से किसी अन्य व्यक्ति से लिखवाया जा सकता है; उस स्थिति में वसीयत लिखवानेवाला व्यक्ति उसपर हस्ताक्षर कर सकता है, लेकिन सत्यापन जरूरी नहीं होता।

संयुक्त वसीयत—आजकल देखा जा रहा है कि पति-पत्नी दोनों नौकरी

करते हैं; इसलिए ऐसे दंपती प्राय: होम लोन की सुविधा और कर में बचत का लाभ उठाने के लिए संयुक्त नाम से प्रॉपर्टी खरीद रहे हैं। ऐसे संयुक्त स्वामित्ववाली प्रॉपर्टी के लिए वसीयत भी संयुक्त रूप में तैयार की जाती है, जिसमें दोनों व्यक्तियों की सहमति होनी चाहिए। संयुक्त वसीयत चूँकि पति-पत्नी दोनों की मृत्यु के बाद प्रभाव में लाई जाने के लिए होती है, इसलिए जब तक पति-पत्नी में से कोई एक भी जीवित है, तब तक वसीयत प्रभावी नहीं मानी जाएगी। संयुक्त वसीयत पति-पत्नी में से किसी एक या दोनों के द्वारा या किसी एक की मृत्यु के बाद जीवित पत्नी/पति के द्वारा किसी भी समय बदली या निष्प्रभावी की जा सकती है।

ट्रस्ट (न्यास)

ट्रस्ट के माध्यम से जायदाद का नियोजन एक ऐसा रास्ता है, जिसे अपनाकर आपको एक ओर प्रॉपर्टी के उत्तराधिकार में न्यायालयी प्रक्रिया या हस्तक्षेप को कम-से-कम रखने में मदद मिलती है, और दूसरी ओर यह सुनिश्चित करने में मदद मिलती है कि जायदाद निर्देशित लाभार्थियों को ही मिले। इस प्रकार ट्रस्ट जायदाद के नियोजक/प्रबंधन का एक ऐसा माध्यम तैयार करता है, जिससे वसीयत में सामान्यतया आनेवाली समस्याओं से बचा जा सकता है और साथ ही, अपनी आनेवाली पीढ़ी के लिए उपयुक्त सुरक्षा घेरा तैयार किया जा सकता है।

ट्रस्ट में कोई व्यक्ति कुछ निश्चित लाभार्थियों के हित में, जिनमें ट्रस्ट बनानेवाला व्यक्ति भी शामिल हो सकता है, अपनी जायदाद का हस्तांतरण ट्रस्टी (न्यासी) को करता है। इसमें व्यक्ति के जीवनकाल के दौरान उसकी जायदाद का प्रबंधन होता है और उसकी मृत्यु के बाद निर्धारित अवधि के लिए योजनाबद्ध तरीके से जायदाद का प्रबंधन/व्यवस्थापन सुनिश्चित किया जाता है।

जायदाद को अपनी इच्छा के अनुसार अपने प्रियजनों में आवंटित करने के लिए वसीयत लिखना एक परंपरागत तरीका है। परंतु आजकल वसीयत पर विभिन्न आधारों पर उठनेवाले विवादों—उदाहरण के लिए, वसीयत की प्रामाणिकता को लेकर या वसीयत लिखनेवाले व्यक्ति की मानसिक स्थिति सामान्य न होने को आधार बनाकर लोग जिस प्रकार अदालतों के चक्कर लगाते दिखाई देते हैं, उसके मद्देनजर अब ट्रस्ट को जायदाद प्रबंध के एक सुविधाजनक माध्यम के रूप में देखा जाने लगा है। वसीयत को कई आधारों पर न्यायालय में चुनौती दी जा सकती है और ऐसी वसीयत के लिए न्यायालय से प्रमाण-पत्र प्राप्त करने में कई-कई साल लग जाते हैं, जो अंतत: बहुत खर्चीली प्रक्रिया बन जाती है; स्पष्ट है कि कोई भी परिवार इस तरह उलझे रहना पसंद नहीं करेगा। इसके अलावा वसीयत प्रमाण-पत्र प्राप्त करने के लिए कई

बार वसीयत को सार्वजनिक करना पड़ जाता है और न्यायालय के चक्कर लगाने पड़ते हैं, सो अलग। वसीयत जब सार्वजनिक हो जाती है, तो हर कोई उसे देखना चाहता है; उसे देखकर यदि किसी लाभार्थी को लगता है कि उसके साथ न्याय नहीं हुआ है, तो वह वसीयत को चुनौती देते हुए उसे न्यायालय में ले जा सकता है। इस प्रकार मामला लंबा खिंच जाता है और पैसे खर्च होते हैं, सो अलग।

ट्रस्ट में कोई व्यक्ति अपनी जायदाद का हस्तांतरण निर्देशित लाभार्थियों और अपने स्वयं के हित में किसी अन्य व्यक्ति अर्थात् ट्रस्ट को करता है, जो उसके निर्देशानुसार उसके जीवनकाल के दौरान और उसकी मृत्यु के बाद भी जायदाद का प्रबंधन/व्यवस्थापन सुनिश्चित करता है। इससे उन समस्याओं से बचा जा सकता है, जो सामान्यतया वसीयत में किसी व्यक्ति के सामने आती हैं।

ट्रस्ट के निम्न घटक होते हैं—

ट्रस्ट लेखक—वह व्यक्ति जो ट्रस्ट बनाता है।

ट्रस्टी (न्यासी)—ट्रस्ट बनानेवाले व्यक्ति द्वारा नियुक्त किया गया व्यक्ति, जो ट्रस्ट को संचालित करने की जिम्मेदारी वहन करता है।

लाभार्थी—वह व्यक्ति, जिसके हित में ट्रस्ट बनाया जाता है।—

ट्रस्ट की संपत्ति/संपदा—ट्रस्ट की विषय-सामग्री को ट्रस्ट की संपत्ति कहा जाता है। ट्रस्ट की संपत्ति चल या अचल किसी भी तरह की हो सकती है—नकदी, ज्वैलरी, जमीन, निवेश आदि।

वैधानिक रूप से ट्रस्ट बनाने के लिए निम्न बातें जरूरी होती हैं—

1. ट्रस्ट बनाने के उद्देश्य की निश्चितता।
2. ट्रस्ट के उद्देश्य की निश्चितता।
3. ट्रस्ट के लाभार्थियों की निश्चितता।
4. ट्रस्ट की संपत्ति और ट्रस्टी को उसके हस्तांतरण की निश्चितता।

ट्रस्ट की ढाँचागत विशेषताएँ

1. ट्रस्ट की संपत्ति का हस्तांतरण ट्रस्टी के नाम हो जाता है।
2. ट्रस्ट की संपत्ति से जो धन आता है, उसे ट्रस्टी की निजी जायदाद से अलग रखा जाता है।
3. ट्रस्ट के नियमों के अनुसार ट्रस्ट की संपत्ति का प्रबंधन और व्यवस्थापन करना ट्रस्टी का अधिकार और कर्तव्य होता है। ट्रस्ट के लाभार्थियों और

ट्रस्टी के बीच एक विश्वास का संबंध होता है, इसलिए ट्रस्टी का कर्तव्य एक प्रतिनिधि मात्र से कहीं बढ़कर होता है।

4. ट्रस्टी किसी अन्य लाभार्थी के हित में या स्वयं ट्रस्ट बनानेवाले व्यक्ति के हित में ट्रस्ट की संपत्ति का स्वामित्व अपने पास रख सकता है; लेकिन ट्रस्ट बनानेवाला व्यक्ति अकेला लाभार्थी नहीं हो सकता।

5. ट्रस्टी को प्रॉपर्टी का जो स्वामित्व मिलता है, वह महज एक कानूनी स्वामित्व होता है, जिसके साथ कोई लाभ का उद्देश्य नहीं जुड़ा होता।

ट्रस्ट के प्रकार

भारतीय कानून में ट्रस्ट को उद्देश्य के आधार पर ही श्रेणीबद्ध किया गया है, व्यक्तिगत उद्देश्य के लिए व्यक्तिगत या प्राइवेट ट्रस्ट, सार्वजनिक उद्देश्य के लिए सार्वजनिक या पब्लिक ट्रस्ट और धार्मिक उद्देश्य के लिए धार्मिक या रिलीजियस/चैरिटेबल ट्रस्ट। पब्लिक ट्रस्ट सार्वजनिक हित के लिए होता है, इसमें लाभार्थियों के नाम या संख्या निश्चित नहीं होती; प्राइवेट ट्रस्ट कुछ निश्चित लाभार्थियों के हित के लिए होता है। इसके अलावा ट्रस्ट का विभाजन 'रद्द किए जाने योग्य' और 'रद्द न किए जाने योग्य' ट्रस्ट के रूप में भी किया जाता है।

वसीयत के माध्यम में बनाया गया ट्रस्ट वसीयत लिखनेवाले व्यक्ति की इच्छा से किसी भी समय रद्द किया जा सकता है। इसके अलावा यदि ट्रस्ट बनानेवाला व्यक्ति प्रत्यक्ष या अप्रत्यक्ष रूप से ट्रस्ट की आय संपत्ति को अपने स्वयं के नियंत्रण में रखता है, तो उस स्थिति में भी ट्रस्ट को 'रद्द किए जाने योग्य ट्रस्ट' की श्रेणी में ही रखा जाएगा।

रद्द करने योग्य और रद्द न करने योग्य ट्रस्ट पर करारोपण—रद्द करने या रद्द न करने योग्य ट्रस्ट बनाते समय व्यक्ति को जान-समझ लेना जरूरी होता है कि उसपर किस प्रकार करारोपण किया जाता है। रद्द किए जाने योग्य ट्रस्ट में करारोपण ट्रस्ट बनानेवाले व्यक्ति पर लागू कर नियमों के आधार पर किया जाता है।

दूसरी ओर रद्द न करने योग्य ट्रस्ट की आय पर करारोपण उसके लाभार्थियों पर लागू कर नियमों के आधार पर किया जाता है।

भारत में ट्रस्ट अधिनियम

भारतीय ट्रस्ट अधिनियम प्राइवेट ट्रस्ट और ट्रस्टी से संबंधित है। पब्लिक ट्रस्ट सार्वजनिक, धार्मिक या चैरिटेबल हो सकते हैं।

प्राइवेट ट्रस्ट जायदाद प्रबंधन का एक कुशल माध्यम हो सकता है। आपके ट्रस्ट का ट्रस्टी कौन होगा? परंपरागत तरीका यही है कि ट्रस्ट बनानेवाला व्यक्ति अपने परिवार के किसी सदस्य या विश्वासपात्र संबंधी को ट्रस्टी नियुक्त करता है। ट्रस्ट का उत्तरादायित्व सँभालने के लिए दो या तीन तक ट्रस्टी नियुक्त किए जाते हैं, ताकि किसी एक या दो की मृत्यु की स्थिति में या दीवालिया होने की स्थिति में ट्रस्ट का संचालन होता रहे।

व्यक्तिगत ट्रस्टी की बजाए कॉरपोरेट ट्रस्टी नियुक्त करने के कई फायदे होते हैं—

कॉरपोरेट ट्रस्टी नियुक्त करने का एक प्रमुख फायदा यह होता है कि इसमें आपको ट्रस्ट की प्रॉपटी के कुशल वित्तीय प्रबंधन के लिए विशेषज्ञों की सेवाएँ नियमित रूप से ही मिलती रहेंगी। बार-बार ट्रस्टी बदलने और उसपर आनेवाले खर्च की समस्या से छुटकारा मिल जाएगा। कॉरपोरेट खर्च की समस्या से छुटकारा मिल जाएगा। कॉरपोरेट ट्रस्टी के पास प्रॉपर्टी और बिजनेस के बारे में अच्छी जानकारी रखनेवाले विशेषज्ञ होते हैं, जो नियमित रूप से समय-समय पर ट्रस्ट की प्रॉपर्टी और निवेश आदि की समीक्षा करते रहते हैं।

ट्रस्ट का संरक्षक/प्रशासक—ट्रस्ट के लिए प्राइवेट ट्रस्टी नियुक्त करते समय ट्रस्ट बनानेवाला व्यक्ति अपने परिवार के किसी सदस्य को उसका सरंक्षक या प्रशासक नियुक्त कर सकता है, जो ट्रस्ट पर अप्रत्यक्ष रूप से नियंत्रण रखता है। ट्रस्ट यह सुनिश्चित कर सकता है कि ट्रस्ट की गतिविधियाँ प्रशासक/संरक्षक की देखरेख और मार्ग-दर्शन तथा ट्रस्ट डीड में उल्लिखित निर्देशों के अनुसार संचालित हो रही हैं।

ट्रस्ट के द्वारा जायदाद प्रबंधन के लाभ

ट्रस्ट के द्वारा जायदाद प्रबंधन के कई लाभ हैं—

- दीवालियापन की स्थिति से जायदाद की सुरक्षा।
- कुशल परामर्शदाताओं के माध्यम से हर तरह की परिसंपत्ति का प्रबंधन।
- ट्रस्ट बनानेवाला व्यक्ति अपने जीवनकाल के दौरान जायदाद में संपत्ति जोड़ता रहता है और उसकी मृत्यु के बाद ट्रस्टी के माध्यम से यह काम होता है।
- पारिवारिक झगड़ों की संभावना नहीं रह जाती, जिनके कारण पारिवारिक व्यवसाय प्राय: बिखर जाते हैं।

- इसमें वसीयत की तरह अलग से प्रमाण-पत्र की जरूरत नहीं रह जाती।
- ट्रस्ट बनानेवाला व्यक्ति स्वयं एक लाभार्थी हो सकता है और अपने जीवनकाल के दौरान अपनी जायदाद का लाभ उठा सकता है।
- आनेवाली पीढ़ियों (पुत्र-पुत्रियों और पौत्र-पौत्रियों) के लिए उपयुक्त प्रावधान।
- धार्मिक या चैरिटेबल कार्यों के लिए प्रावधान।
- विरोध का कम-से-कम मौका, जो समस्या वसीयत में प्राय: आती है।

कोई व्यक्ति ट्रस्ट बनाकर अपने जीवनकाल के दौरान अपनी जायदाद का कुशल प्रबंधन सुनिश्चित कर सकता है; साथ ही उसकी मृत्यु के बाद भी लाभार्थियों के हित में ट्रस्ट का संचालन, पूर्ववत् या ट्रस्ट बनानेवाले व्यक्ति के निर्देशानुसार होता रहता है।

इस प्रकार ट्रस्ट वर्तमान और भावी दोनों पीढ़ियों के लिए जायदाद का कुशल प्रबंधन सुनिश्चित करता है।

निष्कर्ष

जायदाद नियोजन या प्रबंधन की बात से कोई व्यक्ति असहज जरूर हो सकता है, लेकिन इस काम में ज्यादा टाल-मटोल या विलंब करना महँगा पड़ सकता है। कुछ लोगों को लगता होगा कि जायदाद प्रबंधन बहुत जटिल, लंबी और महँगी प्रक्रिया है; लेकिन वास्तव में ऐसा नहीं है। जायदाद के नियोजन की प्रक्रिया उतनी जटिल नहीं है, जितनी लोग समझते हैं। इसके लिए बहुत सरल प्रक्रिया है—

- एक ट्रस्ट डीड तैयार करना होता है, जिसमें ट्रस्ट के लिए एक ट्रस्टी नियुक्त करना होता है और लाभार्थियों के नाम तय करने होते हैं तथा प्रॉपर्टी का आवंटन लाभार्थियों को कब, कैसे किया जाना है, इसका स्पष्ट उल्लेख करना होता है।
- ट्रस्ट में आपको अपनी सारी या कुछ परिसंपत्तियों (जिसमें रियल एस्टेट, निवेश, बैंक, जमा खाता आदि आ सकता है) और निजी परिसंपत्तियों (ज्वैलरी, पुरानी धरोहर या फर्नीचर) का स्वामित्व हस्तांतरण ट्रस्ट के नाम करना होता है।
- परिसंपत्तियों का स्वामित्व हस्तांतरण ट्रस्ट बनाने के बाद ट्रस्ट बनानेवाले व्यक्ति या किसी अन्य व्यक्ति के द्वारा किसी भी समय किया जा सकता है।

- यदि आपने उस श्रेणी का ट्रस्ट बनाया है, जिसे (आवश्यकता पड़ने पर) रद्द किया जा सकता है, तो स्वामित्व हस्तांतरण के बाद भी आपका उन परिसंपत्तियों पर वैसे ही नियंत्रण कायम रहता है, जैसे ट्रस्ट बनाने से पहले था।

- यदि आपने ऐसा ट्रस्ट बनाया है, जो रद्द करने योग्य ट्रस्ट की श्रेणी में नहीं आता है, तो ट्रस्ट डीड में आप ऐसा प्रावधान कर सकते हैं कि ट्रस्टी ट्रस्ट की संपत्ति के मामले में आपसे परामर्श लेकर काम करे; या इस काम के लिए एक प्रशासक नियुक्त कर सकते हैं, जिससे परामर्श लेना ट्रस्टी के लिए आवश्यक हो। इससे ट्रस्ट की संपत्ति पर आपका नियंत्रण अप्रत्यक्ष रूप से कायम रहेगा। इसमें आपका कुछ लगता नहीं है, लेकिन यह सुनिश्चित हो जाता है कि यदि आपको कुछ हो जाए, तो वसीयत प्रमाण-पत्र के झंझट के बिना कुशल और पेशेवर ट्रस्टियों के माध्यम से आपकी इच्छाएँ पूरी की जाएँगी।

❑❑❑

Printed in the USA
CPSIA information can be obtained
at www.ICGtesting.com
LVHW041222241023
761966LV00011B/1046

9 789352 664290